Learn German

with

The most Persecuted People in History

German B2 Reader

Brian Smith

German Graded Readers

For more books and E-book options visit:

www.briansmith.de

Babylonien   5

Der Untergang   6

Die Verfolgungen unter Antiochus IV. Epiphanes   21

Trümmer und Triumph   22

Die Zerstörung des Zweiten Tempels im Jahr 70 n.Chr.
und die Rolle von Flavius Josephus   37

Die Asche Jerusalems   38

Der Bar-Kochba-Aufstand   54

Das Echo der Freiheit   55

306-337 – Das Christentum und die Verschärfung der
Restriktionen im Römischen Reich unter Konstantin   68

Islam   70

Das glückliche Arabien   71

Al-Andalus im Schatten der Abbasiden   85

Angst und Elend   86

Die Almohaden und das Leid der Juden in Al-Andalus   95

Die Wunden der Erinnerung   96

Der erste Kreuzzug   107

Der zerbrochene Krug   108

Jemen   120

Die Stimme von Sanaa   121

Die Diskriminierung der Juden in England und Frankreich   129

Das Verlorene Zuhause   130

Das Schicksal von Fez   141

Die gebrochenen Saiten von Fez   142

Diskriminierung der Juden in Spanien im 15. Jahrhundert   153

Das verlorene Erbe von Sevilla   154

Die Tragödie von Lissabon 1506 — 165

Das letzte Licht von Lissabon — 166

Der Chmielnicki-Aufstand in Polen, 1648–1656 — 178

Die Flüsternde Asche von Polen — 179

Die russischen Pogrome — 190

Flüstern im Winterwind — 191

Marokko und Iran — 202

Schatten über Marrakesch — 203

Im Osmanischen Reich — 215

Ein Schattenleben — 216

Die Nationalsozialisten — 226

Die Scherben — 227

Diskriminierung und Terror gegen Juden — 236

Das letzte Licht des Kinos — 237

Das faschistische Italien — 247

Die Faschisten tun uns nichts — 248

Jüdische Präsenz in Palästina — 260

Zurück in die neue, alte Heimat — 262

Antisemitismus bis heute — 272

Babylonien

Im Jahr 586 v.Chr. vollzog sich ein tiefgreifendes Ereignis in der Geschichte des antiken Nahen Ostens und des Judentums: die Zerstörung des Salomonischen Tempels durch die Babylonier. Dieses Ereignis stellt einen entscheidenden Wendepunkt dar, sowohl in der religiösen und kulturellen Identität des jüdischen Volkes als auch in den politischen und gesellschaftlichen Strukturen der damaligen Zeit.

Der historische Kontext, in dem sich dieses Ereignis abspielte, war geprägt von politischen Spannungen und militärischen Auseinandersetzungen. Das Königreich Juda, das Jerusalem und den Salomonischen Tempel beherbergte, befand sich in einer zunehmend prekären Lage gegenüber dem mächtigen babylonischen Reich. Die Eskalation der Konflikte führte schließlich zur Belagerung Jerusalems durch die Babylonier.

Der Salomonische Tempel, ein herausragendes Symbol des jüdischen Glaubens und ein Meisterwerk architektonischer Kunst, fiel dieser Belagerung zum Opfer. Seine Zerstörung war nicht nur ein militärischer Sieg der Babylonier, sondern auch ein schmerzhafter Schlag für das Volk von Juda. Der Verlust ihres spirituellen Zentrums war eine tiefgreifende Demütigung und ein schwerer kultureller Verlust.

Die Folgen dieser Ereignisse waren weitreichend und prägend. Die Zerstörung des Tempels und die anschließende Deportation eines großen Teils der Bevölkerung nach Babylon leiteten das sogenannte Babylonische Exil ein. Diese Periode der erzwungenen Migration und des Exils hatte nicht nur sozioökonomische Folgen, sondern prägte auch die religiöse und kulturelle Identität des jüdischen Volkes nachhaltig. Die Diaspora, die sich aus diesem Exil entwickelte, zwang die Juden, ihre Identität und ihre religiösen Praktiken in einem fremden Land neu zu definieren und anzupassen.

Der Untergang

1. Der Schatten über Jerusalem

In den schmalen, belebten Straßen Jerusalems bewegte sich Abiathar mit einer Eile, die seine innere Unruhe widerspiegelte. Als junger Levitenpriester war er in den täglichen Ritualen und Zeremonien des Tempels tief verwurzelt. Doch das Jerusalem, das er liebte, war nicht mehr dasselbe. Die Stadt, eingehüllt in die Schatten der Babylonier, stand unter einer Belagerung, die jeden Tag mehr ihre Lebenskraft erstickte.

Abiathar betrat das bescheidene Heim seiner Familie, ein Ort, der einst voller Wärme und Gelächter war, jetzt jedoch von einer düsteren Stille beherrscht wurde. Seine Mutter, Miriam, saß am Fenster und blickte sorgenvoll hinaus, während sein Vater, Eleasar, mit müden Augen die wenigen Lebensmittel betrachtete, die auf dem Tisch lagen. Seine jüngere Schwester, Dina, versuchte, das Beste aus der Situation zu machen, indem sie ein einfaches Mahl zubereitete.

„Abiathar, bist du zurück? Wie steht es um den Tempel?" fragte seine Mutter mit einer Stimme, die von Sorge gezeichnet war.

„Ja, Mutter. Die Zeremonien gehen weiter, aber die Spannung ist überall spürbar. Die Priester sprechen nur noch flüsternd miteinander", antwortete er und setzte sich neben sie.

Eleasar schaute auf. „Wir können nur beten, dass dieser Wahnsinn bald ein Ende findet. Jerusalem hat schon zu lange gelitten."

Abiathar nickte stumm. Die Belagerung hatte nicht nur die Versorgung der Stadt unterbrochen, sondern auch das spirituelle Herz getroffen. Der Tempel, der Ort, an dem er sich am nächsten bei Gott fühlte, war jetzt ein Symbol der bedrängten Hoffnung seines Volkes.

Die Familie teilte das bescheidene Mahl, ein Akt des Zusammenhalts in einer Zeit, in der jedes Korn Brot kostbar war. Dina versuchte, die Stimmung mit einer Erzählung aus ihrer

Kindheit aufzuhellen, aber ihre Worte verloren sich in der Schwere des Raumes.

Später, als Abiathar auf dem Dach ihres Hauses stand und über die Stadt blickte, fühlte er, wie die Angst und Unsicherheit wie ein dunkler Mantel über Jerusalem lag. Die einst lebendigen Märkte waren leer, die Straßen still, unterbrochen nur durch das gelegentliche Rufen der Wachen auf den Mauern.

In den folgenden Tagen verschlimmerte sich die Situation. Nachrichten von Kämpfen und Niederlagen erreichten die Stadt. Die Mauern Jerusalems, die einst unüberwindlich schienen, begannen unter dem unerbittlichen Druck der Babylonier zu bröckeln.

Eines Abends, als die Familie zusammenkam, sprach Eleasar mit schwerer Stimme: „Wir müssen uns auf das Schlimmste vorbereiten. Ich habe Gerüchte gehört, dass die Babylonier bald durchbrechen könnten."

Miriam legte ihre Hand auf seinen Arm. „Was wird dann aus uns werden? Was wird aus unserem Glauben, unserem Tempel?"

Abiathar fühlte, wie die Last dieser Worte auf ihm lastete. Der Gedanke an eine Zerstörung des Tempels, des Herzens ihres Glaubens, war unerträglich. Er erinnerte sich an die Stunden, die er im Tempel verbrachte, das Gefühl der Nähe zu Gott, das er dort fand. Dies alles schien jetzt so fern, fast ungreifbar.

In dieser Nacht fand er kaum Schlaf. Die Gedanken an den bevorstehenden Untergang Jerusalems und des Tempels ließen ihn nicht los. Er wusste, dass die kommenden Tage eine Prüfung seines Glaubens und seiner Stärke sein würden, eine Prüfung, die nicht nur ihn, sondern das gesamte jüdische Volk betreffen würde.

Als die ersten Sonnenstrahlen des neuen Tages durch das Fenster fielen, stand Abiathar auf, fest entschlossen, seinen Pflichten im Tempel nachzukommen, trotz der bedrückenden Dunkelheit, die über Jerusalem lag. Es war mehr als nur eine Routine; es war ein Akt des Widerstandes, ein stilles Zeugnis für den unauslöschlichen Geist seines Volkes.

2. Der Untergang

Das Schicksal Jerusalems zeichnete sich deutlich am Horizont ab. Die Sonne ging unter, als die Babylonier endlich die Mauern Jerusalems durchbrachen, ein Ereignis, das die Luft mit einem Gemisch aus Staub, Rauch und dem ohrenbetäubenden Lärm der Kämpfe füllte. Abiathar, der vom Dach seines Hauses aus zusah, konnte nicht glauben, dass der Tag, den er so sehr gefürchtet hatte, nun wirklich gekommen war.

Er eilte hinunter zu seiner Familie. „Wir müssen uns verstecken", rief er, während er durch die Tür stürzte. Seine Mutter, die mit Tränen in den Augen dastand, nickte stumm. Der Gedanke an Flucht war eine Illusion; sie wussten, dass sie der drohenden Gefahr nicht entkommen konnten.

Als sie durch die verwüsteten Straßen liefen, sahen sie, wie die Babylonier die Stadt plünderten. Abiathar führte seine Familie zu einer kleinen Gasse, in der Hoffnung, dort vorübergehend Schutz zu finden. Die Geräusche der Schlacht drangen wie das Donnern eines fernen Sturms an ihre Ohren.

Doch ihre Zuflucht währte nicht lange. Babylonische Soldaten fanden sie und rissen sie aus ihrem Versteck. Abiathar wurde von seiner Familie getrennt, als sie zusammen mit anderen Juden gefesselt und weggeführt wurden.

Der Marsch durch die Stadt war qualvoll. Überall um ihn herum waren die Zeichen der Zerstörung, die Straßen rot mit dem Blut getöteter Juden. Aber nichts traf ihn härter als der Anblick des Tempels, der in Flammen stand. Sein Herz brach bei diesem Anblick. Der Tempel, das Zentrum seines Glaubens und seiner Gemeinschaft, wurde vor seinen Augen vernichtet.

Er hörte das Weinen und die Verzweiflung seiner Mitmenschen, die um ihn herum waren. „Wie konnten sie unseren heiligsten Ort zerstören?" hörte er jemanden schluchzen.

Abiathar konnte nur stumm nicken, die Tränen liefen ihm über die Wangen. Der Tempel war mehr als nur ein Gebäude; es war ein Symbol ihrer Verbindung zu Gott, ein Ort, der Generationen von Juden Sicherheit und Hoffnung gegeben hatte.

Die Gefangenen wurden außerhalb der Stadtmauern gebracht, wo sie auf ihr Schicksal warteten. Abiathar sah verzweifelt umher, in der Hoffnung, einen Blick auf seine Familie zu erhaschen, aber es war zwecklos. Sie waren verloren in einer Menge von Gefangenen, jeder von ihnen gefangen in seinem eigenen Kummer.

In dieser Nacht, unter freiem Himmel, umgeben von seinen leidenden Landsleuten, fühlte sich Abiathar vollkommen verloren. Der Verlust des Tempels und die Ungewissheit über das Schicksal seiner Familie waren eine Last, die fast zu schwer zu tragen war.

Am nächsten Tag wurden die Gefangenen auf einen langen Marsch in die Gefangenschaft geschickt. Der Weg führte sie durch trostlose Landschaften, fern von der Heimat, die sie kannten und liebten. Während des Marsches tauschten sie Geschichten aus, Erinnerungen an das Jerusalem, das es nicht mehr gab, und Träume von einer Rückkehr, die immer unwahrscheinlicher schien.

Abiathar fand Trost in den Worten seiner Mitgefangenen, die trotz ihrer Verzweiflung ihren Glauben nicht verloren hatten. „Wir dürfen die Hoffnung nicht aufgeben", sagte ein älterer Mann neben ihm. „Gott wird uns nicht verlassen, auch wenn unsere Reise noch so schwer ist."

Diese Worte gaben Abiathar die Kraft, weiterzugehen, obwohl sein Herz schwer war. Die Tage wurden zu Wochen, und die Wochen zu Monaten. Der lange Marsch in die Babylonische Gefangenschaft war nicht nur eine physische Reise, sondern auch eine Reise des Glaubens, der Hoffnung und der unerschütterlichen Stärke eines Volkes, das trotz der dunkelsten Stunden seiner Geschichte überlebte.

3. Der lange Marsch nach Babylon

Die Sonne brannte unbarmherzig vom Himmel herab, während Abiathar und die anderen Exilanten den endlosen Weg nach Babylon beschritten. Staubwolken wirbelten um ihre müden Füße, während sie durch die trostlose Landschaft zogen. Ihre Reise war geprägt von Entbehrungen, Hunger und der ständigen Ungewissheit über das, was vor ihnen lag.

Abiathar, einst ein angesehener Priester im Tempel von Jerusalem, fand sich nun in einer Welt wieder, die so fern von allem war, was er je gekannt hatte. Seine Gedanken kreisten unentwegt um seine Familie. 'Leben sie noch? Werden wir uns je wiedersehen?', fragte er sich immer wieder.

Neben ihm ging Eliezer, ein älterer Mann, der einst als Händler in Jerusalem tätig war. Trotz der Mühsal des Marsches und der Hoffnungslosigkeit ihrer Situation behielt Eliezer einen ruhigen und beständigen Glauben. „Gott prüft uns, Abiathar. Aber er hat uns nicht verlassen", sagte er eines Abends, als sie erschöpft am Lagerfeuer saßen.

„Manchmal frage ich mich, ob Gott überhaupt noch zuhört", entgegnete Abiathar bitter.

Eliezer legte eine Hand auf Abiathars Schulter. „Ich verstehe deinen Schmerz. Aber unser Glaube wird uns durch diese Dunkelheit führen. Wir dürfen die Hoffnung nicht aufgeben."

Tage und Nächte vergingen in einem verschwommenen Rhythmus aus Marschieren, spärlichen Mahlzeiten und unruhigen Schlafphasen. Die Erinnerungen an Jerusalem begannen zu verblassen, verdrängt durch die harte Realität ihres täglichen Überlebenskampfes.

In ruhigen Momenten teilten die Exilanten Geschichten über ihr früheres Leben, über Festtage im Tempel, das geschäftige Treiben auf den Märkten und die Wärme des familiären Zusammenlebens. Diese Geschichten waren wie ein schwacher Lichtstrahl in der Dunkelheit, eine flüchtige Erinnerung an eine verlorene Welt.

Abiathar fühlte sich zunehmend entfremdet von dem Mann, der er einst war. Seine Rolle als Priester, seine spirituelle Verbindung und sein Glaube schienen so weit entfernt. Die ständige Präsenz der babylonischen Wachen, die sie begleiteten, war eine stete Erinnerung daran, dass ihr Schicksal nun in den Händen anderer lag.

Eines Nachts, als sie unter den Sternen lagen, sprach Abiathar mit einem jungen Mann namens Benjamin, der seine Eltern bei der Eroberung Jerusalems verloren hatte. „Ich vermisse meine Mutter und meinen Vater so sehr", sagte Benjamin leise. „Manchmal frage ich mich, ob das alles einen Sinn hat."

Abiathar hatte keine Antworten für ihn. Sein eigenes Herz war erfüllt von Zweifeln und Fragen, auf die es keine einfachen Antworten gab.

Als sie schließlich Babylon erreichten, breitete sich ein Gefühl der Erschöpfung und Ernüchterung unter den Exilanten aus. Die mächtigen Mauern und hängenden Gärten der Stadt waren ein beeindruckender, aber auch einschüchternder Anblick.

Die Babylonier wiesen ihnen einen Wohnbereich zu, der von dem Rest der Stadt abgeschnitten war. „Das wird nun unser neues Zuhause sein", sagte Eliezer, als sie sich in der Siedlung niederließen. „Wir müssen das Beste daraus machen."

Abiathar blickte auf die fremden Straßen und Gebäude, die sich vor ihm ausbreiteten. Er fühlte sich verloren in dieser neuen Welt, ein Gefangener in einem fremden Land. Doch tief in seinem Inneren wusste er, dass er einen Weg finden musste, um seinen Glauben und seine Identität in dieser neuen Realität zu bewahren. Er musste einen Weg finden, um für sich und die anderen Exilanten Hoffnung zu schaffen, in einer Welt, die so wenig von der erinnerte, die sie einst ihr Zuhause nannten.

4. Das Leben im Exil

Das Leben in Babylon war für Abiathar und die anderen Exilanten eine ständige Herausforderung. Sie waren gezwungen, sich in einer fremden Kultur zurechtzufinden, während sie gleichzeitig versuchten, ihre eigenen Traditionen und ihren Glauben aufrechtzuerhalten.

Abiathar fand sich oft in den engen, belebten Straßen Babylons wieder, umgeben von exotischen Gerüchen, fremden Sprachen und der farbenprächtigen Vielfalt des Marktes. Das Treiben war so anders als das in Jerusalem; es fühlte sich an, als wäre er in eine ganz andere Welt versetzt worden.

Eines Tages, während er durch den Markt schlenderte, traf er auf eine Gruppe jüdischer Exilanten, die sich um einen älteren Mann versammelt hatten. Der Mann, dessen Name Ezra war, sprach leidenschaftlich über die Bedeutung des Festhaltens an ihren Traditionen. „Wir dürfen unsere Identität nicht verlieren", sagte er eindringlich. „Wir müssen unsere Feste begehen, unseren Glauben praktizieren und unsere Geschichten weitererzählen, um lebendig zu bleiben."

Abiathar fühlte sich sofort zu dieser Gruppe hingezogen. Er verbrachte viel Zeit mit ihnen, lernte ihre Geschichten kennen und teilte seine eigenen. Diese Treffen wurden zu einem festen Bestandteil seines Lebens in Babylon und gaben ihm ein Gefühl von Gemeinschaft und Zugehörigkeit.

Doch das Leben im Exil war nicht ohne Konflikte. Die Interaktion mit der babylonischen Gesellschaft brachte oft Missverständnisse und Spannungen mit sich. Viele Babylonier betrachteten die Exilanten mit Misstrauen oder gar Verachtung. Abiathar und seine Leidensgenossen mussten lernen, sich in dieser neuen Umgebung zu behaupten, ohne ihre eigene Identität zu verlieren.

Abiathar erlebte auch Momente der Annäherung und des Austauschs. Er traf auf Babylonier, die neugierig auf seine Kultur waren und die bereit waren, von den Exilanten zu lernen. In solchen Momenten fühlte er einen Funken Hoffnung, dass Verständnis und Respekt möglich waren.

Doch die Herausforderungen waren allgegenwärtig. Das Halten von religiösen Zeremonien und Festen war oft ein Balanceakt, da sie von den babylonischen Behörden nicht immer geduldet wurden. Die Exilanten mussten kreativ sein, um ihre Rituale heimlich und doch bedeutungsvoll zu gestalten.

Einmal organisierte Ezra ein heimliches Purim-Fest in einer versteckten Kammer. Die Gemeinde versammelte sich leise, um die Geschichte von Esther zu hören und zu feiern, dass sie ihre Identität bewahrt hatten. „Unsere Geschichten geben uns Kraft", flüsterte Ezra. „Sie erinnern uns daran, wer wir sind und dass wir selbst in der dunkelsten Zeit Licht finden können."

Abiathar fand Trost in diesen Worten. Sie erinnerten ihn daran, dass trotz aller Widrigkeiten, der Verlust ihrer Heimat und der Schmerz des Exils, sie immer noch eine Gemeinschaft waren, verbunden durch ihre Geschichte, ihren Glauben und ihre Hoffnungen.

Als die Jahre vergingen, passten sich die Exilanten langsam an das Leben in Babylon an. Sie bauten neue Gemeinschaften auf, gründeten Familien und fanden Wege, um ihren Lebensunterhalt zu verdienen. Doch tief in ihrem Herzen blieb die Sehnsucht nach Jerusalem, nach dem Land ihrer Vorfahren, ein ständiger Begleiter.

Für Abiathar bedeutete das Leben im Exil nicht nur das Überleben in der Fremde, sondern auch die Bewahrung seiner Identität als Jude. Er erkannte, dass ihre Kultur und ihr Glaube in ihnen weiterlebten, egal, wo sie sich befanden. In diesem Bewusstsein fand er eine neue Art von Frieden und Entschlossenheit, ein Leben in der Fremde zu führen, das immer noch tief verwurzelt war in den Traditionen und Überzeugungen, die ihm so viel bedeuteten.

5. Das Flüstern der Hoffnung

In den Jahren des Exils in Babylon entwickelten die jüdischen Gemeinden neue Formen des Gottesdienstes und der Gemeindeorganisation. Abiathar beobachtete und beteiligte sich an diesen Veränderungen, die zu einem wichtigen Teil seines Lebens wurden.

Eines Tages, während er durch die staubigen Straßen Babylons ging, hörte er von einer Versammlung, die in einer verborgenen Kammer stattfinden sollte. Neugierig folgte er der Einladung und fand sich in einem Raum voller Männer, Frauen und Kinder wieder, die gekommen waren, um zu beten und die Tora zu studieren. Es war ein einfacher Raum, aber für Abiathar fühlte er sich an wie ein Stück Zuhause.

Ein älterer Mann namens Mordechai leitete die Versammlung. Er sprach über die Bedeutung des Festhaltens an ihren Wurzeln und der Hoffnung, die in ihren Herzen lebte. „Unsere Traditionen sind das Licht, das uns durch diese dunklen Zeiten führt", sagte er mit fester Stimme.

Abiathar war bewegt von Mordechais Worten und wurde bald ein regelmäßiger Besucher dieser Versammlungen. Er fand Trost in den Gebeten und im Studium der Schriften. Mit der Zeit übernahm er selbst kleinere Aufgaben, las aus der Tora vor und diskutierte mit anderen über die Bedeutungen der Texte. Diese Erfahrungen bereicherten sein Leben und halfen ihm, sich an das Leben im Exil anzupassen.

Die Jahre vergingen, und immer wieder tauchten Gerüchte und Hoffnungen auf eine Rückkehr nach Jerusalem auf. Diese Gespräche wurden oft leise und vorsichtig geführt, als befürchteten sie, dass zu viel Hoffnung gefährlich sein könnte.

Eines Abends, nach einer Versammlung, setzte sich Abiathar mit einigen Freunden zusammen. „Habt ihr gehört?", begann einer von ihnen, ein junger Mann namens Eli. „Es gibt Gerüchte, dass ein Perserkönig den Thron Babylons erobern und uns erlauben könnte, zurückzukehren."

Die Gruppe lauschte gespannt. „Glaubt ihr, das ist möglich?", fragte eine ältere Frau namens Sarah. „Nach so vielen Jahren hier, können wir wirklich zurück?"

„Wir müssen die Hoffnung bewahren", sagte Abiathar. „Jerusalem wird immer unsere Heimat sein, egal wie lange wir hier sind. Wir dürfen nicht aufhören, zu träumen und zu beten."

Die Gespräche über eine mögliche Rückkehr gaben den Exilanten etwas, woran sie sich klammern konnten. Für Abiathar waren diese Momente wie ein Lichtstrahl in der Dunkelheit. Sie erinnerten ihn daran, dass ihre Geschichte noch nicht zu Ende war und dass es immer Raum für Hoffnung gab.

In dieser Zeit des Wartens und der Ungewissheit wuchs Abiathar in seiner Rolle in der Gemeinde. Er wurde ein angesehener Lehrer und Berater, jemand, zu dem die Menschen kamen, wenn sie Rat oder Trost brauchten. Er fand eine tiefe Erfüllung in dieser Rolle und fühlte, dass er trotz des Verlustes seiner Heimat und des Tempels einen Zweck im Leben hatte.

Doch tief in seinem Herzen brannte die Sehnsucht nach Jerusalem weiter. In stillen Momenten, wenn er allein war, ließ er seine Gedanken in die Ferne schweifen, zurück zu den Straßen Jerusalems, zu den Erinnerungen an seine Kindheit und Jugend. Diese Gedanken waren süß und schmerzlich zugleich, eine ständige Erinnerung daran, was verloren gegangen war und was vielleicht eines Tages wieder sein könnte.

Die Hoffnung auf eine Rückkehr nach Jerusalem blieb ein leises Flüstern in der Gemeinde, ein zartes Feuer, das in ihren Herzen lebte. Es war eine Hoffnung, die Abiathar und die anderen Exilanten durch die dunkelsten Tage trug, ein Versprechen, das in der Ferne glimmte und ihnen Kraft gab, weiterzumachen. Sie wussten nicht, was die Zukunft bringen würde, aber sie wussten, dass sie, solange sie zusammenstanden und an ihre Traditionen festhielten, jede Herausforderung bewältigen konnten, die vor ihnen lag.

6. Der Traum von der Rückkehr

In Babylon begann sich die politische Landschaft zu verändern, als das persische Reich an Macht gewann. Diese Veränderungen brachten neue Gespräche und Spekulationen unter den Exilanten mit sich, insbesondere über ihre Zukunft und die Möglichkeit einer Rückkehr nach Jerusalem.

Abiathar, der nun in einem hohen Alter war, verbrachte viel Zeit damit, über die Bedeutung von Heimat und Tempel nachzudenken. Er erinnerte sich an die Schönheit des Tempels, die Stärke seiner Mauern und die Tiefe des Glaubens, die er dort empfunden hatte. „Was würde es bedeuten, nach so vielen Jahren zurückzukehren?", fragte er sich oft.

Eines Tages, als Abiathar in der Gemeinde saß, kam eine aufregende Nachricht: Der persische Herrscher hatte verkündet, dass die Juden nach Jerusalem zurückkehren dürften. Die Nachricht verbreitete sich wie ein Lauffeuer, und bald war die ganze Gemeinde erfüllt von Gesprächen und Planungen für die mögliche Rückkehr.

Abiathar war von gemischten Gefühlen überwältigt. Einerseits freute er sich über die Aussicht, Jerusalem wiederzusehen, andererseits fragte er sich, was sie dort erwartete. „Wie viel hat sich verändert? Wie viel ist noch übrig von dem Jerusalem, das wir kannten?", dachte er.

Am nächsten Sabbat versammelte sich die Gemeinde, um die Nachrichten zu besprechen. Mordechai, der ältere Mann, der die Versammlungen leitete, sprach zu der Menge: „Das ist ein Moment, auf den wir so lange gewartet haben. Wir stehen vor einer großen Entscheidung. Einige von uns werden gehen, andere werden bleiben. Aber egal, was wir wählen, wir sind immer noch eine Gemeinde, verbunden durch unseren Glauben und unsere Geschichte."

Die Diskussionen gingen in den folgenden Wochen weiter. Abiathar verbrachte viele Stunden damit, mit anderen zu sprechen, ihre Gedanken und Ängste zu hören. Er fühlte sich hin- und hergerissen. Einerseits zog es ihn stark nach Jerusalem, andererseits hatte er in Babylon ein Leben aufgebaut, hatte Freunde und eine Gemeinschaft, die ihm lieb geworden war.

Eines Abends, als er in seinem bescheidenen Zuhause saß, kamen seine Enkelkinder zu ihm. „Großvater, wirst du nach Jerusalem zurückkehren?", fragte der jüngste, ein neugieriger Junge namens Daniel.

Abiathar sah in die erwartungsvollen Augen seines Enkels und spürte, wie tief diese Frage ging. „Ich weiß es noch nicht, Daniel", antwortete er sanft. „Jerusalem ist ein Teil von mir, aber ich habe auch hier ein Leben."

In den nächsten Tagen dachte Abiathar intensiv über seine Entscheidung nach. Er spazierte durch die Straßen Babylons, vorbei an den Orten, die ihm in den Jahren des Exils vertraut geworden waren. Er dachte an die Menschen, die er hier kennengelernt hatte, an die Gemeinschaft, die er aufgebaut hatte, und an die jungen Leute, die nie ein anderes Zuhause gekannt hatten.

Eines Morgens, als er am Ufer des Flusses saß und in die Ferne schaute, fühlte Abiathar eine tiefe Klarheit in seinem Herzen. Er wusste, was er tun musste. Er kehrte in die Gemeinde zurück und verkündete seine Entscheidung. „Ich werde in Babylon bleiben", sagte er. „Mein Herz gehört Jerusalem, aber ich bin zu alt für den weiten Weg und meine Aufgabe liegt hier, bei euch, bei dieser Gemeinde, die wir gemeinsam aufgebaut haben. Ich werde in euren Herzen mit euch sein, wenn ihr nach Jerusalem zurückkehrt."

Die Ankündigung wurde mit gemischten Reaktionen aufgenommen. Einige waren traurig, dass Abiathar nicht mitkommen würde, andere verstanden und respektierten seine Entscheidung. Für Abiathar war es ein bittersüßer Moment, ein Abschied von einem Traum, aber auch eine Bestätigung seiner Verbindung zu den Menschen und dem Leben, das er in Babylon gefunden hatte.

Als die Tage der Abreise näher kamen, half Abiathar, die Vorbereitungen zu treffen und die Gemeinde zu unterstützen. Er gab Ratschläge, teilte seine Weisheit und sorgte dafür, dass diejenigen, die gingen, gut vorbereitet waren.

Am Tag der Abreise stand Abiathar am Stadttor und verabschiedete sich von denen, die gingen. Es gab Tränen und Umarmungen, Worte des Trostes und der Hoffnung. Als die Karawane sich in Bewegung setzte, blickte Abiathar ihnen nach, bis sie am Horizont verschwanden.

Er kehrte zu seinem Haus zurück, das jetzt stiller und leerer war. Aber er fühlte sich nicht allein. Er wusste, dass er ein wichtiger Teil der Gemeinschaft war, dass seine Rolle hier noch nicht zu Ende war. Er setzte sich an seinen Tisch, nahm eine Schriftrolle und begann zu schreiben, seine Gedanken und Gefühle, seine Hoffnungen und Träume festhaltend. Es war ein neuer Anfang, ein neues Kapitel in seinem Leben, und er war bereit, es mit offenem Herzen zu beginnen.

7. Die Rückkehr

Während eine Gruppe von Exilanten sich auf die Reise nach Jerusalem vorbereitete, war die Stimmung in der Gemeinde gemischt. Es war ein Abschied von Babylon, einem Ort, der für viele Jahre sowohl Leid als auch Wachstum bedeutet hatte.

Mordechai, der Anführer der Rückkehrer, stand vor seiner Familie und Freunden, seine Augen voller Entschlossenheit und Hoffnung. „Wir lassen viel hinter uns", sagte er, „aber wir kehren zurück, um unser Heimatland wieder aufzubauen. Wir tragen die Erinnerungen an unsere Vorfahren mit uns, und wir werden Jerusalem zu neuem Leben erwecken."

Die Reisevorbereitungen waren intensiv. Jede Familie packte das Nötigste ein, wobei viele Gegenstände und Erinnerungsstücke zurückgelassen wurden. Der Abschied von denen, die sich entschieden hatten, in Babylon zu bleiben, war herzzerreißend. Tränen flossen, Umarmungen wurden ausgetauscht, und letzte Worte des Abschieds wurden gesprochen.

Die Reise selbst war lang und anstrengend. Die Karawane zog durch ausgedehnte Wüstenlandschaften und überquerte schroffe Berge. Unterwegs gab es Momente der Freude und des Gesangs, aber auch Zeiten der Stille und Reflexion.

Daniel, der Enkel von Abiathar, der sich entschieden hatte, mit seiner Familie nach Jerusalem zurückzukehren, saß oft am Lagerfeuer und starrte in die Flammen. „Ich frage mich, wie Jerusalem aussehen wird", sagte er zu seiner Mutter Miriam. „Großvater hat so viel darüber gesprochen, aber ich kann mir nur schwer vorstellen, wie es wirklich ist."

Miriam legte ihren Arm um ihn. „Es wird anders sein, als es war", sagte sie sanft. „Aber wir werden dort ein neues Leben aufbauen, zusammen mit den anderen."

Nach Wochen der Reise erreichten sie schließlich die Hügel von Judäa. Die Luft war erfüllt von einer Mischung aus Aufregung und Nervosität. Als sie sich Jerusalem näherten, breitete sich ein tiefes Schweigen über die Gruppe aus.

Die ersten Anblicke von Jerusalem waren schockierend. Die einst glorreiche Stadt lag in Trümmern. Die Mauern waren zerstört, und der Tempel, einst das Herzstück des jüdischen Glaubens, war nur noch ein Haufen Steine.

Mordechai hielt inne, als er die Ruinen sah. „Das ist unser Jerusalem", sagte er mit tränenerstickter Stimme. „Aber es ist nicht das Ende. Es ist ein Anfang. Wir werden hier wieder aufbauen, Stein für Stein, Hoffnung für Hoffnung."

Die Gruppe betrat die Stadt in einem Gefühl der Ehrfurcht und des Respekts. Sie gingen durch die Straßen, vorbei an den zerstörten Häusern und Plätzen, jeder Schritt ein Zeugnis der Vergangenheit und ein Schritt in die Zukunft.

In den nächsten Tagen begannen sie mit der Reinigung und dem Wiederaufbau. Es war eine gewaltige Aufgabe, aber sie waren entschlossen. Unter den Trümmern fanden sie Fragmente des vergangenen Lebens – zerbrochene Töpfe, verbrannte Schriftrollen, vergessene Spielzeuge.

Mordechai richtete eine Versammlung ein, um die Zukunft zu planen. „Wir sind zurückgekehrt, um unser Erbe wieder aufzubauen", sagte er. „Jeder von uns hat eine Rolle zu spielen. Wir werden nicht nur unsere Häuser wieder aufbauen, sondern auch unsere Gemeinschaft und unseren Glauben."

Die Tage waren hart und lang, aber die Gemeinschaft arbeitete unermüdlich. Sie teilten Essen und Wasser, halfen sich gegenseitig beim Bau der Unterkünfte und beim Aufbau einer provisorischen Synagoge.

Daniel, der junge Enkel Abiathars, fand inmitten der Ruinen einen kleinen, unbeschädigten Olivenbaum. „Schau, Mutter", sagte er. „Das ist ein Zeichen. Ein Zeichen des Lebens und der Hoffnung."

Miriam lächelte und umarmte ihren Sohn. „Ja, Daniel", sagte sie. „Genau das ist es. Ein Zeichen, dass das Leben weitergeht, selbst inmitten von Zerstörung und Verlust. Wir werden wachsen, genau wie dieser Baum, stark und widerstandsfähig."

Während die Sonne über den neu aufgebauten Mauern von Jerusalem unterging, saßen die Menschen zusammen, teilten Geschichten und Pläne für die Zukunft. Es war ein bittersüßer Moment – Trauer über das Verlorene, aber auch Freude und Hoffnung auf das, was noch kommen würde.

In Babylon saß Abiathar in seinem Haus und dachte an seine Familie und Freunde in Jerusalem. Er zündete eine Kerze an und betete für ihre Sicherheit und ihren Erfolg. „Möge Gott sie führen und beschützen", murmelte er. „Möge Jerusalem wieder erstrahlen, in Licht und Frieden."

Die Geschichte endet hier, aber sie ist mehr als nur die Erzählung einer Rückkehr; sie ist ein Zeugnis der menschlichen Widerstandsfähigkeit und des Glaubens, eine Geschichte von Verlust und Hoffnung, von Zerstörung und Wiederaufbau, von Trauer und Freude. Es ist eine Geschichte, die immer noch in den Herzen und im Glauben vieler Menschen weiterlebt.

Die Verfolgungen unter Antiochus IV. Epiphanes

In den Jahren 168-167 v.Chr. erlebte das antike Judentum eine seiner dunkelsten und turbulentesten Perioden unter der Herrschaft von Antiochus IV. Epiphanes, dem König des Seleukidenreichs. Diese Phase ist geprägt durch die drastischen Maßnahmen gegen jüdische Rituale und die schändliche Entweihung des Zweiten Tempels in Jerusalem. Um den vollen Umfang und die Auswirkungen dieser Ereignisse zu verstehen, ist es wichtig, die Hintergründe von Antiochus' Machtübernahme in Judäa zu beleuchten.

Antiochus IV. Epiphanes kam durch das Erbe des Seleukidenreichs, einem der Nachfolgestaaten Alexanders des Großen, an die Macht. Das Seleukidenreich, das sich über große Teile des Nahen Ostens erstreckte, geriet nach Alexanders Tod und dem anschließenden Zerfall seines Reiches unter die Kontrolle verschiedener Diadochen, also Nachfolger oder Generäle Alexanders. Antiochus, als ein Nachkomme dieser Diadochen, erbte die Herrschaft über dieses Reich.

Die Kontrolle über Judäa, das früher Teil des Ptolemäerreichs war, einem weiteren Nachfolgestaat Alexanders, kam durch politische und militärische Manöver in die Hände der Seleukiden. In der Zeit von Antiochus IV. Epiphanes begann das Seleukidenreich jedoch, sich innerlich und äußerlich mit Schwierigkeiten zu konfrontieren, einschließlich wachsendem Druck durch das Römische Reich und Unruhen in den eigenen Provinzen.

In dieser angespannten Situation unternahm Antiochus IV. radikale Schritte, um die Einheit und die griechische Kultur seines Reiches zu stärken, einschließlich der Unterdrückung aller nicht-griechischen Kulturen und Religionen. In Judäa führte dies zu einem Verbot jüdischer religiöser Praktiken und der Einführung griechischer Kulte. Die Entweihung des Zweiten Tempels, eines heiligen Zentrums des jüdischen Glaubens, durch das Aufstellen einer Statue des Zeus und die Durchführung nicht-jüdischer Opferhandlungen, war ein Höhepunkt dieser Verfolgungspolitik.

Diese Maßnahmen lösten massive Unruhen und den Makkabäeraufstand aus, eine zentrale Phase in der jüdischen Geschichte, die nicht nur einen religiösen, sondern auch einen nationalen Befreiungskampf darstellte.

Trümmer und Triumph

1. Eine Welt im Wandel

Das Leben in dem kleinen Dorf nahe Jerusalem war einfach und von tiefem Glauben geprägt. Eliana, eine junge Frau in ihren frühen Zwanzigern, verbrachte ihre Tage oft in den umliegenden Feldern, wo sie Kräuter sammelte, oder in der kleinen Synagoge, wo sie die Schriften studierte. Ihr Vater, Simon, ein respektierter Ältester im Dorf, lehrte sie die Bedeutung von Glaube und Tradition.

Eines Morgens, als Eliana gerade dabei war, Heilkräuter zu zerkleinern, hörte sie hastige Schritte. Ihre Mutter, Miriam, trat ein, das Gesicht von Sorge gezeichnet. „Eliana, schnell, komm! Dein Vater hat Nachrichten aus der Stadt", rief sie. Eliana folgte ihrer Mutter besorgt zur Synagoge.

In der Synagoge herrschte eine gespannte Stille. Die Dorfbewohner hatten sich versammelt, um Simons Worte zu hören. Mit schwerer Stimme begann er: „Brüder und Schwestern, es gibt Neuigkeiten aus Jerusalem. König Antiochus IV. hat neue Gesetze erlassen, die unsere Lebensweise bedrohen. Er verbietet unsere heiligen Riten, sogar die Beschneidung, den Sabbat und das Studium unserer Gesetze." Ein Raunen ging durch die Menge.

Eliana spürte, wie ein kalter Schauer ihr den Rücken hinunterlief. „Was bedeutet das für uns, Vater?", fragte sie leise.

Simon sah sie mit traurigen Augen an. „Es bedeutet, dass wir vor einer Prüfung unseres Glaubens und unserer Stärke stehen."

In den folgenden Tagen veränderte sich das Leben im Dorf dramatisch. Die Dorfbewohner hielten ihre Riten heimlich ab, und viele hatten Angst, ihre Häuser zu verlassen. Eliana half, wo sie konnte, versorgte die Kranken und tröstete die Verängstigten. Sie sah, wie ältere Menschen, die einst voller Stolz ihre Religion praktizierten, nun in Angst und Unsicherheit lebten.

Eines Tages kam ein junger Mann namens Joel ins Dorf. Er war aus Jerusalem geflohen und brachte Nachrichten von den Verfolgungen dort. „Sie haben den Tempel entweiht", berichtete er mit zitternder Stimme. „Sie haben ein Standbild des Zeus aufgestellt und unheilige Opfer vollzogen."

Das Dorf war erschüttert. Die Entweihung des Tempels war ein schwerer Schlag für die Dorfbewohner, der tief in ihr Herz schnitt. Eliana konnte die Tränen in den Augen vieler Dorfbewohner sehen.

In den Nächten sprach sie oft mit ihrem Vater über ihre Ängste. „Wie können wir in solchen Zeiten unseren Glauben bewahren, Vater?", fragte sie.

„Eliana, unser Glaube wird durch diese Prüfungen nur stärker werden", antwortete Simon. „Wir müssen zusammenhalten und unseren Weg finden. Gott wird uns führen."

Eliana fühlte sich von diesen Worten gestärkt, aber auch die Unsicherheit blieb. Sie wusste, dass schwierige Zeiten bevorstanden, aber sie war entschlossen, ihren Glauben und ihre Gemeinschaft zu schützen.

In den folgenden Wochen intensivierte sich die Unterdrückung. Die Nachrichten aus Jerusalem und anderen Städten wurden immer beunruhigender. Eliana und ihr Dorf standen am Rande eines gewaltigen Umbruchs, der ihre Welt für immer verändern sollte.

2. Die Entweihung

Eliana hatte das Bedürfnis, mit eigenen Augen zu sehen, was in Jerusalem geschehen war. Trotz der Warnungen ihres Vaters machte sie sich auf den Weg. Die Reise war gefährlich, und sie vermummte sich, um nicht aufzufallen. Als sie die heilige Stadt betrat, fühlte sie sich wie in einer fremden Welt. Überall waren Soldaten des Königs, und die Luft war erfüllt von Angst und Misstrauen.

Als sie sich dem Zweiten Tempel näherte, stockte ihr der Atem. Der Tempel, einst ein Ort der Reinheit und Hingabe, war nun von fremden Götzenbildern entstellt. Eliana fühlte, wie ihr Herz in ihrer Brust schmerzte. Tränen traten in ihre Augen, als sie sah, wie die Soldaten der Seleukiden die Tempelschätze plünderten und unheilige Opfer auf dem Altar darbrachten.

Sie traf auf eine Gruppe von Juden, die in einer Ecke des Tempelhofes zusammengekauert waren, ihre Gesichter gezeichnet von Trauer und Verzweiflung. Einer von ihnen, ein alter Mann mit traurigen Augen, sagte zu ihr: „Siehst du, Tochter, was sie mit unserem heiligsten Ort gemacht haben? Wie können wir jetzt noch an die Güte Gottes glauben?"

Eliana hatte keine Antwort. Sie fühlte eine tiefe Leere in sich, als ob ein Teil ihrer Seele mit dem Tempel zerstört worden wäre. Sie wanderte durch die Straßen Jerusalems und sah, wie die Verzweiflung und Angst sich in den Gesichtern der Menschen spiegelten. Überall war das Echo des Leidens zu hören.

In einer kleinen Gasse begegnete sie einer Gruppe junger Männer, die heimlich die Schriftrollen studierten. Einer von ihnen, Jonathan, bemerkte sie und sprach sie an. „Kommst du, um Trost in den Worten Gottes zu suchen?", fragte er. Eliana nickte stumm.

Sie setzte sich zu ihnen, und während sie die alten Texte lasen, spürte sie, wie ein Funken Hoffnung in ihr erwachte. „Wir dürfen unseren Glauben nicht aufgeben, egal was geschieht", sagte Jonathan leidenschaftlich. „Das ist es, was uns als Volk zusammenhält."

Eliana verbrachte den Tag mit der Gruppe, und als sie sich zum Gehen anschickte, sagte Jonathan: „Kehre zu deinem Dorf zurück und erzähle ihnen, dass der Geist unseres Volkes nicht gebrochen ist. Wir werden weiterhin unseren Glauben leben, im Verborgenen, wenn es sein muss."

Auf dem Weg zurück ins Dorf reflektierte Eliana über das, was sie gesehen und erlebt hatte. Die Entweihung des Tempels war ein schwerer Schlag, aber die Worte Jonathans hatten in ihr eine Entschlossenheit geweckt. Sie wusste, dass die kommenden Tage voller Herausforderungen sein würden, aber sie fühlte sich nun besser darauf vorbereitet.

Als sie wieder im Dorf ankam, wurde sie von ihrer Familie und den Dorfbewohnern umarmt. Ihr Vater sah sie besorgt an, aber auch mit einem Funken Stolz in den Augen. „Du bist zurückgekehrt, Eliana. Was hast du gesehen?", fragte er.

Eliana erzählte von der Entweihung des Tempels, von der Verzweiflung der Menschen in Jerusalem und von der Gruppe junger Männer, die trotz allem ihren Glauben bewahrten. „Wir dürfen nicht zulassen, dass unser Glaube stirbt", sagte sie entschlossen. „Wir müssen einen Weg finden, unsere Traditionen weiterzuleben, auch wenn es gefährlich ist."

Die Worte Elianas weckten einen neuen Geist im Dorf. Sie begannen, heimliche Versammlungen zu organisieren, um ihre Riten und Gebete fortzusetzen. Eliana fühlte sich verantwortlich, diese Treffen zu leiten, inspiriert von der Stärke und Entschlossenheit, die sie in Jerusalem gefunden hatte.

Die folgenden Wochen und Monate waren von einem ständigen Kampf geprägt. Die Dorfbewohner mussten vorsichtig sein, um nicht entdeckt zu werden, doch ihre Entschlossenheit wuchs nur noch mehr. In Elianas Herz war ein unerschütterlicher Glaube entstanden, ein Glaube, der sie durch die dunkelsten Zeiten führen würde.

3. Widerstand im Verborgenen

Die Nachrichten von kleinen Gruppen, die sich dem Befehl des Königs Antiochus IV widersetzten, verbreiteten sich wie ein Lauffeuer unter den Juden. Eliana hörte zum ersten Mal von den Makkabäern, einer Familie, die mutig genug war, sich zu erheben und für ihren Glauben zu kämpfen. Diese Geschichten erfüllten die Menschen mit einem neuen Gefühl von Hoffnung, und Eliana fühlte sich zutiefst inspiriert.

In ihrem eigenen Dorf organisierte Eliana weiterhin heimliche Treffen für Gebete und Rituale. Das Risiko war enorm, aber die

Notwendigkeit, ihren Glauben und ihre Traditionen zu bewahren, gab ihnen die Kraft, weiterzumachen. Eliana entwickelte sich schnell zu einer Art Anführerin dieser geheimen Zusammenkünfte, ihre natürliche Autorität und ihr starker Glaube gaben den anderen Dorfbewohnern Halt und Sicherheit.

Als Tochter eines Heilers hatte Eliana einige Kenntnisse in der Heilkunst. Sie begann, diese Fähigkeiten zu nutzen, um den Widerstand zu unterstützen. Sie heilte Verletzungen und Krankheiten derer, die sich heimlich gegen die selcukidischen Soldaten wehrten. Ihre Hütte wurde zu einem Zufluchtsort für Verwundete und Verfolgte.

Eines Abends, als die Sonne unterging und ein kühler Wind durch die Gassen des Dorfes wehte, klopfte es leise an ihrer Tür. Vorsichtig öffnete sie und fand einen jungen Mann, der einen Verletzten auf dem Rücken trug. „Bitte, kannst du ihm helfen?", fragte er dringend. Der Verletzte war ein Mitglied der Makkabäer, erlitten in einem Scharmützel gegen die Soldaten.

Eliana ließ sie schnell herein. Sie arbeitete die ganze Nacht durch, um die Wunden des Mannes zu versorgen. Der junge Makkabäer, der ihn gebracht hatte, stellte sich als Matthias vor. Er erzählte ihr von ihren Plänen, den Kampf gegen die Seleukiden fortzusetzen, und bat sie um weitere Unterstützung.

„Wir brauchen Menschen wie dich, die uns helfen, gesund zu bleiben, damit wir weiterkämpfen können", sagte er. Eliana, obwohl besorgt über die zusätzliche Gefahr, stimmte zu. Sie fühlte, dass dies eine wichtige Rolle war, die sie im Kampf um die Freiheit ihres Volkes spielen konnte.

In den folgenden Wochen war Eliana tagsüber mit ihren normalen Pflichten im Dorf beschäftigt und nachts kümmerte sie sich um verletzte Makkabäer. Sie lernte, Kräuter und Pflanzen für medizinische Zwecke zu nutzen, und ihre Hütte wurde zu einem Zentrum des Widerstands. Ihre Eltern, obwohl anfangs besorgt, unterstützten sie stillschweigend, indem sie halfen, ihre Aktivitäten zu verbergen.

Die Praktizierung jüdischer Riten im Geheimen blieb eine ständige Herausforderung. Eliana und die Dorfbewohner mussten äußerst vorsichtig sein, um nicht entdeckt zu werden. Sie entwickelten ein System von Zeichen und Signalen, um sich gegenseitig zu warnen, falls Soldaten in der Nähe waren.

Eines Nachts, als sie gerade mit einer kleinen Gruppe das Chanukka-Fest feierte, hörten sie plötzlich Schritte draußen. Schnell löschten sie die Lichter und versteckten die Chanukkia. Elianas Herz schlug schnell, als sie die Schritte näher kommen hörte. Doch zum Glück zogen die Soldaten vorbei, ohne das Versteck zu entdecken. Als sie wieder allein waren, atmeten alle erleichtert auf, aber die Angst vor Entdeckung blieb immer präsent.

Trotz der ständigen Gefahr wuchs die Entschlossenheit der Dorfbewohner und der Makkabäer nur noch mehr. Eliana fühlte, wie sich die Gemeinschaft enger zusammenschloss, getrieben von dem gemeinsamen Ziel, ihre Freiheit und ihren Glauben zu verteidigen. Sie wusste, dass der Weg noch lang und gefährlich sein würde, aber die Hoffnung und der Mut, den sie in den Herzen der Menschen sah, gaben ihr die Kraft, weiterzumachen.

In stillen Momenten, wenn Eliana allein in ihrer Hütte saß, reflektierte sie über die Ereignisse, die ihr Leben so grundlegend verändert hatten. Sie dachte an diejenigen, die gelitten hatten und noch immer litten, und an diejenigen, die ihr Leben im Kampf für ihre Überzeugungen riskierten. In diesen Augenblicken fühlte sie eine tiefe Verbindung zu ihrem Volk und ihrem Glauben, eine Verbindung, die durch die Prüfungen und Leiden nur noch stärker geworden war. Sie wusste, dass sie, egal was kommen mochte, standhaft bleiben und für das kämpfen würde, woran sie glaubte.

4. Im Schatten des Mondes

In den dichten Wäldern, versteckt vor den wachsamen Augen der Soldaten, bereiteten Eliana und die Dorfbewohner sich auf eine heimliche Feier des Sukkot-Festes vor. Sie hatten einen kleinen, abgelegenen Platz gefunden, umgeben von hohen Bäumen, der genug Schutz bot, um ihr Vorhaben zu verbergen.

Eliana war die treibende Kraft hinter der Organisation dieser Feier. Sie verstand, wie wichtig es war, die jüdischen Traditionen und Riten am Leben zu erhalten, besonders für die jüngere Generation, die Gefahr lief, ihre kulturelle Identität zu verlieren. Mit ihrer Hilfe bauten die Dorfbewohner eine provisorische Sukka, eine Hütte, die mit Blättern und Ästen bedeckt war. Sie erklärte den Kindern die Bedeutung des Festes, die Geschichte der Wüstenwanderung und die Wichtigkeit des Dankes.

Als die Nacht hereinbrach und der Mond am Himmel aufstieg, begannen sie mit der Feier. Eliana führte die Gebete an und verteilte Früchte und Brot, die sie heimlich vorbereitet hatten. Die Atmosphäre war eine Mischung aus Freude und Vorsicht, die Luft erfüllt von leisen Gesängen und dem Rascheln der Blätter im Wind.

Plötzlich, mitten in der Feier, hörten sie Geräusche – das Knacken von Zweigen und das gedämpfte Sprechen von Männern. Sofort verstummten alle. Eliana spürte, wie ihr Herz schneller schlug. Die Soldaten des Antiochus IV mussten in der Nähe sein. Schnell flüsterte sie den anderen zu, sich zu verstecken und die Sukka zu verlassen.

In tiefer Stille warteten sie, während die Geräusche näher kamen. Eliana versteckte sich mit einigen Kindern unter dichten Büschen. Sie hielt den Atem an, als sie die Stimmen der Soldaten hörte, die das Gebiet durchsuchten. Es schien, als würden sie direkt auf ihre Verstecke zusteuern. Doch dann, vielleicht durch irgendeinen glücklichen Zufall, zogen die Soldaten sich in eine andere Richtung zurück. Die Gefahr war vorüber, aber die Botschaft war klar: Kein Ort war mehr sicher.

Nachdem die Soldaten verschwunden waren, kamen alle wieder zusammen. Die Stimmung war gedrückt, die Realität ihrer Situation hatte sie einmal mehr eingeholt. Eliana sah die besorgten Gesichter der Dorfbewohner und wusste, dass sie stark sein musste. „Wir dürfen nicht aufgeben", sagte sie leise, aber bestimmt. „Solange wir zusammenhalten und an unseren Traditionen festhalten, können sie uns nicht brechen."

In den folgenden Tagen verstärkte Eliana ihre Bemühungen, den Glauben und die Traditionen unter den Dorfbewohnern und besonders den Kindern zu stärken. Sie organisierte heimliche Treffen, um die Geschichten und Lehren des Judentums weiterzugeben. Diese Zusammenkünfte waren nicht nur ein Akt des Widerstandes, sondern auch eine Quelle der Hoffnung und des Zusammenhalts.

Eines Abends, während sie mit einer kleinen Gruppe das Gebet des Schma Jisrael sprach, ergriff ein älterer Mann, Jakob, das Wort. „Eliana, deine Stärke und dein Mut sind ein Licht für uns alle", sagte er mit Tränen in den Augen. „Du hältst uns zusammen, erinnerst uns daran, wer wir sind. Dafür sind wir dir zutiefst dankbar."

Diese Worte berührten Eliana tief. Sie hatte nicht erwartet, eine solche Rolle in ihrer Gemeinschaft zu spielen, aber jetzt, da sie diese Verantwortung hatte, war sie entschlossen, ihr Bestes zu geben. Sie erkannte, dass ihre Handlungen nicht nur ihr eigenes Leben betrafen, sondern das Leben aller um sie herum.

In den nächsten Wochen und Monaten setzte Eliana ihre Arbeit fort, trotz der ständigen Gefahr. Die Bedrohung durch die Soldaten des Antiochus IV war allgegenwärtig, aber der Wille, ihre Kultur und ihren Glauben zu bewahren, gab ihnen die Kraft, weiterzumachen. Jedes heimliche Treffen, jede geflüsterte Lehre und jedes stille Gebet war ein kleiner Sieg, ein Zeichen des Widerstands gegen die Unterdrückung.

Eliana wusste, dass der Weg noch lang und unsicher war. Aber im Schein des Mondes, unter den wachsamen Augen ihrer Vorfahren, fühlte sie eine tiefe Verbundenheit mit ihrer Geschichte und ihrem Volk. Diese Verbundenheit gab ihr die Stärke und den Mut, den sie brauchte, um in diesen dunklen Zeiten ein Licht der Hoffnung zu sein.

5. Verlust und Trotz

Die Nachricht vom Tod des Dorfältesten, Reuven, einem hochgeachteten Mitglied der jüdischen Gemeinschaft, traf Eliana wie ein Schlag. Reuven war nicht nur ein spiritueller Führer, sondern auch ein Symbol des friedlichen Widerstands. Seine

Verhaftung und das anschließende Martyrium unter den Händen der Soldaten des Antiochus IV waren ein vernichtender Schlag für das ganze Dorf.

In den Tagen nach der tragischen Nachricht versammelten sich die Dorfbewohner in Elianas Haus, um Trost und Beistand zu suchen. Die Stimmung war gedrückt, durchtränkt von Trauer und Angst. Eliana selbst fühlte eine tiefe Leere in sich, aber auch einen wachsenden Zorn.

„Wie können sie nur?", fragte Sara, eine enge Freundin Elianas, während sie in Tränen aufgelöst neben ihr saß. „Reuven hat niemandem etwas getan. Er war ein guter Mann."

Eliana legte tröstend ihren Arm um Sara. „Sie wollen uns brechen", sagte sie mit leiser, aber fester Stimme. „Aber wir dürfen es nicht zulassen. Reuven hat für unseren Glauben und unsere Traditionen gelebt – und dafür ist er gestorben. Wir müssen weitermachen, für ihn und für uns alle."

In den folgenden Tagen bemerkte Eliana eine Veränderung in ihrer eigenen Haltung. Der Verlust Reuvens hatte in ihr nicht nur Trauer, sondern auch eine entschlossene Wut entfacht. Sie realisierte, dass passiver Widerstand allein nicht mehr ausreichte. Es war Zeit, einen Schritt weiter zu gehen.

Sie begann, heimliche Treffen mit anderen Dorfbewohnern zu organisieren, um über aktiveren Widerstand zu sprechen. Eine Gruppe bildete sich, entschlossen, stärker gegen die Verfolgung vorzugehen. Eliana fand sich unerwartet in der Rolle der Anführerin wieder.

„Wir können uns nicht länger verstecken und hoffen, dass dies alles vorübergeht", sagte sie bei einem dieser Treffen. „Wir müssen handeln, uns organisieren. Wir können Nachrichten verbreiten, Unterstützung von anderen Gemeinden suchen und vielleicht sogar eine Fluchtroute für diejenigen einrichten, die nicht mehr hierbleiben können."

Die Gruppe nickte zustimmend. Unter Elianas Führung begannen sie, ihre Pläne zu schmieden. Sie vereinbarten geheime Treffpunkte und Passwörter, organisierten Nahrung und

Unterschlupf für Verfolgte und sammelten Informationen über die Bewegungen der Soldaten.

Eines Abends, als Eliana nach einem dieser Treffen nach Hause zurückkehrte, begegnete sie einem jungen Mann namens Benjamin, der neu im Dorf war. Er hatte von ihrem Mut und ihrer Führungsstärke gehört und wollte helfen.

„Ich habe gesehen, was passiert ist", sagte er mit entschlossener Stimme. „Ich will nicht tatenlos zusehen. Ich will kämpfen, für unsere Rechte, für unsere Freiheit."

Eliana sah ihm in die Augen und erkannte das Feuer des Widerstandes, das auch in ihr brannte. „Dann bist du hier genau richtig", erwiderte sie.

In den folgenden Wochen intensivierte sich der Widerstand. Nachrichten und Anweisungen wurden heimlich zwischen den Dörfern weitergegeben, und langsam, aber sicher formte sich ein Netzwerk des Widerstands. Eliana fand sich immer mehr in der Rolle einer Anführerin wieder, die nicht nur Ratschläge gab, sondern auch Mut und Hoffnung spendete.

Doch mit der wachsenden Aktivität stieg auch die Gefahr. Die Soldaten des Antiochus IV wurden aufmerksamer und brutaler in ihren Bemühungen, den Widerstand zu unterdrücken. Jeder Tag brachte neue Risiken mit sich, und die Angst vor Entdeckung war allgegenwärtig.

Trotz der Gefahren ließ sich Eliana nicht einschüchtern. Der Tod Reuvens hatte ihr gezeigt, was auf dem Spiel stand. Es ging nicht nur um ihr eigenes Leben, sondern um das Überleben ihrer Kultur, ihres Glaubens und ihrer Gemeinschaft.

„Wir müssen standhaft bleiben", sagte sie eines Abends zu ihrer Gruppe. „Jede kleine Handlung, jeder gesprochene Widerstandswort, jede gelebte Tradition ist ein Akt des Trotzes gegen diejenigen, die uns auslöschen wollen. Wir sind das Echo unserer Vorfahren, und unser Widerhall wird noch lange nach uns klingen."

Eliana hatte sich zu einer Symbolfigur des Widerstandes entwickelt, einem Leuchtfeuer der Hoffnung in einer Zeit der Dunkelheit und Verzweiflung. Ihr Mut und ihre Entschlossenheit inspirierten viele in ihrem Dorf und darüber hinaus. In ihr bündelte sich der Zorn, die Trauer und der unerschütterliche Glaube ihres Volkes. Sie war zur Stimme derjenigen geworden, die nicht länger schweigen wollten.

6. Der Funke der Rebellion

Die Sonne neigte sich dem Horizont zu, als Eliana den versteckten Treffpunkt erreichte, tief im Herzen des Waldes. Sie war auf dem Weg, sich mit einer Gruppe von Makkabäern zu treffen, die mutig genug waren, offenen Widerstand zu leisten. Ihr Herz schlug schnell, nicht nur aus Aufregung, sondern auch aus Angst. Dies war ein entscheidender Schritt, weg vom heimlichen Widerstand hin zu einer direkten Konfrontation mit den Unterdrückern.

Sie wurde von Judas Makkabäus, dem Anführer der Gruppe, begrüßt. „Eliana, deine Taten haben uns erreicht. Deine Hilfe im Verborgenen war unbezahlbar, aber ich spüre, dass du bereit bist, mehr zu tun.”

Eliana nickte, ihre Stimme fest, als sie antwortete: „Ich will nicht länger nur im Schatten agieren. Es ist Zeit, sichtbar zu werden, Zeit, direkt zu handeln. Was auch immer ich tun kann, ich bin dabei.”

In den nächsten Wochen schloss sich Eliana den Makkabäern bei verschiedenen Operationen an. Sie waren gezielte Schläge gegen die Macht der Seleukiden, Sabotageakte und Guerillaangriffe. Mit jeder erfolgreichen Aktion wuchs das Gefühl der Hoffnung in der Gemeinschaft. Die Nachricht von kleinen Siegen verbreitete sich wie ein Lauffeuer und entfachte ein neues Gefühl des Stolzes und der Zuversicht.

Eliana fand sich oft in der Rolle der Heilerin und Beraterin. Sie behandelte Verwundete, gab moralischen Beistand und half bei der Planung der Aktionen. Ihre Beziehung zu den Makkabäern, insbesondere zu Judas, vertiefte sich, und sie fühlte sich zunehmend als Teil einer Familie, vereint im Kampf gegen gemeinsame Feinde.

Eines Abends, nach einem erfolgreichen Überfall auf einen seleukidischen Versorgungskonvoi, saßen sie zusammen um ein Lagerfeuer. Die Stimmung war ausgelassen, und Judas sprach zu seinen Leuten: „Jeder kleine Sieg bringt uns unserem Ziel näher. Wir kämpfen nicht nur für unsere Freiheit, sondern auch für die Bewahrung unserer Traditionen und unseres Glaubens."

Eliana stimmte ihm zu und fügte hinzu: „Unser Glaube gibt uns die Kraft, durchzuhalten, auch in den dunkelsten Zeiten. Jedes Fest, das wir heimlich feiern, jedes Gebet, das wir flüstern, ist ein Akt des Widerstandes."

Doch trotz der Erfolge blieben die Herausforderungen immens. Die Gefahr war allgegenwärtig, und die ständige Angst vor Verrat und Entdeckung lag schwer auf ihnen. Die seleukidische Repression verstärkte sich, und mit jedem Tag wuchs das Risiko für Eliana und ihre Mitstreiter.

In einem Gespräch mit Judas drückte Eliana ihre Sorgen aus: „Jeder Sieg, den wir erringen, lässt uns stärker werden, aber er erhöht auch die Gefahr für uns und unsere Familien. Wie können wir unseren Glauben bewahren, wenn wir täglich mit solcher Angst leben müssen?"

Judas blickte nachdenklich in die Flammen. „Unser Glaube ist das, was uns zusammenhält, Eliana. Er ist der Grund, warum wir kämpfen. Wir dürfen nicht zulassen, dass die Angst uns besiegt. Wir müssen stark bleiben, für uns und für die, die wir lieben."

In den darauffolgenden Wochen intensivierte sich der Konflikt. Eliana und die Makkabäer führten mehrere gewagte Operationen durch, um die moralische und militärische Stärke der Seleukiden zu untergraben. Mit jedem Erfolg stieg jedoch auch der Druck der seleukidischen Herrscher, und die Vergeltungsmaßnahmen wurden härter.

Trotz der Gefahren hielten Eliana und ihre Mitstreiter an ihrem Glauben fest. Sie organisierten heimliche Gottesdienste und

Feierlichkeiten, um die Traditionen am Leben zu erhalten. Diese Momente gaben ihnen Kraft und Hoffnung, erinnerten sie daran, wofür sie kämpften.

In einer besonders düsteren Nacht, als die Gefahr einer Entdeckung besonders groß war, versammelte sich eine kleine Gruppe, um das Schabbat-Gebet zu sprechen. Eliana stand inmitten von ihnen, ihr Gesicht vom Kerzenschein erhellt. „In diesen Flammen sehen wir das Licht unseres Glaubens, das niemals erlöschen wird, egal wie dunkel die Nacht ist", flüsterte sie.

Dieser Moment symbolisierte die Entschlossenheit der Gemeinschaft, ihren Glauben und ihre Traditionen trotz aller Widrigkeiten aufrechtzuerhalten. Für Eliana war es ein Zeichen der Hoffnung, ein Beweis dafür, dass selbst in der tiefsten Dunkelheit ein Licht der Rebellion und des Glaubens weiterbrennen konnte.

7. Morgenröte der Befreiung

Die Morgendämmerung brach an, als Eliana und die Makkabäer sich auf den entscheidenden Kampf vorbereiteten. Heute würde das Schicksal ihres Volkes entschieden werden. Der Kampf um die Rückeroberung des Zweiten Tempels stand bevor, und mit ihm die Möglichkeit, ein zentrales Symbol ihres Glaubens wiederherzustellen.

Eliana stand mit festem Blick auf einem Hügel, von dem aus sie das Gelände des Tempels sehen konnte. Sie spürte, wie ihr Herz mit Hoffnung und Angst zugleich schlug. Neben ihr stand Judas Makkabäus, der Anführer, dessen Entschlossenheit unerschütterlich war. „Heute ist der Tag, an dem wir unsere Freiheit zurückerobern", sagte er mit fester Stimme.

Die Makkabäer zogen in die Schlacht, entschlossen und mutig. Der Kampf war hart und erbittert, aber ihre Entschlossenheit und ihr Glaube gaben ihnen Kraft. Eliana, obwohl sie keine Kriegerin war, leistete ihren Beitrag, indem sie sich um die Verwundeten kümmerte und die Moral der Kämpfer stärkte.

Nach Stunden heftiger Kämpfe gelang es ihnen, den Tempel zurückzuerobern. Der Moment, als sie das Tempelgelände betraten, war überwältigend. Die Ruinen und die Spuren der Entweihung schmerzten Eliana tief in ihrem Herzen, doch zugleich war da ein Gefühl der Triumph.

Die folgenden Tage waren geprägt von der Wiederherstellung des Tempels. Eliana half mit, die Spuren der Verwüstung zu beseitigen und den Tempel für die Neugeweihe vorzubereiten. Sie erinnerte sich an die Worte ihres Vaters, der ihr als Kind von der Bedeutung des Tempels erzählt hatte. Jetzt war sie Teil seiner Wiederherstellung, ein Moment von historischer Bedeutung.

Die neue Weihung des Tempels war ein bewegender Anlass. Als die Menorah angezündet wurde und ihr Licht die Dunkelheit erhellte, fühlte Eliana eine tiefe Verbindung zu ihrer Geschichte und ihrem Glauben. Die Gemeinde versammelte sich, um dieses Ereignis zu feiern, ein Fest, das später als Hanukkah bekannt werden sollte, das Fest der Lichter.

In den Tagen nach der Weihung des Tempels nahm sich Eliana Zeit, um über ihre Reise nachzudenken. Sie dachte an die Herausforderungen, die sie überwunden hatte, an die Verluste, die sie erlitten hatte, und an die Stärke, die sie aus ihrem Glauben geschöpft hatte. Ihre Erfahrungen hatten sie geprägt, hatten sie stärker gemacht und ihr eine tiefe Verbindung zu ihrem Volk und dessen Traditionen gegeben.

„Wir haben so viel durchgemacht", sagte sie eines Tages zu Judas, als sie über die Tempelmauern blickten. „Aber es hat uns stärker gemacht. Ich fühle, dass unser Volk nun eine neue Ära erleben wird, eine Ära der Hoffnung und des Wiederaufbaus."

Judas nickte zustimmend. „Ja, Eliana. Dein Mut und dein Glaube haben vielen von uns Kraft gegeben. Was wir erreicht haben, wird in die Geschichte eingehen. Aber unsere Aufgabe ist noch nicht beendet. Wir müssen weiter für unsere Freiheit und unsere Rechte kämpfen."

Eliana sah auf die Stadt und ihre Menschen, die sich mit neuem Leben füllte. Sie wusste, dass noch viele Herausforderungen vor ihnen lagen, aber sie fühlte auch, dass ihr Volk, gestärkt durch den Glauben und die Gemeinschaft, diesen Herausforderungen gewachsen war.

In dieser Nacht, als sie zum Himmel blickte, sah sie die Sterne heller und klarer denn je. Es war, als ob das Licht des Himmels ihr Volk auf seinem Weg in eine bessere Zukunft leitete. Mit einem Gefühl der Dankbarkeit und des Stolzes in ihrem Herzen wusste Eliana, dass ihre Geschichte – die Geschichte ihres Volkes – weiterleben würde, geprägt von Widerstand, Glauben und unerschütterlicher Hoffnung.

Die Zerstörung des Zweiten Tempels im Jahr 70 n.Chr. und die Rolle von Flavius Josephus

Im Jahr 70 n.Chr. wurde ein markantes Ereignis in der Geschichte des antiken Judentums und des Römischen Reiches vollzogen: die Zerstörung des Zweiten Tempels in Jerusalem durch die römischen Streitkräfte. Diese dramatische Handlung, die während des Jüdischen Krieges (66-73 n.Chr.) stattfand, symbolisierte nicht nur das Ende eines langen und erbitterten Konfliktes zwischen den Juden und den Römern, sondern auch einen tiefgreifenden Wendepunkt in der jüdischen Geschichte und Identität.

Die Zerstörung des Tempels muss im Kontext der angespannten Beziehungen zwischen dem Jüdischen Volk und der römischen Besatzungsmacht gesehen werden. Wachsender Unmut und religiöse Spannungen führten schließlich zu einem offenen Aufstand gegen die Römer, der im Jahr 66 n.Chr. begann. Trotz anfänglicher Erfolge der jüdischen Kräfte gelang es den Römern, die Rebellion niederzuschlagen und ihre Kontrolle über Jerusalem zurückzugewinnen. Der Höhepunkt dieser militärischen Auseinandersetzung war die Zerstörung des Zweiten Tempels, ein Ereignis von enormer religiöser und kultureller Bedeutung für das jüdische Volk.

Eine Schlüsselfigur dieser Zeit war Flavius Josephus, ein jüdischer Historiker und ehemaliger Kommandeur, der später zu den Römern überlief. Seine Werke, insbesondere "Die jüdischen Altertümer" und "Der Jüdische Krieg", sind wesentliche Quellen für unser Verständnis dieser Periode. Josephus' Darstellungen bieten einzigartige Einblicke in die politischen, sozialen und religiösen Dynamiken der Zeit. Sie sind jedoch auch durch seine persönliche Geschichte und seinen Status als Überläufer geprägt, was die Interpretation seiner Berichte komplex macht.

Nach der Zerstörung des Zweiten Tempels im Jahr 70 n.Chr. blieben nur Teile der äußeren Mauern stehen. Der bekannteste Teil dieser Überreste ist die Westmauer, auch bekannt als die Klagemauer. Diese Mauer hat über die Jahrhunderte hinweg eine zentrale Rolle im jüdischen Glauben und in der jüdischen Identität eingenommen.

In der modernen Zeit ist die Klagemauer ein Symbol der Beständigkeit und des durchhaltenden Glaubens des jüdischen Volkes. Sie zieht jährlich Millionen von Besuchern aus der ganzen Welt an. Für Juden stellt sie den nächstgelegenen Punkt zum Allerheiligsten des zerstörten Tempels dar und gilt daher als besonders heilig. Hier versammeln sich Gläubige zum Gebet und um Bitten oder Dank in Form von Zetteln in die Ritzen der Mauer zu stecken.

Darüber hinaus spielt die Klagemauer auch eine wichtige Rolle in der israelischen Politik und Kultur. Sie ist ein zentraler Schauplatz für wichtige staatliche und religiöse Zeremonien, einschließlich Feiern zu nationalen Feiertagen und Bar-Mitzwa-Zeremonien. Die Mauer symbolisiert auch die tiefe Verbundenheit der Juden mit Jerusalem und hat in den Diskussionen um den Status und die Zukunft der Stadt eine wichtige Bedeutung.

Die Klagemauer steht somit nicht nur als historisches Monument, sondern auch als lebendiges Symbol der jüdischen Geschichte, des Glaubens und der andauernden Bedeutung Jerusalems für das jüdische Volk. In einem breiteren Sinne spiegelt sie die Komplexität und Tiefe der Beziehung zwischen Religion, Kultur und Politik in der modernen Welt wider.

Die Asche Jerusalems

1. Die Samen des Aufstands

In den engen, geschäftigen Straßen Jerusalems, umgeben von den Gerüchen von frischem Brot und dem Gemurmel des Marktplatzes, begann die Geschichte von Flavius Josephus. Er war ein Mann, gefangen zwischen zwei Welten, geprägt durch seine jüdische Herkunft und geformt durch die römische Kultur.

Josephus war kein gewöhnlicher Jude. Geboren in eine angesehene Priesterfamilie, war er früh ein gelehrtes Kind, das mit 14 Jahren die Schriften der Tora beherrschte und die Weisen

Jerusalems mit seinem Wissen beeindruckte. Seine Jugend verbrachte er im Lernen, studierte die jüdischen Gesetze, die Geschichte seines Volkes und die verschiedenen religiösen Strömungen, die das geistige Leben der Stadt prägten.

Während Josephus in den Lehren seiner Vorfahren vertieft war, brauten sich jedoch dunkle Wolken am Horizont zusammen. Die römische Besatzung, die einst als bloße Unannehmlichkeit betrachtet wurde, hatte sich in eine Quelle ständiger Spannung verwandelt. Die römischen Statthalter, gleichgültig gegenüber den religiösen Bräuchen und Sensibilitäten der Juden, übten eine strenge Herrschaft aus, die oft in Gewalt und Ungerechtigkeit umschlug.

Eines Tages, als Josephus durch die engen Gassen schlenderte, wurde er Zeuge, wie römische Soldaten einen jüdischen Mann grundlos schlugen. Die Menge johlte und spuckte, aber niemand wagte es, einzugreifen. Josephus, schockiert und fassungslos, spürte einen Stich des Zorns und der Hilflosigkeit. Er begann zu verstehen, dass die Kluft zwischen Römern und Juden nicht nur politisch, sondern auch tief kulturell und religiös war.

In den Abendstunden, als die Hitze des Tages nachließ, traf Josephus seinen alten Freund Nathan. Sie setzten sich in Nathans bescheidene Wohnung, umgeben von Papyrusrollen und religiösen Texten. Nathan, immer der Realist, sprach offen über die wachsenden Spannungen.

„Siehst du nicht, Josephus, was vor unseren Augen geschieht? Die Römer haben keinen Respekt vor unseren Traditionen. Jeden Tag spüren wir ihre Unterdrückung stärker", sagte Nathan mit einem ernsten Blick.

Josephus, der noch immer zwischen seiner Liebe zu seiner Kultur und seinem Interesse an der römischen Welt stand, antwortete nachdenklich: „Ich sehe das Leid unseres Volkes, Nathan. Aber ich frage mich, ob Gewalt der richtige Weg ist. Es muss doch eine Möglichkeit geben, zu koexistieren, ohne dass Blut vergossen wird."

Nathan schüttelte den Kopf, seine Augen spiegelten den Schmerz einer langen Geschichte der Unterdrückung wider. „Josephus, manchmal ist der Frieden nur ein anderer Name für Unterwerfung. Wir müssen uns erheben, bevor es zu spät ist."

Als Josephus in jener Nacht nach Hause ging, war der Himmel über Jerusalem von Sternen übersät. Die Gespräche des Tages hallten in seinem Kopf wider, zusammen mit dem Schrei des geschlagenen Mannes. Er fühlte, wie in ihm etwas erwachte, eine Mischung aus Angst und einer seltsamen, neuen Entschlossenheit. Er wusste, dass etwas kommen würde, etwas Großes und vielleicht auch Schreckliches. Aber er war sich noch nicht sicher, welche Rolle er in den kommenden Ereignissen spielen würde.

In den nächsten Wochen wuchsen die Spannungen. Gerüchte von Aufständen, geheimen Versammlungen und flüsternden Gesprächen über einen Aufstand durchdrangen die Gassen Jerusalems. Josephus spürte, wie die Stadt, die er liebte, sich veränderte. Es war, als würde sie ihren Atem anhalten, in Erwartung einer ungewissen Zukunft.

Eines Morgens, als die ersten Strahlen der Sonne die Dächer Jerusalems erhellten, hörte Josephus das Geräusch von Marschstiefeln und das Rasseln von Rüstungen. Römische Truppen zogen in einer eindrucksvollen, aber bedrohlichen Parade durch die Straßen. Es war eine Demonstration der Macht, eine stille Warnung an alle, die es wagen könnten, sich zu erheben. Josephus beobachtete sie von einem Balkon aus, sein Herz schwer mit einem Gefühl, das er nicht ganz benennen konnte.

Es war der Beginn eines Umbruchs, der nicht nur Josephus' Leben, sondern das gesamte jüdische Volk für immer verändern sollte.

2. Das Flüstern des Krieges

Die Luft in Galiläa war erfüllt von einer Mischung aus Angst und Erwartung. Die Nachrichten über die bevorstehende Revolte hatten auch dieses entfernte Gebiet erreicht, und die Menschen begannen, sich auf das Unvermeidliche vorzubereiten. In dieser angespannten Atmosphäre wurde Josephus, der Mann, der zwischen zwei Welten stand, zum Kommandanten in Galiläa ernannt.

Es war eine Position, die er weder gesucht noch erwartet hatte, aber Josephus nahm sie an, getrieben von einem Gefühl der Verpflichtung gegenüber seinem Volk. Als Kommandant war er nicht nur für die militärische Verteidigung verantwortlich, sondern auch für das Wohl der Menschen in seiner Region.

Eines Morgens, kurz nach seiner Ernennung, stand Josephus auf einer Anhöhe und blickte auf die sanften Hügel Galiläas. Er dachte an die bevorstehende Konfrontation mit den Römern und fragte sich, ob er für diese Aufgabe wirklich geeignet war. Sein Freund und Berater, Michael, trat zu ihm.

„Josephus, du siehst besorgt aus", sagte Michael.

„Ich bin es auch", gab Josephus zu. „Ich verstehe Kriegsführung, aber ich bin kein Soldat. Ich frage mich, ob ich den Menschen in Galiläa wirklich helfen kann."

„Du bist klug und gerecht, Josephus. Das ist mehr wert als die Fähigkeit, ein Schwert zu schwingen", erwiderte Michael.

Josephus nickte, aber seine Sorgen blieben.

In den folgenden Wochen verschlechterte sich die Situation rasch. Nachrichten von römischen Brutalitäten erreichten Galiläa – Dörfer wurden niedergebrannt, unschuldige Menschen gefoltert und getötet. Jedes Mal, wenn ein Bote mit solchen Nachrichten kam, spürte Josephus, wie ein Teil seines Herzens schwerer wurde.

Eines Abends, als er in seinem provisorischen Hauptquartier saß, umgeben von Karten und Berichten, hörte er laute Stimmen aus dem Nebenraum. Er stand auf und ging hinein, um eine hitzige Debatte zwischen einigen seiner Offiziere vorzufinden.

„Wir müssen angreifen! Wir können nicht zusehen, wie unser Volk leidet!", rief einer der Offiziere, ein junger Mann namens Benjamin.

„Und was schlägst du vor? Einen offenen Krieg gegen die Römer? Das wäre Selbstmord!", entgegnete ein älterer Offizier, Samuel.

Josephus trat ein und die Männer verstummten. „Was ist hier los?", fragte er.

Benjamin wandte sich an ihn. „Josephus, wir müssen handeln. Die Römer zeigen keine Gnade. Wir müssen sie angreifen, bevor es zu spät ist."

„Und wenn wir das tun, riskieren wir das Leben vieler unschuldiger Menschen. Wir müssen bedacht vorgehen, Benjamin", erwiderte Josephus.

Aber Benjamin schüttelte den Kopf. „Vorsicht hat uns nichts eingebracht. Es ist Zeit zu kämpfen."

Josephus sah in die entschlossenen Gesichter seiner Offiziere und spürte das Gewicht der Verantwortung. Er musste eine Entscheidung treffen, die das Schicksal vieler beeinflussen würde.

Die folgenden Tage waren geprägt von Vorbereitungen und Planungen. Josephus versuchte, eine Strategie zu entwickeln, die sowohl wirksam als auch vorsichtig war. In den Nächten, wenn er allein in seinem Zimmer war, dachte er über die drohende Gefahr nach und fragte sich, ob Frieden jemals wieder möglich sein würde.

Dann, eines Morgens, kam die Nachricht, die alle gefürchtet hatten: Eine große römische Armee marschierte auf Galiläa zu. Josephus spürte, wie sich sein Magen zusammenzog. Es war an der Zeit, seine Führungsfähigkeiten unter Beweis zu stellen.

In den nächsten Stunden versammelte er seine Truppen und bereitete sie auf die bevorstehende Konfrontation vor. Er sprach zu ihnen, versuchte ihnen Mut zu machen, aber in seinen Worten lag auch eine Spur von Angst. Er wusste, dass viele dieser Männer und Frauen vielleicht nicht zurückkehren würden.

Als die römischen Legionen in Sicht kamen, stand Josephus an der Spitze seiner Truppen, sein Herz schlug heftig. Er konnte die eisernen Rüstungen und die glänzenden Helme der römischen Soldaten in der Ferne sehen.

„Wir stehen heute hier, um unser Land, unsere Familien und unsere Freiheit zu verteidigen", rief er seinen Truppen zu. „Wir stehen hier im Angesicht einer großen Macht, aber wir sind stark durch unseren Glauben und unsere Entschlossenheit. Lasst uns zeigen, dass wir keine Sklaven sind!"

Mit diesen Worten führte Josephus seine Truppen in die Schlacht, nicht wissend, ob dies der Anfang vom Ende oder das Ende des Anfangs war. Der Krieg hatte begonnen, und mit ihm begann eine neue Phase im Leben von Josephus – eine Phase, die ihn und das jüdische Volk für immer prägen sollte.

3. Die Belagerung Jerusalems

Die Belagerung Jerusalems war ein Ereignis von unermesslichem Ausmaß, das das Schicksal vieler besiegelte. Josephus, einst ein Anführer der jüdischen Revolte, fand sich nun in der Hand der Römer wieder, gefangen, aber dennoch am Leben. Er wurde dem römischen Kommandanten Vespasian als Berater zugeteilt, eine Rolle, die sowohl eine Chance als auch eine enorme Bürde für ihn darstellte.

Die Luft in der Stadt war erfüllt von Angst und Verzweiflung. Die Menschen in Jerusalem litten enorm unter der Belagerung. Essen und Wasser wurden knapp, Krankheiten breiteten sich aus, und der ständige Beschuss durch die Römer ließ die Stadtmauern erzittern.

In seinem provisorischen Quartier, das die Römer ihm zugewiesen hatten, saß Josephus an einem kleinen Tisch, die Stirn in Sorgenfalten gelegt. Vor ihm lag eine Karte Jerusalems, und er versuchte, die nächsten Schritte der römischen Armee zu antizipieren. Die Tür öffnete sich, und Vespasian trat ein.

„Josephus, wie lauten deine Einschätzungen?", fragte er.

Josephus blickte auf. „Die Stadt wird nicht leicht fallen, Vespasian. Die Menschen dort sind verzweifelt und werden bis zum letzten Mann kämpfen."

„Das ist mir bewusst. Aber wir können nicht ewig warten. Ich brauche deine Hilfe, um diesen Konflikt zu beenden", sagte Vespasian.

Josephus spürte den Stich des Verrats in seinem Herzen, als er darauf antwortete. „Eine direkte Konfrontation würde viele Opfer fordern, auf beiden Seiten."

„Das ist der Preis des Krieges, Josephus. Du weißt das besser als jeder andere", entgegnete Vespasian kalt.

Josephus nickte langsam, sein Herz schwer mit dem Wissen um das, was bevorstand.

In den folgenden Tagen intensivierten die Römer ihren Angriff auf Jerusalem. Josephus konnte von seinem Quartier aus den Rauch und das Chaos der Schlachten sehen. Jedes Mal, wenn er das Stöhnen der Verwundeten und das Weinen der Kinder hörte, fühlte er sich zerrissen zwischen seiner Pflicht gegenüber den Römern und seiner Loyalität zu seinem Volk.

Eines Abends, als er allein in seinem Zimmer war, besuchte ihn ein alter Freund aus Jerusalem, Benjamin, der es irgendwie geschafft hatte, durch die Linien zu kommen.

„Josephus, wie kannst du nur? Wie kannst du hier sitzen und zusehen, wie dein Volk leidet?", warf ihm Benjamin vor.

Josephus blickte auf, sein Gesicht gezeichnet von Schmerz. „Benjamin, du verstehst nicht. Ich versuche, das Blutvergießen zu minimieren. Ich versuche, Wege zu finden, um so viele Leben wie möglich zu retten."

„Aber zu welchem Preis, Josephus? Zu welchem Preis?", fragte Benjamin mit Tränen in den Augen.

Die Frage hallte in Josephus' Kopf wider, während Benjamin wieder in die Nacht verschwand. Allein mit seinen Gedanken, fühlte sich Josephus hilfloser denn je.

Die Belagerung zog sich hin, und die Zustände in Jerusalem wurden immer unerträglicher. Josephus musste mit ansehen, wie seine einst blühende Stadt in Trümmern lag, wie sein Volk litt und starb.

Eines Morgens brachte ein Bote Nachricht von einem Durchbruch in der Stadtmauer. Josephus wusste, dass dies das Ende bedeutete. Die Römer würden bald die Kontrolle übernehmen.

Er stand da, sein Blick fest auf die brennende Stadt gerichtet, und spürte eine tiefe Traurigkeit in sich. Alles, was er gekannt hatte, war verloren. Sein Volk, seine Heimat, sein Glaube – alles stand in Flammen.

Als Vespasian ihm die Nachricht vom bevorstehenden Fall Jerusalems überbrachte, konnte Josephus nur nicken. Er hatte keine Worte mehr. Sein Herz war erfüllt von Trauer und Schuld.

In den letzten Momenten der Belagerung dachte Josephus über sein Leben nach, über die Entscheidungen, die er getroffen hatte, und die Konsequenzen, die daraus entstanden waren. Er fragte sich, ob es einen anderen Weg gegeben hätte, ob er etwas hätte tun können, um dieses schreckliche Ende zu verhindern.

Aber tief in seinem Herzen wusste er, dass der Lauf der Geschichte nicht so leicht zu ändern war. Er hatte getan, was er für richtig hielt, auch wenn es ihn jetzt quälte. Josephus sah, wie Jerusalem fiel, und mit ihm fiel ein Teil seiner Seele in die Dunkelheit.

4. Der Fall einer Stadt

Der Fall Jerusalems war ein katastrophales Ereignis, das tiefe Narben in der Geschichte hinterließ. Die Stadt, einst ein strahlendes Symbol jüdischer Identität und Glaubens, stand nun vor ihrer Vernichtung. Die römischen Legionen, angeführt von Vespasian und seinem Sohn Titus, hatten die äußeren Verteidigungslinien durchbrochen und drangen unaufhaltsam in die Stadt ein.

Josephus stand an einem Aussichtspunkt, von wo aus er einen klaren Blick auf die Tragödie hatte, die sich unter ihm abspielte.

Die Straßen Jerusalems waren erfüllt von Kampf, Schmerz und Verzweiflung. Die Luft war durchzogen von dem Geschrei der Kämpfenden und dem Wehklagen der Verletzten. Rauch stieg von brennenden Gebäuden auf, und der Himmel färbte sich dunkel vor Asche.

Inmitten dieses Chaos versuchte Josephus, eine Vermittlerrolle zwischen den Römern und den jüdischen Verteidigern zu spielen. Er ging zu den römischen Kommandanten, um für Gnade und ein würdevolles Ende für sein Volk zu bitten. Doch seine Bitten stießen auf taube Ohren.

„Josephus, deine Loyalität ist lobenswert, aber deine Leute haben sich für den Krieg entschieden", sagte Titus, der mit entschlossener Miene vor ihm stand.

„Es ist nicht nur ein Krieg, es ist ein Gemetzel. Bitte, hört auf das Blutvergießen", flehte Josephus.

„Sie hatten ihre Wahl. Jetzt müssen sie die Konsequenzen tragen", antwortete Titus unerbittlich.

Josephus' Versuche, mit seinen eigenen Leuten zu sprechen, waren ebenso fruchtlos. Sie sahen in ihm einen Verräter, jemanden, der seine Seele an den Feind verkauft hatte. Als er durch die engen Gassen schritt, um mit den Anführern der Verteidigung zu sprechen, begegneten ihm hasserfüllte Blicke und verächtliche Worte.

„Du bist kein Sohn Jerusalems mehr, Josephus. Du bist ein Römer", schrie ihm ein ehemaliger Gefährte zu, als er versuchte, durch eine Gruppe von Kämpfern zu gehen.

Die Worte trafen Josephus wie Pfeile. Er spürte den Schmerz jedes Vorwurfs, jede Beschuldigung schnitt tief in sein Herz.

Die Szenerie innerhalb Jerusalems war apokalyptisch. Familien versuchten verzweifelt, ihre Angehörigen zu schützen und irgendwo Sicherheit zu finden. Die Tempelanlage, einst das Herzstück des jüdischen Glaubens, war nun ein Ort des Leidens und des Todes.

Als die römischen Truppen den Tempelbezirk erreichten, entbrannte ein heftiger Kampf. Josephus, der von einer erhöhten Position aus zusah, konnte kaum glauben, was er sah. Die heiligen Hallen, in denen er aufgewachsen war und die ihm so viel bedeutet hatten, standen in Flammen. Das Heiligtum, das Zentrum des jüdischen Glaubens, wurde zu Asche und Rauch.

Die Schreie der Menschen, das Krachen einstürzender Gebäude und der unerbittliche Lärm des Kampfes bildeten eine Symphonie der Zerstörung. Josephus fühlte sich wie gelähmt, unfähig, etwas zu tun, um das Unvermeidliche aufzuhalten.

In dieser Nacht, als die Flammen des Tempels den Himmel erleuchteten, saß Josephus allein in seinem Raum, sein Gesicht in den Händen vergraben. Er dachte an seine Familie, seine Freunde, seine Heimat – all das, was er verloren hatte.

„Ist das der Preis für Frieden?", fragte er sich selbst, während Tränen über seine Wangen liefen.

In den frühen Morgenstunden, als die ersten Strahlen der Morgensonne die rauchgefüllten Straßen Jerusalems erhellten, stand Josephus auf und blickte auf die Ruinen der Stadt. Jerusalem, die Stadt des Friedens, lag in Trümmern, ihre Menschen gebrochen und verloren.

Als er durch die zerstörten Straßen wanderte, betrachtete Josephus die Trümmer und fühlte eine tiefe Trauer in sich. Er wusste, dass dies das Ende einer Ära war, das Ende von etwas Großem und Bedeutungsvollem. Aber in seinem Herzen blieb eine Flamme der Hoffnung, dass eines Tages aus der Asche neues Leben erwachsen würde.

5. Der Tempel in Flammen

Der Tag, an dem das Zweite Tempel in Flammen aufging, markierte das Ende eines Zeitalters für das jüdische Volk. Es war ein Tag des unermesslichen Verlusts, der sich tief in das kollektive Gedächtnis der Juden einbrennen würde.

Josephus, der bereits die Zerstörung Jerusalems miterlebt hatte, stand nun vor einer weiteren schmerzhaften Realität: Der bevorstehenden Vernichtung des Zweiten Tempels. Dieses heilige Monument war nicht nur ein physisches Bauwerk; es war das Herzstück der jüdischen Identität, der Ort, an dem Himmel und Erde sich berührten.

Mit einem Gefühl der Dringlichkeit suchte Josephus Titus auf, den römischen Befehlshaber, in der Hoffnung, das Schlimmste zu verhindern.

„Titus, bitte, ich flehe dich an. Der Tempel ist mehr als nur Stein und Holz. Er ist das Symbol unseres Glaubens, unserer Geschichte", sagte Josephus, die Verzweiflung in seiner Stimme kaum verbergend.

Titus, der die Bedeutung des Tempels für das jüdische Volk verstand, schien für einen Moment nachzudenken, bevor er antwortete. „Josephus, du weißt, dass ich Respekt vor deinem Glauben habe. Aber dieser Tempel ist ein Symbol des Widerstands. Seine Zerstörung ist unvermeidlich."

Josephus' Herz sank. Die Ablehnung seiner Bitte fühlte sich an wie ein Todesstoß für seine Hoffnungen. Er wusste, dass jegliche weitere Diskussion nutzlos wäre.

Als die römischen Truppen den Tempelbezirk erreichten, war die Atmosphäre elektrisch geladen. Die jüdischen Verteidiger kämpften mit einer verzweifelten Entschlossenheit, aber ihre Bemühungen schienen vergebens gegen die überwältigende Macht der Römer.

Dann geschah das Unfassbare: Ein Brand brach aus. Die Flammen griffen schnell um sich, verschlangen Holz und Stein und stiegen zum Himmel empor. Der Anblick des brennenden Tempels ließ Josephus' Atem stocken. Er spürte, wie Tränen unaufhaltsam seine Wangen hinunterrannen.

Um ihn herum brachen Menschen in Verzweiflung aus. Einige weinten, andere beteten, und wieder andere starrten nur stumm auf das Inferno, unfähig, ihre Augen abzuwenden. Der Rauch verdunkelte den Himmel über Jerusalem, als wäre es eine apokalyptische Vision.

„So stirbt also unser heiliger Ort", murmelte Josephus leise für sich. Der Schmerz in seiner Stimme war fast greifbar. Es fühlte sich an, als würde mit dem Tempel ein Teil seiner eigenen Seele verbrennen.

Inmitten des Chaos fand Josephus sich unvermittelt in einer Diskussion mit einigen jüdischen Widerstandskämpfern wieder, die sich in der Nähe des brennenden Tempels versammelt hatten.

„Siehst du, was deine Römer tun?", rief einer von ihnen, Wut und Verzweiflung in den Augen.

„Ich bin kein Verbündeter der Römer", erwiderte Josephus mit trauriger Stimme. „Ich trauere um unseren Tempel genauso wie ihr."

„Aber du hast überlebt, während wir sterben", sagte ein anderer bitter. „Du lebst, um unser Leid zu bezeugen."

Josephus hatte keine Worte, um zu antworten. Er wusste, dass kein Argument den Verlust mildern oder die Wut seiner Leute beruhigen konnte.

Als die Flammen allmählich nachließen und nur noch Rauch und Asche vom Tempel übrig waren, fühlte Josephus eine tiefe Leere in sich. Er wusste, dass dieser Moment für immer in der Geschichte seines Volkes verankert sein würde, ein Symbol für Verlust, Trauer und unerschütterliche Hoffnung.

In den darauffolgenden Tagen, als die Römer die Kontrolle über die zerstörte Stadt übernahmen und die letzten Widerstandsnester auslöschten, zog sich Josephus zurück. Er verbrachte Stunden damit, die Ereignisse aufzuschreiben, getrieben von der Notwendigkeit, Zeugnis abzulegen, damit die Welt nie vergessen würde, was in Jerusalem geschehen war.

6. Die Folgen

Nach dem Fall des Tempels und der endgültigen Eroberung Jerusalems durch die Römer, breitete sich eine Atmosphäre der Resignation und Verzweiflung über die Stadt aus. Die Straßen, einst voller Leben und Geschäftigkeit, waren nun Schauplätze der Zerstörung und des menschlichen Leids.

Josephus, der Zeuge dieser katastrophalen Ereignisse wurde, konnte nicht anders, als sich in tiefe Reflexionen über die Zukunft des Judentums und seine eigene Rolle in dessen Bewahrung zu vertiefen.

Als die Römer begannen, die Schätze des Tempels zu plündern und das jüdische Volk in die Sklaverei zu führen, fühlte Josephus eine Mischung aus Schmerz und Hilflosigkeit. Er sah, wie die heiligen Gegenstände, die jahrhundertelang in den heiligsten Räumen des Tempels aufbewahrt wurden, von römischen Soldaten verschleppt wurden.

„Wie können sie nur?", fragte ein älterer Mann in der Nähe Josephus, während er zusah, wie ein römischer Soldat eine goldene Menora wegschleppte.

Josephus wusste keine Antwort. Er konnte nur zusehen, wie die physischen Symbole seines Glaubens zerstört oder entweiht wurden. Doch in diesem Moment der Verzweiflung keimte in ihm ein Gedanke. Die physischen Symbole konnten genommen werden, aber die Geschichte und die Lehren seines Volkes konnten durch Worte und Erinnerungen bewahrt werden.

Während die Tage verstrichen, beobachtete Josephus die Veränderungen in der Stadt. Die jüdische Bevölkerung, einst stolz und unabhängig, wurde nun in Ketten gelegt und zu den Sklavenmärkten des Römischen Reiches geführt. Familien wurden auseinandergerissen, das soziale Gefüge der jüdischen Gemeinschaft zerstört.

Inmitten dieses Chaos traf Josephus eine Entscheidung, die sein weiteres Leben prägen sollte. Er begann, seine Erfahrungen und Beobachtungen niederzuschreiben, fest entschlossen, die Geschichte seines Volkes für künftige Generationen zu bewahren.

Josephus traf sich mit Überlebenden, sammelte ihre Geschichten und kombinierte diese mit seinen eigenen Erinnerungen. Er schrieb über die Siege und Niederlagen, die Hoffnungen und Ängste, die Liebe und den Verlust.

In einer besonders bewegenden Szene, die Josephus niederschrieb, erinnerte er sich an eine Begegnung mit einer jungen Frau, deren ganze Familie in den Wirren des Krieges umgekommen war.

„Sie haben alles genommen... meine Familie, mein Zuhause, meine Zukunft", sagte sie, Tränen in den Augen.

„Ihre Geschichten werden weiterleben", antwortete Josephus sanft. „Ich werde sicherstellen, dass die Welt nie vergisst, was hier geschehen ist."

Diese Begegnungen verstärkten Josephus' Entschlossenheit, die Geschichte seines Volkes zu erzählen. Er realisierte, dass, obwohl er die physische Zerstörung Jerusalems und des Tempels nicht verhindern konnte, er durch seine Schriften die Erinnerung daran am Leben erhalten konnte.

In den Monaten und Jahren, die folgten, setzte Josephus seine Arbeit fort, trotz der Traurigkeit und des Schmerzes, die ihn oft überkamen. Er wusste, dass seine Aufzeichnungen eine der wenigen Quellen sein würden, durch die die Nachwelt von den Ereignissen in Jerusalem erfahren würde.

Josephus' Schriften wurden zu einer Chronik des jüdischen Volkes - eine Geschichte von Triumph und Tragödie, Glauben und Verzweiflung. Durch seine Worte wurde er zu einem der bedeutendsten Historiker seiner Zeit und ein unersetzlicher Zeuge einer der dunkelsten Epochen in der Geschichte seines Volkes.

7. Das Erbe der Worte

Nach der verheerenden Niederlage Jerusalems und dem Fall des zweiten Tempels, fand sich Josephus in einer neuen, unerwarteten Rolle wieder. Er war nun ein Chronist, ein Bewahrer der Geschichte seines Volkes, verwickelt in einem Netz aus

Erinnerungen, Schuldgefühlen und der dringenden Notwendigkeit, Zeugnis abzulegen.

Josephus' Leben hatte eine dramatische Wendung genommen. Einmal ein angesehener Kommandeur, fand er sich nun in der Rolle eines Historikers wieder, tief in die Arbeit an seinem epochalen Werk „Der Jüdische Krieg" vertieft. Dieses Projekt war für ihn sowohl eine Bürde als auch eine Berufung.

Mit jedem Wort, das er niederschrieb, kämpfte Josephus mit seinen inneren Dämonen. Er rang mit dem Gefühl der Schuld, das ihn ständig verfolgte, einer Schuld, die aus seinem Überleben, seinem Verrat in den Augen mancher seiner Landsleute und seiner ohnmächtigen Zeugenschaft der Zerstörung entstanden war.

Eines Abends, während er in seinem provisorischen Studium arbeitete, erhielt er Besuch von einem alten Freund, Aaron, einem Überlebenden des Aufstands.

„Josephus, wie kannst du nur für sie schreiben?", fragte Aaron mit einem Anflug von Bitterkeit in der Stimme.

„Ich schreibe nicht für sie, Aaron", antwortete Josephus ruhig. „Ich schreibe für die Zukunft. Damit die Welt weiß, was uns widerfahren ist."

„Aber deine Worte...", begann Aaron, aber Josephus unterbrach ihn.

„Meine Worte sind alles, was ich noch habe, um der Wahrheit unseres Volkes Gerechtigkeit widerfahren zu lassen."

In seinen Momenten der Reflexion dachte Josephus oft über die Auswirkungen der Zerstörung auf die jüdische Identität und den Glauben nach. Die Zerstörung des Tempels war nicht nur ein physischer Verlust; sie symbolisierte auch eine tiefgreifende spirituelle Krise für das jüdische Volk.

„Wir haben unser Zentrum verloren", sagte er eines Tages zu einem jungen Schüler, der ihn in seiner Arbeit besuchte. „Aber wir dürfen unseren Glauben, unsere Geschichte nicht verlieren. Das ist jetzt wichtiger denn je."

Die Arbeit an „Der Jüdische Krieg" war kein einfaches Unterfangen. Josephus verbrachte unzählige Stunden damit, Ereignisse zu rekonstruieren, Zeugenaussagen zu sammeln und seine eigenen Erinnerungen zu sichten. Er wollte sicherstellen, dass sein Werk nicht nur eine Chronik der Ereignisse war, sondern auch ein Spiegelbild der menschlichen Erfahrungen – mit all ihren Schmerzen, ihren Hoffnungen und ihrem unbeugsamen Willen.

Eines Tages, als er über eine besonders schmerzhafte Erinnerung schrieb, hielt er inne und schloss die Augen. Die Bilder des brennenden Tempels, der Schreie der Verzweiflung und des Kampfes kamen wieder hoch.

„Es muss geschrieben werden", flüsterte er sich selbst zu. „Es muss erinnert werden."

Josephus wurde sich zunehmend bewusst, dass sein Werk mehr war als nur eine historische Aufzeichnung. Es war ein Vermächtnis, ein Testament des jüdischen Volkes und seiner unzerstörbaren Lebenskraft. Mit jedem Wort, das er schrieb, wurde er nicht nur zum Historiker, sondern auch zum Bewahrer einer Kultur, einer Identität und eines Glaubens.

In den späteren Jahren seines Lebens reflektierte Josephus oft über die Auswirkungen seines Werks. Er hoffte, dass seine Worte den Überlebenden helfen würden, ihren Glauben und ihre Identität in einer Welt wiederzufinden, die so brutal verändert worden war. Und für die zukünftigen Generationen wollte er ein Zeugnis hinterlassen – ein Zeugnis der Tragödien und Triumphe seines Volkes.

„Was ich geschrieben habe, ist mehr als nur die Geschichte eines Krieges", sagte er einmal. „Es ist die Geschichte eines Volkes, seiner Kämpfe, seiner Träume und seiner unaufhörlichen Hoffnung. Mögen diese Worte ewig widerhallen."

Der Bar-Kochba-Aufstand

Im Jahr 135 n. Chr. erreichte der lang schwelende Konflikt zwischen dem Jüdischen Volk und dem Römischen Reich einen explosiven Höhepunkt: den Bar-Kochba-Aufstand. Dieses Ereignis stellt einen entscheidenden Wendepunkt in der Geschichte des antiken Judentums dar und hinterließ ein nachhaltiges Erbe, das bis heute Bestand hat.

Die Wurzeln des Aufstands lagen in einer Kombination aus religiösen, sozialen und politischen Spannungen. Nach der Zerstörung des Zweiten Tempels im Jahr 70 n. Chr. unter der Herrschaft des Römischen Reiches, verschärfte sich die Lage der Juden in Judäa. Die Zerstörung war nicht nur ein physischer Verlust; sie symbolisierte auch eine tiefe spirituelle Krise und den Verlust der nationalen Identität.

Kaiser Hadrian, der im Jahr 117 n. Chr. die Macht übernahm, schien zunächst eine Politik der religiösen Toleranz zu verfolgen. Doch seine Entscheidung, Jerusalem in eine römische Kolonie umzuwandeln und eine Statue des Jupiter auf dem Gelände des ehemaligen Tempels zu errichten, wurde von vielen Juden als ultimative Profanation und Provokation empfunden.

In dieser angespannten Atmosphäre entstand eine messianische Bewegung um die Figur des Simon Bar Kochba, der sich als militärischer und geistiger Führer herauskristallisierte. Bar Kochba, was „Sohn des Sterns" bedeutet, wurde von vielen als der erwartete Messias gesehen, der die Juden zu Freiheit und Unabhängigkeit führen würde.

Der Aufstand, der um 132 n. Chr. begann, war zunächst von Erfolgen gekennzeichnet. Die jüdischen Kräfte konnten mehrere römische Garnisonen überwältigen und eine unabhängige Verwaltung in Teilen Judäas etablieren. Doch die Römer reagierten mit einer massiven militärischen Offensive, angeführt von General Sextus Julius Severus. Die römischen Streitkräfte, bekannt für ihre Brutalität und Effizienz, schlugen den Aufstand mit gnadenloser Härte nieder.

Der Bar-Kochba-Aufstand endete in einer Katastrophe für das jüdische Volk. Tausende Juden wurden getötet, versklavt oder zur Flucht gezwungen. Jerusalem wurde für Juden verboten, und das Judentum selbst stand unter römischer Unterdrückung. Die Niederlage führte zu einer bedeutenden Diaspora und veränderte den Verlauf der jüdischen Geschichte grundlegend.

Der Bar-Kochba-Aufstand ist nicht nur wegen seiner unmittelbaren Folgen von Bedeutung, sondern auch wegen seines Einflusses auf die jüdische Identität und Tradition. Trotz der katastrophalen Niederlage bleibt die Erinnerung an den Aufstand ein Symbol für den jüdischen Widerstand und den unzerstörbaren Geist eines Volkes, das trotz jahrtausendelanger Verfolgung und Diaspora seine Identität und seinen Glauben bewahrt hat.

Das Echo der Freiheit

1. Die Funken des Widerstands

Die Sonne ging langsam über den sanften Hügeln von Judäa unter, tauchte die Landschaft in ein weiches, goldrotes Licht. In einem bescheidenen Haus am Rande Jerusalems saß Elazar, ein stattlicher Mann mittleren Alters mit durchdringenden Augen, die von einem tiefen, inneren Feuer zeugten. Seine Gedanken waren in der Ferne, verloren in den Sorgen um sein Volk.

Neben ihm saß seine Frau Mirah, eine sanftmütige Frau mit liebevollen Augen, die ihn sorgenvoll betrachtete. Sie wusste, dass die zunehmenden Spannungen zwischen Juden und Römern ihren Mann tief beschäftigten. Ihre Kinder, der zwölfjährige Joas und die zehnjährige Abigail, spielten leise in einer Ecke des Raumes, unberührt von den schweren Gedanken ihrer Eltern.

„Du bist so still heute", sagte Mirah sanft und legte ihre Hand auf die seine. „Was bedrückt dich so sehr?"

Elazar seufzte tief. „Es ist unser Volk, Mirah. Überall in Judäa spüre ich eine Unruhe, eine wachsende Verzweiflung. Die Römer... ihre Grausamkeit kennt keine Grenzen mehr. Ich fürchte, es wird bald zu einem Aufstand kommen."

Mirahs Augen füllten sich mit Sorge. „Ein Aufstand? Aber das könnte verheerend sein. Wir sind den Römern doch zahlenmäßig und waffentechnisch unterlegen."

„Ich weiß", antwortete Elazar, „aber es geht nicht mehr nur um Waffen oder Zahlen. Es geht um unsere Würde, unsere Freiheit, unseren Glauben. Wie lange sollen wir noch erdulden, unterdrückt und gedemütigt zu werden?"

Mirah nickte langsam, ihre Gedanken bei den vielen Familien, die bereits unter der römischen Herrschaft gelitten hatten. „Und was wirst du tun?"

„Ich werde mich treffen mit anderen, die meinen Unmut teilen. Vielleicht ist es an der Zeit, dass wir uns organisieren, um besser für unsere Rechte einzustehen", sagte Elazar entschlossen.

Draußen, auf den Straßen Jerusalems, war die Stimmung angespannt. Die Nachricht von Hadrians Plänen, eine römische Kolonie auf den Ruinen des zerstörten Tempels zu errichten, hatte wie ein Lauffeuer die Runde gemacht. Überall in der Stadt versammelten sich Gruppen von Männern und Frauen, diskutierten heftig, manchmal lautstark.

In einer abgelegenen Gasse trafen sich Elazar und einige vertraute Gesichter im Schatten der Nacht. Jeder von ihnen trug die Last der Unterdrückung auf seinen Schultern, jeder brannte vor dem Wunsch nach Veränderung.

„Wir können nicht länger schweigen", begann Elazar. „Jeden Tag wird unsere Lage schlimmer. Unsere heiligsten Stätten werden entweiht, unser Volk misshandelt. Wir müssen handeln!"

Ein älterer Mann namens Joachim nickte. „Elazar hat recht. Wir dürfen nicht zulassen, dass unsere Identität ausgelöscht wird. Wir müssen zeigen, dass wir noch immer ein Volk sind, ein Volk mit Stolz und Würde."

„Aber wie können wir uns gegen die Römer auflehnen? Sie haben Legionen, wir haben kaum Waffen", warf ein junger Mann namens Benjamin ein.

„Es geht nicht nur um Waffen", erwiderte Elazar. „Es geht um den Geist. Wenn wir als Einheit agieren, wenn wir unseren Glauben und unseren Mut in den Kampf einbringen, können wir vieles erreichen. Lasst uns Botschafter zu anderen Gemeinden senden, Netzwerke bilden, Unterstützung sammeln."

Die Männer und Frauen nickten zustimmend, ihre Augen leuchteten im Kerzenschein. Eine Mischung aus Furcht und Hoffnung lag in der Luft. Sie wussten, dass der Weg gefährlich war, aber die Alternative – ein Leben in Unterdrückung und Demütigung – war unerträglich geworden.

Als Elazar spät in der Nacht nach Hause zurückkehrte, fand er Mirah wach, wartend. „Wie ist es gelaufen?", fragte sie leise.

Elazar setzte sich neben sie und nahm ihre Hand. „Es beginnt, Mirah. Es wird nicht leicht sein, und ich fürchte um unsere Sicherheit. Aber ich glaube, es ist der einzige Weg. Für uns, für unsere Kinder, für unser Volk."

Mirah nickte, Tränen in den Augen. Sie umarmte ihn fest. „Wo immer dieser Weg uns hinführen mag, ich stehe an deiner Seite."

In dieser Nacht legte sich eine schwere Stille über das Haus. Draußen funkelten die Sterne am Himmel über Judäa, Zeugen der aufkeimenden Rebellion, die das Schicksal eines ganzen Volkes verändern sollte.

2. Das Schwert des Glaubens

Das Morgenlicht brach durch die Fenster von Elazars Haus, als er und seine engsten Vertrauten die Pläne für den Aufstand diskutierten. Auf einer groben Karte von Judäa waren Orte markiert, die von strategischer Bedeutung waren.

„Wir müssen schnell und entschlossen handeln", sagte Elazar, während er mit einem Finger die Route einer geplanten Operation nachzeichnete. „Die Römer dürfen uns nicht unterschätzen."

Sein Freund, Benjamin, ein junger, energischer Mann, nickte zustimmend. „Aber wir müssen auch vorsichtig sein, Elazar. Unsere Ressourcen sind begrenzt."

„Richtig", stimmte Elazar zu. „Deshalb müssen wir klug agieren, die Stärken unserer Feinde kennen und unsere eigenen Stärken nutzen."

Später am Tag besuchte Elazar die Synagoge, ein Ort, an dem sich viele besorgte Bürger versammelten. Die Nachricht vom bevorstehenden Aufstand hatte sich verbreitet, und die Meinungen dazu waren geteilt.

Ein älterer Mann, Jachin, stand auf und sprach: „Ich verstehe unseren Schmerz, aber ist ein Aufstand wirklich der richtige Weg? Können wir nicht einen anderen Weg finden, um mit den Römern zu leben?"

Elazar trat vor. „Jachin, ich ehre deine Weisheit, aber wir haben lange genug gelitten. Wir müssen jetzt handeln, um unsere Freiheit und unseren Glauben zu verteidigen."

Die Versammlung war gespalten, einige nickten zustimmend, andere schauten besorgt. Die Spannungen waren spürbar, doch Elazar stand fest zu seiner Überzeugung.

Am Abend saß Elazar mit seiner Familie beim Essen. Die Atmosphäre war angespannt, jeder Bissen schien schwerer zu wiegen als sonst. Mirah sah besorgt zu ihrem Mann hinüber, während die Kinder still ihr Essen aßen.

„Papa, wird es Krieg geben?", fragte Joas leise.

Elazar blickte seinen Sohn an, in seinen Augen eine Mischung aus Stolz und Traurigkeit. „Joas, ich hoffe, es wird nicht so weit kommen. Aber wir müssen für das kämpfen, was richtig ist. Manchmal bedeutet das, schwierige Entscheidungen zu treffen."

„Aber wir haben Angst", sagte Abigail leise. „Angst, dass dir etwas passiert."

Elazar legte seine Hand sanft auf ihre. „Ich weiß, mein Schatz. Aber denkt daran, wir tun dies für eine bessere Zukunft. Für euch, für alle jüdischen Kinder."

Mirah nahm Elazars Hand. „Wir stehen hinter dir, Elazar. Aber bitte, sei vorsichtig."

In diesem Moment schien die Last der Welt auf Elazars Schultern zu liegen, doch die Liebe seiner Familie gab ihm Kraft und Zuversicht.

Spät in der Nacht trafen sich Elazar und seine Kämpfer erneut. „Morgen beginnen wir", sagte Elazar entschlossen. „Wir werden die römischen Garnisonen angreifen und unsere Botschaft klar und deutlich senden. Wir sind ein freies Volk, und wir werden nicht länger unterdrückt werden."

Die Männer und Frauen um ihn herum nickten. Einige griffen nach ihren Waffen, ein symbolischer Akt, der ihre Entschlossenheit unterstrich.

„Lasst uns beten", sagte Elazar. „Betet für Schutz, für Stärke und für die Weisheit, die richtigen Entscheidungen zu treffen."

In der Stille des Raumes schlossen alle die Augen, und eine tiefe, spirituelle Verbundenheit erfüllte den Raum – es war, als würden sie alle das Gewicht des bevorstehenden Kampfes gemeinsam tragen.

Als der Morgen dämmerte, zogen Elazar und seine Kämpfer los. Die Straßen von Jerusalem waren still, nur das leise Klirren ihrer Waffen durchbrach die Ruhe.

Elazar warf einen letzten Blick zurück auf sein Haus, auf die Heimat, die er kannte und liebte. Er wusste, dass die kommenden Tage entscheidend sein würden, nicht nur für ihn und seine Familie, sondern für das gesamte jüdische Volk.

Mit festem Schritt und entschlossenem Herzen führte er seine Leute in die erste Schlacht des Aufstands – einen Aufstand, der in die Geschichte eingehen würde als ein mutiger Kampf für Glaube und Freiheit.

3. Die Flammen des Kampfes

In den frühen Morgenstunden, als die ersten Sonnenstrahlen die Dächer Jerusalems küssten, ergriff Elazar die Initiative. Mit einer kleinen Gruppe entschlossener Kämpfer schlich er sich zu einem römischen Außenposten am Rande der Stadt. Die Luft war kalt und schwer, erfüllt von einer Mischung aus Angst und Entschlossenheit.

„Heute beginnt unser Kampf für die Freiheit", flüsterte Elazar, als sie sich dem Posten näherten. Die Wachen waren unvorbereitet, und der Überraschungsangriff war erfolgreich, aber blutig. Elazar führte seine Männer mit Präzision, doch das Schlachten ließ ihn nicht unberührt.

Die Nachricht vom Aufstand verbreitete sich schnell, und bald waren die Straßen von Jerusalem Schauplatz erbitterter Kämpfe. Elazars Truppen, verstärkt durch weitere Freiwillige, kämpften tapfer gegen die besser ausgerüsteten römischen Legionen.

Elazar stand an vorderster Front, sein Schwert tanzte im Kampf. Er war ein inspirierender Anblick für seine Kämpfer, aber mit jedem gefallenen Freund, mit jedem Schrei eines verletzten Kameraden, spürte er das Gewicht des Krieges auf seinen Schultern.

Die Realität des Krieges wurde noch schmerzhafter, als Nachricht von seinem Heim ihn erreichte. Ein römischer Trupp hatte sein Viertel angegriffen. Elazars Herz sank, als er erfuhr, dass sein jüngster Sohn Joas schwer verletzt wurde.

Am Bett seines Sohnes, umgeben von dem leisen Stöhnen der Verwundeten, hielt Elazar die Hand des Jungen. „Vater, habe ich tapfer gekämpft?", flüsterte Joas schwach.

„Ja, mein Sohn, sehr tapfer", antwortete Elazar mit Tränen in den Augen, seine Stimme erstickt vor Schmerz.

4. Der Preis der Freiheit

Die Römer, jetzt vollständig alarmiert, starteten eine gnadenlose Gegenoffensive. Unter der Führung eines skrupellosen Kommandanten, Lucius, brannten sie Häuser nieder und führten wahllos Exekutionen durch.

Die Straßen Jerusalems, einst gefüllt mit dem Lachen von Kindern und dem Handel der Händler, waren jetzt Schauplatz unvorstellbarer Gräueltaten. Elazar und seine Truppen wurden zurückgedrängt, kämpften aber weiterhin verbissen.

In den stillen Momenten zwischen den Kämpfen fand Elazar sich oft nachdenklich. „Was haben wir erreicht?", fragte er sich. „Ist dieser Weg der Freiheit es wert, so viel Leid zu verursachen?"

Seine Frau Mirah, immer an seiner Seite, versuchte ihn zu trösten. „Du kämpfst für das, woran du glaubst", sagte sie. „Aber dieser Krieg... er verändert uns alle."

Die Familie erlebte die Schrecken des Krieges aus nächster Nähe. Ihre Tochter Abigail, einst ein lebensfrohes Mädchen, wurde still und zurückgezogen. Die Nachrichten von Verwandten und Freunden, die in den Kämpfen gefallen waren, häuften sich.

Eines Abends, als Elazar durch das zerstörte Viertel ging, sah er ein kleines Mädchen, das weinend neben dem Leichnam ihrer Mutter saß. Dieser Anblick brach ihm das Herz und erinnerte ihn schmerzhaft daran, was dieser Krieg wirklich bedeutete.

In der Dunkelheit der Nacht sah Elazar auf die Trümmer von Jerusalem, seine Gedanken schwer von den Lasten des Krieges. Der Kampf für die Freiheit war ein heiliger, aber der Preis, den sie zahlten, war unermesslich. In seinem Herzen wuchs die Erkenntnis, dass dieser Kampf nicht nur um Land oder Macht war, sondern um die Seele seines Volkes.

5. Die Tränen Jerusalems

Die Tage verstrichen, und mit jedem Sonnenaufgang wurde die Lage für Elazar und seine Kämpfer aussichtsloser. Die Römer hatten ihre Belagerung verstärkt, und die Vorräte in Jerusalem gingen zur Neige. Hunger und Krankheit breiteten sich unter den Einwohnern aus.

Elazar, erschöpft und von inneren Zweifeln geplagt, stand auf den Mauern und blickte auf die feindlichen Lager. „Wie lange können wir noch standhalten?", fragte er sich. Er dachte an seine Familie, an die vielen Opfer, die sie bereits gebracht hatten.

Die Römer starteten einen massiven Angriff, der die letzte Verteidigungslinie der Aufständischen durchbrach. Elazar kämpfte an der Seite seiner Männer, doch die Übermacht war erdrückend. Die Straßen Jerusalems wurden zu Flüssen aus Blut und Tränen.

Elazar und Mirah, zusammen mit ihren Kindern, flohen durch die engen Gassen, umgeben von dem Chaos des zusammenbrechenden Widerstands. Überall sahen sie die Spuren der Zerstörung – brennende Häuser, Leichen, weinende Überlebende.

„Elazar, wir müssen hier weg", rief Mirah verzweifelt, als ein brennendes Gebäude neben ihnen einstürzte.

Sie erreichten das Haus eines Freundes, wo sie Zuflucht fanden. Dort erhielten sie die Nachricht, dass Joas, ihr Sohn, in den Kämpfen gefallen war. Die Familie war am Boden zerstört.

„Er war so jung...", schluchzte Mirah, während Elazar stumm dastand, unfähig, seine Trauer auszudrücken. Abigail umarmte ihre Mutter, die Tränen liefen über ihre blassen Wangen.

Elazar zog sich zurück, blickte in den Himmel und fragte sich, ob der Gott, an den er glaubte, sie alle verlassen hatte. „Was für eine Welt hinterlassen wir unseren Kindern?", dachte er.

Die folgenden Tage waren ein Nebel aus Trauer und Verzweiflung. Elazar, einst ein stolzer Anführer, fühlte sich jetzt hilflos, überwältigt von der Last seiner Entscheidungen.

In einer ruhigen Nacht, als die Asche noch warm war, setzte sich Elazar zu seiner Frau. „Ich dachte, wir kämpften für das Richtige. Aber der Preis... er war zu hoch."

Mirah nahm seine Hand. „Wir haben unser Bestes getan", sagte sie leise. „Aber manchmal entziehen sich die Dinge unserer Kontrolle. Wir müssen lernen, mit unseren Entscheidungen zu leben."

Elazar sah seine Tochter an, die im Schlaf unruhig war. Er dachte an die Zukunft, die sie in dieser zerrissenen Welt erwartete. Der Schmerz war unerträglich, aber in diesem Moment der Stille fand er auch eine Art Akzeptanz. Das Schicksal Jerusalems und seiner Familie war besiegelt, aber ihr Erbe und ihre Geschichten würden weiterleben.

In der Dunkelheit dieser Nacht, mit den Trümmern ihres Lebens um sie herum, hielt die Familie zusammen, ein kleines Licht der Hoffnung in einer Welt voller Verzweiflung. Jerusalem weinte, und ihre Tränen erzählten die Geschichte eines Volkes, das trotz aller Widrigkeiten seine Identität und seinen Glauben zu bewahren versuchte.

6. Die Stille nach dem Sturm

Die Sonne ging über einem veränderten Jerusalem auf. Die einst lebendige Stadt lag in Trümmern, und ihre Straßen waren leer. Nach dem Fall der letzten Festungen hatten die Römer kein Erbarmen gezeigt. Sie plünderten, brannten, vergewaltigten und töteten. Die Juden, die einst hier gelebt hatten, waren entweder gefallen oder wurden aus ihrer Heimat vertrieben.

Elazar, Mirah und Abigail waren unter denen, die entkommen konnten. Mit Tausenden anderen wanderten sie, verloren und ohne Ziel, durch das Land. Die Trauer um Joas und die Zerstörung ihrer Heimat lastete schwer auf ihren Herzen.

In den Nächten, wenn die Stille ihn umgab, grübelte Elazar über den Aufstand nach. Hatte es etwas gebracht? War der Kampf um Freiheit und Identität es wert gewesen, so viel zu verlieren?

„Wir haben gekämpft, weil wir mussten", sagte er zu Mirah, als sie eines Abends zusammen saßen. „Aber jetzt frage ich mich, ob es einen anderen Weg gegeben hätte."

Mirah sah ihn traurig an. „Vielleicht gibt es keine einfachen Antworten, Elazar. Wir haben gehandelt, wie wir es für richtig hielten. Mehr kann niemand von uns erwarten."

Diese Worte gaben Elazar etwas Trost, aber der Zweifel blieb. Die Zukunft des jüdischen Volkes schien ungewisser denn je.

Die Familie fand schließlich Zuflucht in einer kleinen Gemeinde weit von Jerusalem entfernt. Es war ein hartes Leben; sie mussten von vorne anfangen, ohne ihr Zuhause, ohne ihre Vergangenheit.

Elazar half beim Aufbau der neuen Gemeinde. Er arbeitete auf den Feldern und lehrte die Kinder. Aber es war ein anderes Leben, ein Leben im Schatten dessen, was einmal war.

Abigail fand Trost in der Gemeinschaft. Sie half, wo sie konnte, und lernte, in dieser neuen Welt zurechtzukommen. Aber auch sie trauerte um ihren Bruder und das verlorene Jerusalem.

„Was wird aus uns, Papa?", fragte Abigail eines Tages, als sie zusammen arbeiteten. „Werden wir jemals wieder so sein, wie wir waren?"

Elazar sah in die Ferne. „Wir werden nie wieder so sein wie früher", sagte er leise. „Aber wir werden weitermachen. Wir sind immer noch ein Volk, Abigail. Unsere Geschichte, unser Glaube – das kann uns niemand nehmen."

Diese Worte gaben Abigail Hoffnung. Sie verstand, dass ihre Identität nicht nur in einem Ort lag, sondern in ihrer Geschichte, ihren Traditionen und ihrem Glauben.

Mit der Zeit begann die Gemeinde zu wachsen. Es war ein hartes Leben, aber es war auch ein Leben voller kleiner Freuden und Siege. Elazar sah, wie die Menschen lachten, arbeiteten und beteten. Er erkannte, dass, obwohl Jerusalem verloren war, der Geist seines Volkes weiterlebte.

In den ruhigen Momenten, wenn er an Joas dachte und an die vielen, die gefallen waren, fühlte er ihren Geist um sich herum. Sie waren Teil dieser neuen Gemeinschaft, ein stiller Beweis dafür, dass sie nicht vergessen waren.

„Vielleicht ist das unsere Bestimmung", sagte Elazar eines Tages zu Mirah. „Nicht zu vergessen. Zu erinnern und weiterzuleben."

Mirah nickte. „Ja, das ist unsere Aufgabe. Wir bewahren die Erinnerungen und geben sie weiter. So lebt unser Volk weiter."

In dieser kleinen Gemeinde, fern von den Trümmern Jerusalems, fand die Familie eine neue Heimat. Ein Ort des Gedenkens, der Hoffnung und des unerschütterlichen Glaubens. Jerusalem war gefallen, aber sein Erbe lebte in den Herzen derer weiter, die überlebten. In der Stille nach dem Sturm fanden sie ihre Stimme wieder und begannen, ein neues Kapitel ihrer Geschichte zu schreiben.

7. Das unsterbliche Erbe

In den Jahren nach dem Aufstand hatten sich die Wunden langsam geheilt, und Elazar war zu einem älteren Mann geworden. Seine Haare waren weiß geworden, und tiefe Furchen durchzogen sein Gesicht, doch seine Augen leuchteten immer noch mit der Weisheit und dem Feuer, das ihn einst als Anführer des Aufstands ausgezeichnet hatte.

An diesem kühlen Abend saß er mit seinen Enkeln, Benjamin und Esther, zusammen. Sie waren neugierig und voller Fragen über die Vergangenheit, über das, was ihr Großvater erlebt hatte.

„Großvater, erzähl uns von der Zeit, als du gegen die Römer gekämpft hast", bat Esther, ihre Augen weit aufgerissen vor Neugier.

Elazar lächelte und begann zu erzählen. Er sprach von den Tagen des Kampfes, von den Hoffnungen und Ängsten, von den Träumen und Albträumen.

„Ihr müsst wissen, Kinder", sagte er nachdenklich, „dass dieser Aufstand mehr als nur eine Schlacht war. Es war ein Kampf um unsere Identität, um unsere Freiheit zu bewahren. Und obwohl wir verloren haben, hat unser Widerstand uns geformt. Er ist ein Teil unserer Geschichte geworden."

Benjamin, der ältere der beiden, runzelte die Stirn. „Aber Großvater, hat es etwas gebracht? Warum kämpfen, wenn man am Ende verliert?"

Elazar nickte verstehend. „Manchmal, Benjamin, ist der Kampf selbst das Wichtige. Es geht nicht immer darum zu gewinnen, sondern darum, dass man für das steht, was richtig ist. Unser Widerstand hat gezeigt, dass wir uns nicht so leicht unterdrücken lassen. Das hat uns geholfen, durch schwere Zeiten zu kommen."

„Aber war es nicht furchtbar traurig, alles zu verlieren?", fragte Esther leise.

„Ja, es war traurig", antwortete Elazar, „aber wir haben auch gelernt, dass wir in der Dunkelheit Hoffnung finden können. Wir haben gelernt, stark und widerstandsfähig zu sein. Unsere Tragödie hat uns nicht gebrochen, sondern uns gestärkt."

Die Kinder hörten aufmerksam zu, jedes Wort ihres Großvaters aufnehmend. Elazar fühlte eine tiefe Verbindung zu ihnen, eine Brücke zwischen den Generationen.

„Und jetzt", fuhr Elazar fort, „ist es an euch, diese Geschichte weiterzuerzählen. Ihr müsst euch erinnern und anderen von unserem Kampf und unserem Mut erzählen. So bleibt unsere Geschichte lebendig."

„Wir werden, Großvater", versprach Benjamin. „Wir werden deine Geschichten niemals vergessen."

Elazar lächelte und blickte in die Sterne. Er dachte an all diejenigen, die im Kampf gefallen waren, an seine Familie, seine Freunde. Ihr Opfer war nicht umsonst gewesen. In diesen Kindern, in ihren Fragen und ihrer Neugier, lebte das Erbe des Aufstands weiter.

Als die Nacht voranschritt, hüllte die Stille sie ein. Elazar, nun ein alter Mann, fühlte sich erfüllt. Sein Leben war ein langes gewesen, voller Herausforderungen und Schmerz, aber auch voller Liebe und Stärke.

„Wir sind ein Teil einer großen Geschichte, Kinder", sagte er leise. „Und jeder von uns trägt ein Stück davon in sich. Vergesst das niemals."

Benjamin und Esther nickten, ihre jungen Gesichter ernst und nachdenklich. Sie würden die Geschichten weitererzählen, die Lehren weitergeben. Das Vermächtnis ihres Großvaters, das Vermächtnis ihres Volkes, würde weiterleben.

In dieser Nacht, unter dem Sternenhimmel, fühlte Elazar eine tiefe Ruhe. Er hatte sein Bestes getan, um die Flamme der Erinnerung am Leben zu halten. Nun war es an der nächsten Generation, das Feuer zu nähren und sicherzustellen, dass die Geschichte derer, die gekämpft und gelitten hatten, niemals vergessen würde. Das war ihr unsterbliches Erbe, ein Erbe der Hoffnung, des Glaubens und der unerschütterlichen Widerstandsfähigkeit.

306-337 – Das Christentum und die Verschärfung der Restriktionen im Römischen Reich unter Konstantin

Zu Beginn des vierten Jahrhunderts, speziell in der Zeit von 306 bis 337 n. Chr., stand das Römische Reich unter der Herrschaft Konstantins des Großen, eines Herrschers, der in die Geschichte einging, hauptsächlich wegen seiner Konvertierung zum Christentum und der daraus resultierenden Veränderungen im Reich. Während Konstantins Herrschaft erlebten die Christen eine Zeit der Erleichterung und Begünstigung, aber für die jüdische Bevölkerung bedeutete dies eine Phase zunehmender Einschränkungen und Diskriminierung.

Konstantins Konvertierung zum Christentum und die damit einhergehende Förderung dieser Religion im Römischen Reich hatten tiefgreifende Auswirkungen auf die gesellschaftlichen und religiösen Strukturen. Das Christentum, das zuvor Unterdrückung und Verfolgung erfahren hatte, wurde nun zur bevorzugten Religion des Reiches. Dies führte zu einer Veränderung der religiösen Landschaft, in der Juden sich zunehmend in einer marginalisierten Position wiederfanden.

Unter Konstantins Herrschaft wurden verschiedene Gesetze erlassen, die direkt oder indirekt gegen Juden diskriminierten. Diese Gesetze beschränkten die religiösen Praktiken und bürgerlichen Rechte der jüdischen Bevölkerung. Beispielsweise wurden Juden davon abgehalten, Nichtjuden zu konvertieren, und jüdische Traditionen und Bräuche wurden eingeschränkt. Zusätzlich erlebten sie soziale und wirtschaftliche Benachteiligungen, die ihre Gemeinschaften erheblich beeinträchtigten.

Die Gesetze reflektierten eine zunehmende Feindseligkeit gegenüber Juden, die teilweise auf religiösen Unterschieden und theologischen Konflikten zwischen dem frühen Christentum und dem Judentum basierte. Diese Konflikte wurden oft durch gegenseitiges Misstrauen und Unverständnis verschärft, wodurch die jüdische Gemeinschaft in eine defensive und isolierte Position gedrängt wurde.

Die Auswirkungen dieser Gesetze waren weitreichend. Sie trugen nicht nur zur sozialen Ausgrenzung und wirtschaftlichen Benachteiligung der Juden bei, sondern legten auch den Grundstein für zukünftige Diskriminierungen und Verfolgungen. Diese Zeit markiert einen Wendepunkt in der Geschichte der jüdischen Diaspora, ein Muster, das sich in den folgenden Jahrhunderten wiederholen und intensivieren sollte.

Zusammenfassend war die Zeit von 306 bis 337 n. Chr. unter Konstantin eine Epoche signifikanter Veränderungen für das Römische Reich und besonders für dessen jüdische Bewohner. Sie stand für eine Zunahme der Unterdrückung und Einschränkung, die den Beginn einer langen Geschichte von Leid und Herausforderungen für die jüdische Gemeinschaft markierte.

Islam

Im 7. Jahrhundert führte der Aufstieg des Islams und die zentrale Figur des Propheten Mohammed zu tiefgreifenden Veränderungen in der politischen und gesellschaftlichen Landschaft der Arabischen Halbinsel, die insbesondere die Beziehungen zwischen Muslimen und Juden beeinflussten.

Mohammed begann um 610 n. Chr. in Mekka, seine religiösen Botschaften zu verbreiten, die auf der Anbetung eines einzigen Gottes, Allah, basierten und zu einer moralischen und gesellschaftlichen Reform aufriefen. Seine Lehren, die anfänglich auf Widerstand bei den polytheistischen Stämmen Mekkas stießen, fanden nach der Migration, bekannt als Hidjra, im Jahr 622 n. Chr. nach Medina eine größere Anhängerschaft. Diese Migration markierte nicht nur den Beginn des islamischen Kalenders, sondern auch die Entstehung einer starken muslimischen Gemeinschaft.

In Medina lebten mehrere jüdische Stämme. Anfangs versuchte Mohammed, mit diesen Stämmen aufgrund gemeinsamer monotheistischer Überzeugungen eine Allianz zu bilden. Die Beziehungen waren jedoch von Anfang an durch Unterschiede in religiösen Praktiken und Interpretationen belastet. Die jüdischen Stämme lehnten Mohammed als Propheten ab, was seine Anhänger als Zurückweisung ihrer religiösen Legitimität interpretierten. Zudem sahen die jüdischen Gemeinschaften die wachsende Macht der Muslime als Bedrohung für ihre eigene Position in Medina. Verschärft wurden diese Spannungen durch Bündnisse zwischen den jüdischen Stämmen und den Gegnern Mohammeds in Mekka.

Diese angespannten Beziehungen eskalierten schließlich in einer Reihe von Konflikten, die in die Vertreibung der jüdischen Stämme aus Medina und sowie der Versklavung und Tötung des Stammes Banu Qurayza mündeten.

In den folgenden Jahrhunderten setzte sich die Expansion des Islams unter der Führung der islamischen Kalifate fort. In den eroberten Gebieten, einschließlich jüdischer Gemeinschaften, wurde der Islam zur dominanten Kraft. Juden und Christen wurden in diesem Rahmen als „Dhimmis" anerkannt, geschützte, aber untergeordnete Gemeinschaften, die eine spezielle Steuer zahlen mussten und eingeschränkte Rechte hatten.

In der islamischen Theologie entstanden Narrative, die Juden als Ablehner Mohammeds darstellten, was zu einer weiteren Verschärfung der Spannungen beitrug. Trotzdem gab es auch Zeiten der Koexistenz und kulturellen Blüte, wie in Al-Andalus, dem muslimischen Spanien. Diese Perioden waren jedoch immer von Ambivalenz und potenzieller Spannung geprägt.

Ereignisse wie die Kreuzzüge und Mongoleninvasionen führten zu einer weiteren Verschärfung der Beziehungen zwischen Muslimen und nichtmuslimischen Gemeinschaften, einschließlich der Juden. Im Laufe der Jahrhunderte festigten sich die Narrative von Juden als Feinden des Islams in bestimmten islamischen Schriften und Volkserzählungen.

Diese historischen Entwicklungen spiegeln die Herausforderungen und Spannungen wider, die mit dem Aufstieg und der Expansion einer neuen religiösen Bewegung in einer kulturell und religiös vielfältigen Gesellschaft verbunden sind. Die komplexen Mischungen aus religiösen, politischen und sozialen Faktoren, die in diesen frühen Beziehungen verwurzelt sind, haben im Laufe der Jahrhunderte weiterhin die Beziehungen zwischen Muslimen und Juden geprägt.

Das glückliche Arabien

1. Das friedliche Leben in Medina

In den geschäftigen Gassen Medinas, umgeben von duftenden Gewürzständen und dem geschäftigen Treiben des Marktes, fand Asaf, ein junger Händler des Banu Qaynuqa-Stammes, sein tägliches Glück. Sein kleiner Laden war ein Kaleidoskop an Farben und Gerüchen, gefüllt mit Stoffen aus fernen Ländern, leuchtenden Edelsteinen und exotischen Gewürzen. Asaf war bekannt für seinen scharfen Verstand und sein freundliches Wesen, Eigenschaften, die ihn bei den verschiedenen Gemeinschaften Medinas beliebt machten.

An einem klaren Morgen, als die ersten Sonnenstrahlen die Stadt in ein goldenes Licht tauchten, bereitete sich Asaf auf einen weiteren Tag vor. „Asaf, hast du den neuen Stoff aus Persien schon gesehen?", rief sein Freund Yusuf, ein muslimischer Kaufmann, während er sich Asafs Laden näherte.

„Ja, Yusuf. Sie sind erst gestern angekommen. Ihre Farben sind so lebhaft, dass sie die Schönheit des Himmels widerspiegeln", antwortete Asaf mit einem Lächeln.

Yusuf betrachtete die Stoffe und nickte anerkennend. „Dein Auge für Qualität ist unübertroffen, mein Freund. Es ist immer wieder erstaunlich, wie unsere Gemeinschaften – Juden und Muslime – hier in Medina zusammen Handel treiben und voneinander lernen."

Asaf nickte zustimmend. „Ja, es ist ein Segen. Unsere Unterschiede in Glauben und Herkunft scheinen hier keine Rolle zu spielen. Wir leben in friedlicher Koexistenz, vereint durch unseren gemeinsamen Wunsch nach Wohlstand und Harmonie."

Der Markt von Medina war ein Schmelztiegel der Kulturen. Arabische, jüdische und sogar christliche Händler teilten sich die engen Gassen, tauschten Waren aus und erzählten Geschichten aus fernen Ländern. Diese Atmosphäre des Friedens und des gegenseitigen Respekts wurde durch die Vielfalt der hier lebenden Menschen geschaffen.

In der jüdischen Gemeinschaft, zu der Asaf gehörte, herrschte ein starkes Gefühl der Gemeinschaft und des Stolzes auf ihre kulturellen und religiösen Traditionen. Die Synagoge war nicht nur ein Ort des Gebets, sondern auch ein Zentrum des Lernens und der Versammlung. Dort diskutierten die Ältesten über die Tora und die Anwendung ihrer Lehren auf das tägliche Leben.

Eines Abends, als Asaf nach einem langen Tag auf dem Markt nach Hause ging, begegnete er Rabbi Eliezer, einem angesehenen Ältesten seiner Gemeinde. „Asaf, du verkörperst das Beste von uns. Dein Erfolg auf dem Markt und dein Umgang mit unseren muslimischen Nachbarn sind beispielhaft", sagte Rabbi Eliezer.

„Ich danke Ihnen, Rabbi. Ich glaube, es ist wichtig, Brücken zu bauen und unsere Gemeinschaften zusammenzubringen", erwiderte Asaf bescheiden.

„Ja, aber sei auch vorsichtig, mein Sohn. Die Zeiten ändern sich, und es gibt Gerüchte über Spannungen zwischen unseren Gemeinschaften. Wir müssen weise und wachsam sein", warnte Rabbi Eliezer mit einem besorgten Blick.

Asaf nickte, die Worte des Rabbis im Kopf behaltend. Die Geschichten und die Weisheiten, die er seit seiner Kindheit in der Synagoge gelernt hatte, waren tief in seinem Herzen verwurzelt. Sie lehrten ihn, Mitgefühl und Verständnis für alle Menschen zu haben, unabhängig von ihrer Herkunft oder Religion.

Die folgenden Tage waren geprägt von normalen Aktivitäten, aber Asaf spürte eine unterschwellige Spannung in der Luft. Die Gespräche auf dem Markt waren nicht mehr so gelöst wie zuvor, und es gab Momente des Misstrauens und der Unsicherheit unter den Gemeinschaften. Die Nachricht von der Ankunft Mohammeds in Medina und seiner wachsenden Anhängerschaft sorgte für Unruhe unter einigen Mitgliedern der jüdischen Gemeinde.

Eines Nachmittags, als Asaf seine Waren ordnete, kam Yusuf hastig in seinen Laden. „Asaf, hast du gehört? Mohammed, der Prophet der Muslime, spricht von einer neuen Ordnung, einer Gemeinschaft, die alle Gläubigen umfasst. Es gibt viele, die begeistert sind, aber auch viele, die besorgt sind."

„Ja, ich habe davon gehört", erwiderte Asaf nachdenklich. „Es scheint, dass eine Ära des Wandels bevorsteht. Ich hoffe nur, dass unser friedliches Zusammenleben nicht unter diesen Veränderungen leidet."

Yusuf nickte ernst. „Ich hoffe dasselbe, mein Freund. Wir müssen für den Frieden beten und für das Verständnis arbeiten, damit Medina weiterhin ein Ort der Harmonie und des Respekts bleibt."

Diese Gespräche und Ereignisse spiegelten die Anfänge einer Zeit wider, die die Geschichte Medinas und der Beziehungen zwischen den muslimischen und jüdischen Gemeinschaften grundlegend verändern sollte. Asaf, inmitten dieser sich wandelnden Welt, blieb ein Symbol der Hoffnung und des Friedens, ein Brückenbauer in einer Zeit großer Veränderungen.

2. Die ersten Zeichen des Umbruchs

Im Jahr 624 n. Chr. begannen sich die Stimmungen in Medina spürbar zu verändern. Die lebhaften Farben des Marktes und das geschäftige Treiben konnten nicht länger die wachsenden Spannungen verbergen, die zwischen den Muslimen und dem Banu Qaynuqa-Stamm, zu dem Asaf gehörte, aufkeimten.

Asaf, der sich stets bemühte, ein Vermittler und Friedensstifter zu sein, fühlte sich zunehmend besorgt. Er beobachtete, wie kleine Missverständnisse und Gerüchte zu Misstrauen und Argwohn führten. Einmal, als er seine Waren auf dem Markt ausbreitete, hörte er zwei seiner muslimischen Stammkunden in einem hitzigen Gespräch.

„Du weißt, dass die Banu Qaynuqa sich weigern, Mohammed als ihren Propheten anzuerkennen. Sie stellen seine Autorität infrage", sagte der eine, die Stirn in Falten gelegt.

„Ja, ich habe es gehört", antwortete der andere nachdenklich. „Es scheint, als ob sie nicht bereit sind, Teil dieser neuen Ordnung zu sein, die sich in Medina bildet."

Asaf spürte ein Ziehen in der Brust. Er wusste, dass solche Gespräche die Risse in der Gemeinschaft von Medina nur vertiefen würden. Er beschloss, das Thema bei der nächsten Versammlung seines Stammes anzusprechen.

In dieser Nacht, als die Sterne hell über der Wüste funkelten, trafen sich die Ältesten und Mitglieder des Banu Qaynuqa-Stammes in einer dringenden Versammlung. Asaf, obwohl einer der jüngeren Mitglieder, wurde aufgrund seines Ansehens in der Gemeinde eingeladen.

„Brüder", begann der Älteste, „die Lage in Medina verändert sich. Wir spüren alle, dass die Muslime unter Mohammeds

Führung mehr Einfluss gewinnen. Unsere Position und unsere Traditionen stehen auf dem Spiel."

„Aber was sollen wir tun?", fragte ein Mitglied. „Sollen wir uns anpassen oder fest an unseren Überzeugungen festhalten?"

Asaf fühlte, dass dies der Moment war, seine Stimme zu erheben. „Ich glaube, es ist wichtig, dass wir Dialog und Verständnis suchen. Wir dürfen uns nicht von Angst oder Missverständnissen leiten lassen. Unsere Stärke als Gemeinschaft liegt in unserem Glauben und unserer Fähigkeit, friedlich mit anderen zu koexistieren."

„Asaf hat Recht", stimmte ein anderer zu. „Aber wir dürfen auch unsere Identität und unsere Traditionen nicht aufgeben. Wir müssen einen Weg finden, beides zu bewahren."

Die Diskussionen zogen sich in die Länge, wobei Meinungen und Strategien leidenschaftlich ausgetauscht wurden. Trotz der unterschiedlichen Ansichten herrschte ein Gefühl der Einigkeit – der Wunsch, den Frieden und das Wohlergehen des Stammes zu sichern.

In den folgenden Tagen verschärften sich die Spannungen in Medina. Es kam zu kleinen Auseinandersetzungen und Streitigkeiten zwischen den Mitgliedern der verschiedenen Gemeinschaften. Asaf beobachtete dies mit Sorge und sprach oft mit seinen muslimischen Freunden, um die Wogen zu glätten.

Eines Tages, als Asaf gerade seinen Laden öffnete, kam ein alter Freund, ein muslimischer Gelehrter namens Hamza, zu ihm. „Asaf, es tut mir leid zu sehen, wie sich die Dinge entwickeln. Ich fürchte, es gibt Kräfte in Medina, die auf Konfrontation aus sind", sagte Hamza besorgt.

„Ich weiß, Hamza", antwortete Asaf. „Ich habe versucht, Brücken zu bauen, aber es scheint, als ob die Kluft nur größer wird. Ich hoffe nur, dass wir einen Weg finden, diese Krise zu überwinden."

„Ich werde auch mein Bestes tun, um zu vermitteln", versprach Hamza. „Wir dürfen nicht zulassen, dass Unverständnis und Vorurteile unser Zusammenleben zerstören."

Trotz der Bemühungen von Menschen wie Asaf und Hamza nahmen die Spannungen weiter zu. Gerüchte über bevorstehende Konflikte und politische Manöver verbreiteten sich wie ein Lauffeuer durch die Stadt. Die Angst vor dem Unbekannten und der Verlust des bisherigen friedlichen Zusammenlebens in Medina lag schwer in der Luft.

In einer späten Nacht, als Asaf in seinem Haus saß und über die Ereignisse nachdachte, fasste er einen Entschluss. Er würde weiterhin für den Frieden und das Verständnis zwischen den Gemeinschaften kämpfen. Asaf wusste, dass die Herausforderungen groß waren, aber er glaubte fest daran, dass die gemeinsamen Werte und das Streben nach einem friedlichen Zusammenleben stärker waren als jede Differenz.

3. Die Vertreibung des Banu Qaynuqa

Die Stimmung in Medina hatte ihren Siedepunkt erreicht. Die Ereignisse überschlugen sich in einem Strudel der Spannungen und Misstrauen, die nun nicht mehr zu bändigen waren. Für Asaf und seinen Stamm, die Banu Qaynuqa, brach eine Zeit des Unheils an – sie wurden aus Medina vertrieben.

Die Nachricht traf Asaf wie ein Schlag. Er stand in seinem Laden, die Hände zitterten, als ein Bote die Anordnung verkündete. „Ihr habt drei Tage Zeit, um Medina zu verlassen", sagte der Bote mit fester Stimme. Die Worte hallten in Asafs Kopf wider, während er fassungslos zuhörte.

Zuhause war die Stimmung gedrückt. Seine Familie packte in Stille ihre Habseligkeiten. Asafs Mutter, eine Frau mit starkem Willen und tiefer Frömmigkeit, versuchte, ihren Schmerz zu verbergen, doch ihre Augen verrieten ihre Trauer.

„Warum müssen wir unsere Heimat verlassen, Vater?", fragte Asafs jüngerer Bruder mit tränenerstickter Stimme.

Ihr Vater, ein weiser und besonnener Mann, legte ihm eine Hand auf die Schulter. „Manchmal, mein Sohn, bringt das Leben Prüfungen mit sich, die wir nicht verstehen können. Aber wir müssen stark bleiben und unseren Glauben bewahren."

In der folgenden Nacht konnte Asaf kaum schlafen. Die Gedanken an die bevorstehende Reise und die Ungewissheit, was sie erwartete, quälten ihn. Der Verlust seines Geschäfts, seines Zuhauses und der gewohnten Gemeinschaft wog schwer auf seinem Herzen.

Am Morgen der Abreise herrschte in der Stadt eine gespenstische Stille. Asaf, seine Familie und die anderen Mitglieder des Stammes versammelten sich mit ihrem wenigen Besitz am Stadtrand. Die Reise ins Ungewisse stand bevor.

„Wir werden uns wiederfinden, Asaf", sagte Hamza, der gekommen war, um Abschied zu nehmen. „Ich bedauere zutiefst, was geschieht. Das ist nicht der Weg des Friedens und der Verständigung, den wir erhofft hatten."

Asaf nickte, die Worte fanden keinen Weg über seine Lippen. Der Schmerz war zu tief, die Enttäuschung zu groß.

Die Karawane setzte sich in Bewegung, langsam und schwerfällig. Die Stadt, die einst ihr Zuhause gewesen war, verschwand allmählich hinter ihnen. Asaf blickte zurück, eine Träne glitt über seine Wange. Er konnte nicht glauben, dass dies das Ende sein sollte.

Die Reise war beschwerlich und voller Unsicherheiten. Sie mussten durch unwirtliche Gegenden ziehen, oft ohne ausreichend Wasser oder Nahrung. Die Kinder und Älteren litten am meisten. Jeden Abend, wenn sie ihr Lager aufschlugen, versammelten sich die Mitglieder des Stammes, um zu beten und sich gegenseitig Trost zu spenden.

„Wir dürfen die Hoffnung nicht verlieren", sagte Asafs Vater während einer dieser Versammlungen. „Wir sind ein starkes Volk, und unsere Geschichte ist voll von Herausforderungen, die wir überwunden haben. Auch dies werden wir überstehen."

Seine Worte gaben ihnen Kraft, aber die Ungewissheit und Angst blieben. Wohin sollten sie gehen? Wo würden sie eine neue Heimat finden? Diese Fragen lasteten schwer auf ihren Herzen.

Eines Abends, als sie unter dem Sternenhimmel rasteten, kam Asafs Mutter zu ihm. „Erinnerst du dich an die Geschichten, die ich dir als Kind erzählte? Von unseren Vorfahren, die durch Wüsten und Meere zogen, immer auf der Suche nach einem Ort, den sie Heimat nennen konnten", sagte sie sanft.

„Ja, Mutter, ich erinnere mich", antwortete Asaf, die Worte erfüllt von Wehmut.

„Wir sind Teil dieser Geschichte, Asaf. Unsere Reise jetzt ist nur ein weiteres Kapitel in der langen Erzählung unseres Volkes. Und wie in allen Geschichten, wird es auch für uns ein Morgen geben", sagte sie, während sie liebevoll seine Hand hielt.

Diese Worte berührten Asaf tief. Trotz des Schmerzes und des Verlustes spürte er eine Verbindung zu seiner Geschichte und seinem Volk. Diese Verbindung gab ihm die Kraft, weiterzumachen, Schritt für Schritt, Tag für Tag.

Die Reise zog sich hin, und mit jedem Schritt entfernten sie sich weiter von ihrem ehemaligen Leben. Doch in ihren Herzen trugen sie die Erinnerungen an Medina, die Hoffnung auf eine bessere Zukunft und den unerschütterlichen Glauben, dass am Ende des Weges ein neuer Anfang stehen würde.

4. Ein neues Leben im Exil

Die Sonne ging gerade auf, als Asaf und seine Familie in einem kleinen Dorf im Norden ankamen, weit entfernt von der Heimat, die sie kannten. Es war ein unscheinbarer Ort, mit einfachen Lehmhäusern und engen Gassen, der ihnen nun als Zuflucht dienen sollte.

Asaf spürte eine tiefe Erschöpfung, aber auch eine unerwartete Erleichterung. Endlich konnten sie rasten, sich niederlassen. Doch die Ungewissheit blieb – wie würden sie hier zurechtkommen, in einer Umgebung, die ihnen so fremd war?

In den ersten Tagen im Exil war alles neu und befremdlich. Die Sprache der Einheimischen war ähnlich, aber doch anders genug, um Missverständnisse zu verursachen. Die Gepflogenheiten und Traditionen unterschieden sich von denen in Medina, was Asaf und seiner Familie ein Gefühl der Isolation gab.

Aber Asaf war entschlossen, ein neues Leben aufzubauen. Er wusste, er musste für seine Familie stark sein. Er begann, mit den Einheimischen Kontakt aufzunehmen, sich mit ihnen auszutauschen und zu lernen. Er half bei der Ernte, reparierte Werkzeuge und baute langsam Beziehungen auf.

Eines Tages erhielt Asaf einen Brief von einem Freund aus dem Banu Nadir-Stamm. Sie hatten sich in Medina gekannt und Nachrichten ausgetauscht, seit beide Stämme ihre Heimat verlassen mussten. Der Brief war eine willkommene Verbindung zu seiner Vergangenheit, eine Erinnerung daran, dass er nicht allein war.

„Lieber Asaf", las er, „ich hoffe, dieser Brief findet dich und deine Familie in guter Gesundheit. Auch wir mussten uns an ein Leben im Exil gewöhnen, eine Erfahrung, die uns sicherlich alle verändert hat. Aber ich bin überzeugt, dass unsere Entschlossenheit und unser Glaube uns durch diese Zeiten tragen werden."

Dieser Austausch gab Asaf Trost. Es war beruhigend zu wissen, dass andere dasselbe Schicksal teilten, dass sie zusammen eine Gemeinschaft bildeten, auch wenn sie räumlich getrennt waren.

Mit der Zeit fand Asaf seinen Platz in der Gemeinschaft des Dorfes. Er eröffnete einen kleinen Handwerksladen, in dem er Gebrauchsgegenstände und Schmuck herstellte. Er nutzte die Fähigkeiten, die er in seiner Jugend erlernt hatte, und passte sie den Bedürfnissen seiner neuen Umgebung an.

Sein Geschäft wurde zum Treffpunkt für Gespräche und Austausch. Menschen kamen, um zu kaufen oder einfach nur zu plaudern. Asaf lernte ihre Geschichten kennen – ihre Freuden, ihre Sorgen und Träume. Trotz aller Unterschiede gab es so viel, das sie verband.

„Wie ist es möglich, dass wir so viel gemeinsam haben, obwohl unsere Wege so unterschiedlich sind?", fragte ihn einmal ein älterer Dorfbewohner.

Asaf lächelte. „Vielleicht", sagte er, „weil am Ende des Tages wir alle nur Menschen sind, die nach Glück und einem friedvollen Leben streben."

Asaf und seine Familie hatten auch ihre Herausforderungen. Sie mussten neue Sprachkenntnisse erwerben, sich an andere Essgewohnheiten gewöhnen und die Feiertage ohne ihre gewohnte Gemeinde begehen. Aber sie fanden auch Freude in kleinen Dingen – im Lachen der Kinder, die schnell Freunde fanden, in der Schönheit der Landschaft und in den kleinen Erfolgen jeden Tages.

Mit der Zeit fühlten sie sich immer mehr zu Hause. Asafs Mutter, die anfangs so sehr unter der Vertreibung gelitten hatte, begann, ihre Kochkünste mit den Frauen des Dorfes zu teilen. Sein Vater organisierte Treffen, in denen sie über ihre Geschichte und Kultur sprachen, Brücken bauten zwischen ihrer Vergangenheit und der Gegenwart.

„Wir haben so viel verloren", sagte seine Mutter eines Abends, „aber vielleicht haben wir auch etwas gewonnen. Eine neue Perspektive, neue Freunde, eine neue Art zu leben."

Asaf nickte. Die Wunden der Vertreibung würden nie ganz heilen, aber sie lernten, mit ihnen zu leben. Sie bauten ein neues Leben auf, auf den Trümmern des alten, getragen von der Hoffnung, dass eines Tages vielleicht ein Weg zurück oder ein neuer Weg nach vorn sich öffnen würde.

In diesem neuen Leben im Exil fand Asaf nicht nur ein Überleben, sondern auch ein neues Verständnis für die Komplexität des menschlichen Daseins. Er lernte, dass Wandel unausweichlich ist, aber dass in jedem Wandel auch eine Chance liegt – die Chance, neu anzufangen, zu wachsen und sich weiterzuentwickeln.

5. Nachrichten aus Medina

Das Jahr 625 n. Chr. brachte erneut große Veränderungen in Asafs Leben. Ein kühler Morgenwind wehte durch das Dorf, als ein Reisender ankam, ein Bote mit Nachrichten aus Medina. Er brachte Kunde von der Vertreibung des Banu Nadir, jenes Stammes, mit dem Asaf und seine Familie über Jahre hinweg freundschaftlich verbunden waren. Die Nachricht traf Asaf hart, riss alte Wunden auf und entfachte tiefe Besorgnis um die Zukunft.

Am Abend versammelten sich Asaf und seine Familie im kleinsten Raum ihres bescheidenen neuen Heims. Sie saßen im Kreis, jeder verloren in eigenen Gedanken, bis Asaf das Schweigen brach. „Es ist also passiert", sagte er leise. „Wieder eine Gemeinschaft, die ihre Heimat verloren hat. Wie können wir weitermachen, wenn die Welt um uns herum so unsicher ist?"

Sein Vater, ein Mann von Weisheit und Stärke, antwortete ruhig: „Wir müssen lernen, uns anzupassen. Unsere Vorfahren haben viele Stürme überstanden, und wir werden das auch. Aber wir dürfen nie vergessen, wer wir sind und woher wir kommen."

Diese Worte gaben Anlass zu einer langen Diskussion über Widerstand und Anpassung, Überleben und Identität. Asafs Mutter sprach von der Wichtigkeit, Traditionen zu bewahren und weiterzugeben. „Wir müssen unsere Geschichten erzählen, unsere Lieder singen, damit unsere Kinder nicht vergessen", sagte sie.

Asafs jüngere Schwester, die in Medina aufgewachsen war und nun mit den Realitäten des Exils zu kämpfen hatte, äußerte ihre Bedenken. „Aber wie lange können wir festhalten, wenn die Welt sich weiterhin so schnell verändert?", fragte sie.

In den folgenden Tagen grübelte Asaf viel über diese Fragen. Er ging oft spazieren, ließ seinen Gedanken freien Lauf, während er durch die malerischen Landschaften des Exils schlenderte. Eines Nachmittags traf er auf den Dorfältesten, der ihn schon oft mit klugen Worten beraten hatte.

„Ich sehe, du trägst eine schwere Last, junger Asaf", sagte der Älteste, als sie zusammen am Flussufer entlanggingen.

„Ja", antwortete Asaf. „Die Nachrichten aus Medina lassen mich nicht los. Was wird aus unserer Gemeinschaft werden?"

„Die Geschichte lehrt uns, dass Veränderung das einzige Konstante ist", erwiderte der Älteste. „Wir müssen lernen, in jedem Moment zu leben, das Beste aus jeder Situation zu machen. Die Fähigkeit zu überleben, sich anzupassen, liegt in uns allen."

„Aber ist Anpassung nicht auch ein Verlust?", fragte Asaf.

„Manchmal", sagte der Älteste nachdenklich, „aber es ist auch eine Chance, Neues zu entdecken und zu wachsen. Deine Gemeinschaft wird sich verändern, ja, aber sie wird auch überleben und gedeihen, auf ihre Weise."

Asaf nahm diese Worte zu Herzen. In den nächsten Wochen organisierte er Treffen mit den Mitgliedern seiner Gemeinschaft, die im Exil lebten. Sie diskutierten über Möglichkeiten, ihre Traditionen und Kultur lebendig zu halten, während sie sich gleichzeitig an ihre neue Umgebung anpassten.

Eines Tages kamen sie zusammen, um ein Fest zu feiern, das sie aus ihrer Heimat kannten. Sie trafen sich im Freien, unter dem klaren Sternenhimmel. Es gab Musik und Tanz, Geschichten wurden erzählt, und Gerichte aus ihrer Heimat wurden zubereitet.

„Siehst du", sagte Asafs Vater, als er beobachtete, wie die Kinder lachten und spielten, „wir haben ein Stück Heimat hierhergebracht. Solange wir zusammen sind, tragen wir unsere Kultur und unsere Erinnerungen in uns."

Inmitten der Feierlichkeiten fand Asaf einen Moment der Stille und schaute in den Sternenhimmel. Er dachte an Medina, an die vielen Veränderungen und Herausforderungen, die sie alle durchgemacht hatten. Aber er spürte auch Hoffnung und Zuversicht. Sie hatten viel verloren, aber sie hatten auch viel gewonnen – Resilienz, Gemeinschaftssinn und die Fähigkeit, sich anzupassen und zu wachsen.

In den folgenden Monaten schrieb Asaf regelmäßig Briefe an Freunde und Bekannte, die noch in Medina oder an anderen Orten lebten. Er erzählte von ihren Bemühungen, Traditionen am Leben zu erhalten, von den kleinen Freuden und den täglichen Herausforderungen im Exil.

Mit jedem Brief, den er schrieb, und jeder Antwort, die er erhielt, fühlte er eine tiefe Verbundenheit mit seiner Gemeinschaft, eine Verbundenheit, die über räumliche Distanzen hinweg bestand. Trotz der Veränderungen und Unsicherheiten blieb eines klar: Sie waren nicht allein. Ihre Geschichten, ihre Hoffnungen und Träume lebten weiter, in den Herzen und Gedanken jedes Einzelnen, verbunden durch die gemeinsame Vergangenheit und die Hoffnung auf eine bessere Zukunft.

6. Das Schicksal des Banu Qurayza

Das Jahr 627 n. Chr. brachte für Asaf und seine Gemeinschaft im Exil eine der erschütterndsten Nachrichten ihrer Zeit: das tragische Schicksal des jüdischen Banu Qurayza-Stammes. In den frühen Morgenstunden eines kühlen Tages erreichte Asaf die Kunde von einem Massaker, das sich in Medina ereignet hatte. Der Banu Qurayza-Stamm, einst eine blühende Gemeinschaft, deren Mitglieder er gut kannte, war brutal niedergeschlagen worden.

Asaf saß mit einigen alten Freunden und Familienmitgliedern zusammen, als ein Bote die Nachricht überbrachte. Die Luft war schwer von Schock und Trauer, als sie erfuhren, dass die männlichen Mitglieder des Banu Qurayza-Stammes hingerichtet worden waren. Die Gesichter um ihn herum wurden blass, einige Augen füllten sich mit Tränen. Asaf spürte, wie eine tiefe Betroffenheit und Wut in ihm aufstieg.

„Aber was ist mit den Frauen und Kindern?", fragte Asafs Schwester, ihre Stimme zitternd vor Angst.

Der Bote senkte den Blick und antwortete leise: „Sie wurden gefangen genommen. Viele sind in die Sklaverei verkauft worden. Mohammed selbst hat sich eine der Frauen zu seiner Sklavin gemacht."

Diese Nachricht schlug ein wie ein Blitz. Die Vorstellung, dass Frauen und Kinder, die sie kannten – Freunde und Nachbarn – nun in Gefangenschaft und Versklavung leben mussten, war kaum zu ertragen. Asaf erinnerte sich an die Gesichter dieser Frauen und Kinder, wie sie in Medina lebten, lachten und träumten. Nun waren ihre Träume zerstört, ihre Sicherheit geraubt, ihr Leben für immer verändert.

In den folgenden Tagen versank Asaf oft in tiefe Gedanken. Die Ereignisse warfen schmerzhafte Fragen über Glaube, Identität und das menschliche Leid auf. „Wie konnte so etwas geschehen?", fragte er sich immer wieder. „Wie können Menschen einander so viel Leid zufügen?"

Die Gespräche in der Gemeinschaft drehten sich um Widerstand, Anpassung und Überleben. Manche sprachen von Rache, andere von Vergebung. Aber für Asaf war klar, dass nichts die verlorenen Leben zurückbringen und das erlittene Leid ungeschehen machen konnte.

Eines Abends, als die Sonne unterging und die Welt in ein sanftes Orange tauchte, saß Asaf allein und betrachtete den Himmel. Die Schönheit des Moments stand in scharfem Kontrast zu der Dunkelheit, die er in seinem Herzen fühlte. In diesem Augenblick machte er sich ein stilles Versprechen: Er würde niemals vergessen. Er würde die Geschichten der Verlorenen weitererzählen und dafür kämpfen, dass ihre Erinnerungen weiterleben.

Das Schicksal des Banu Qurayza war mehr als eine historische Fußnote; es war eine Erinnerung an die Zerbrechlichkeit des Lebens und die Grausamkeit, zu der Menschen fähig waren. Für Asaf und viele andere war es ein Wendepunkt, ein Moment, der ihre Sicht auf die Welt und ihren Platz darin für immer verändern sollte.

Al-Andalus im Schatten der Abbasiden

Al-Andalus, das heutige Spanien und Portugal, war im 9. bis 11. Jahrhundert ein Schmelztiegel verschiedener Kulturen und Religionen. Diese Epoche markiert eine bedeutende Periode in der Geschichte der Iberischen Halbinsel, die unter muslimischer Herrschaft stand, insbesondere unter dem Abbasiden-Kalifat.

Die Abbasiden waren eine Dynastie, die im 8. Jahrhundert nach Christus die Umayyaden ablöste und ihre Hauptstadt von Damaskus nach Bagdad verlegte. Diese Verlagerung führte zu bedeutenden Veränderungen in der islamischen Welt. Unter der Herrschaft der Abbasiden erlebte das muslimische Reich eine Zeit des kulturellen und wissenschaftlichen Aufschwungs, bekannt als das „Goldene Zeitalter des Islam".

In Al-Andalus, das von den muslimischen Herrschern nach der Eroberung der Iberischen Halbinsel im frühen 8. Jahrhundert etabliert wurde, blühten Kunst, Wissenschaft und Philosophie. Die jüdischen Gemeinschaften spielten in dieser kulturellen Blüte eine zentrale Rolle. Sie profitierten von der relativen Toleranz der muslimischen Herrscher und trugen erheblich zum intellektuellen und kulturellen Leben bei.

Trotz dieser Blütezeit waren Juden in Al-Andalus nicht vor Verfolgung und Zwangskonversionen sicher. Die jüdische Gemeinde erlebte Perioden der Blüte und des Wohlstands, aber auch Zeiten der Unterdrückung und Verfolgung. Die Situation verschärfte sich besonders mit dem Aufstieg der Almoraviden und später der Almohaden, beides rigorosere muslimische Dynastien, die im 11. und 12. Jahrhundert zur Macht kamen.

Diese Perioden der Unterdrückung und Verfolgung hatten tiefgreifende Auswirkungen auf die jüdischen Gemeinschaften in Al-Andalus. Viele sahen sich gezwungen, entweder zu fliehen, ihre Religion im Verborgenen zu praktizieren oder zum Islam zu konvertieren. Diese Entscheidungen führten oft zu inneren Konflikten innerhalb der Gemeinschaften sowie zu persönlichen Kämpfen um Glauben und Identität.

Die Geschichte von Al-Andalus, insbesondere unter dem Abbasiden-Kalifat, ist ein facettenreiches Kapitel, das die Komplexität des Zusammenlebens verschiedener Kulturen und Religionen widerspiegelt. Es zeigt sowohl Zeiten der Koexistenz und des gegenseitigen kulturellen Austausches als auch Perioden der Spannungen und Konflikte. Für die jüdische Gemeinde waren diese Jahrhunderte geprägt von dem ständigen Kampf um das Bewahren ihrer Identität und ihres Glaubens unter wechselnden und oft herausfordernden Umständen.

Angst und Elend

1. Das Leben in Al-Andalus

In der pulsierenden Stadt Cordoba, im Herzen von Al-Andalus, lebte Zara, ein aufgewecktes jüdisches Mädchen von zehn Jahren. Ihre Welt war erfüllt von den Klängen der belebten Straßen, dem Duft von frisch gebackenem Brot aus der lokalen Bäckerei und den fröhlichen Stimmen der Kinder, die in den Gassen spielten.

Zaras Familie bewohnte ein bescheidenes, aber gemütliches Haus nahe der großen Synagoge. Ihr Vater, Jakob, ein geschätzter Gelehrter, unterrichtete sie oft in den Schriften und Traditionen ihres Volkes, während ihre Mutter, Esther, sich um den Haushalt kümmerte und leckere Gerichte kochte.

„Zara, komm, es ist Zeit für deine Lektionen", rief Jakob eines Morgens. Zara liebte diese Stunden, in denen ihr Vater ihr aus den heiligen Schriften vorlas und Geschichten über die Geschichte ihres Volkes erzählte. „Papa, erzähl mir mehr über König Salomon", bat Zara, während sie sich auf einem Kissen am Boden niederließ. „Salomon war ein weiser König", begann Jakob. „Er verstand es, Frieden und Wohlstand in sein Reich zu bringen. Aber er wusste auch, dass wahre Weisheit im Herzen liegt und nicht nur im Verstand." Zaras Augen leuchteten vor Neugier, während sie den Worten ihres Vaters lauschte, sich die großen Paläste und weisen Entscheidungen Salomons vorstellend.

Doch die harmonische Atmosphäre in Cordoba begann sich langsam zu ändern. Zara bemerkte, wie die Erwachsenen öfter in gedämpften Stimmen sprachen, und es schien eine wachsende Spannung in der Luft zu liegen. Eines Tages hörte Zara, wie ihre Eltern besorgt sprachen. „Die Almoraviden nehmen an Macht zu", sagte Esther leise. „Ich habe gehört, dass sie sehr streng mit denen sind, die nicht ihrer Religion folgen." „Wir müssen stark im Glauben bleiben und zusammenhalten", erwiderte Jakob entschlossen. „Unsere Gemeinschaft hat schon viele Stürme überstanden. Auch dies werden wir überstehen."

Als Zara eines Nachmittags mit ihren Freunden spielte, bemerkte sie, dass einige Nachbarn ihre Häuser verließen, beladen mit wenigen Habseligkeiten. Sie sah die Sorge in den Augen ihrer Eltern und hörte die flüsternden Gespräche über Verfolgung und Flucht. „Mama, warum gehen die Leute weg?", fragte Zara eines Abends, als sie bemerkte, dass das Haus gegenüber leer stand. „Manchmal müssen Menschen ihre Heimat verlassen, um Sicherheit zu finden, mein Kind", antwortete Esther sanft. „Aber wir bleiben hier. Dies ist unser Zuhause." Zara konnte die Besorgnis in der Stimme ihrer Mutter nicht überhören und spürte, wie ein unsichtbarer Schatten langsam über ihre kleine Welt fiel.

In den folgenden Wochen und Monaten erlebte Zara, wie sich das Leben in Al-Andalus veränderte. Die Straßen wurden ruhiger, einige ihrer Freunde verschwanden, und die Diskussionen unter den Erwachsenen wurden ernster. Zaras Welt, die einst voller Lachen und Freude war, schien sich nun im Griff wachsender Angst und Unsicherheit zu befinden. Trotz der liebevollen Umarmungen ihrer Eltern und den Trost spendenden Worten ihres Vaters, spürte Zara eine wachsende Besorgnis in ihrem Herzen.

„Wir müssen zusammenhalten", wiederholte Jakob oft. „Unsere Gemeinschaft, unser Glaube, das ist es, was uns durch diese schwierigen Zeiten führen wird." Zara, noch ein Kind, verstand nicht ganz die Tragweite der Ereignisse, die sich um sie herum entfalteten. Doch sie fühlte, dass sich etwas Unausweichliches näherte, etwas, das ihre kleine, sorglose Welt für immer verändern könnte.

2. Der Schatten der Verfolgung

In den Straßen von Cordoba, die einst von fröhlichen Rufen und dem Klang spielender Kinder erfüllt waren, lag nun eine spürbare Stille. Zara, die durch die engen Gassen ging, bemerkte die veränderten Blicke der Menschen, die Angst in ihren Augen. Die Ankunft der neuen Herrscher, der Almoraviden, hatte eine Welle der Unsicherheit über die jüdische Gemeinde gebracht.

Eines Morgens, als Zara ihre täglichen Aufgaben erledigte und sich um ihre jüngeren Geschwister kümmerte, bemerkte sie eine Gruppe religiöser Fanatiker, die durch die Stadt zog. Ihr Herz schlug schneller bei dem Anblick. „Was wollen die hier?", flüsterte sie zu sich selbst. Ihre Schritte beschleunigten sich, während sie eilig den Blicken der Fanatiker auswich.

In ihrer Familie sprachen sie in ernsten Tönen über die Veränderungen. „Ihr müsst vorsichtig sein. Die Zeiten ändern sich", sagte Jakob, ihr Vater, mit sorgenvoller Miene. „Es könnte gefährlich werden, sich als Juden zu erkennen zu geben." Zara spürte, wie ein Kloß in ihrem Hals wuchs. Warum mussten sie sich verstecken? Warum wurden sie plötzlich so behandelt?

Am Abend, als die Familie zusammenkam, erzählte Zara ihren Eltern von den religiösen Fanatikern und den Worten ihres Vaters. Jakob und Esther tauschten besorgte Blicke. „Wir müssen stark und vereint bleiben", sagte Jakob mit fester Stimme. „Unsere Vorfahren haben viele Herausforderungen überstanden, und das werden auch wir."

Die Tage vergingen, und die Spannungen in Cordoba wuchsen. Geschäfte von Juden wurden gemieden, und das offene Lachen in den Straßen verstummte. Zaras Familie versammelte sich nun häufiger, um zu beten und um Rat zu suchen. Die Synagoge, die einst ein Ort des lebendigen Austauschs und der Gemeinschaft war, wirkte nun still und verlassen.

Eines Tages kamen Gerüchte auf, dass Juden gezwungen wurden, zum Islam zu konvertieren. „Das können sie nicht machen", sagte Zara empört, als sie von den Neuigkeiten hörte.

„Unser Glaube ist ein Teil von uns. Wie können sie von uns verlangen, ihn aufzugeben?"

„Manchmal, Zara, sind Menschen in ihrer Angst und in ihrem Unverständnis grausam", erklärte Jakob sanft. „Sie fürchten das, was sie nicht kennen. Aber wir dürfen unseren Glauben nicht verleugnen. Er ist das Licht, das uns in der Dunkelheit führt."

Die Nachrichten über Zwangskonversionen und Repressionen verbreiteten sich wie ein Lauffeuer in der jüdischen Gemeinde. „Wir müssen einen Weg finden, unsere Kinder zu schützen", sagte einer der Ältesten. „Vielleicht ist es an der Zeit, über eine Flucht nachzudenken."

Die Idee der Flucht löste eine Welle der Angst aus. Zara konnte sich nicht vorstellen, ihre Heimat zu verlassen, die Straßen, in denen sie aufgewachsen war, ihre Freunde, ihre Gemeinschaft. „Müssen wir wirklich weggehen, Papa?", fragte sie mit Tränen in den Augen.

„Manchmal, mein liebes Kind, ist der Weg des Friedens und der Sicherheit der Weg der Flucht", antwortete Jakob. „Aber egal, wohin wir gehen, wir tragen unsere Geschichten, unseren Glauben und unsere Erinnerungen mit uns. Das kann uns niemand nehmen."

Die Nächte waren nun voller Flüstergespräche und heimlicher Treffen, während die Gemeinschaft über ihr Schicksal beriet. Jeder Tag brachte neue Herausforderungen und Ängste. Zaras einst sorgloses Leben war nun gezeichnet von der schweren Last der Verfolgung und der Ungewissheit über die Zukunft.

In dieser Zeit der Dunkelheit hielt Zara eng an den Worten ihres Vaters fest: „Unser Glaube ist unser Licht." Dieses Licht, obwohl es im Schatten der Verfolgung flackerte, erlosch nie ganz in ihrem Herzen.

3. Der Verlust der Normalität

Die Mauern von Zaras Zuhause, die einst Geborgenheit und Wärme spendeten, wirkten nun beinahe erdrückend. Mit jedem Tag, der in Cordoba verging, schwand ein Stück Normalität, das

Zara und ihre Familie einst kannten. Die engen Gassen und belebten Marktplätze, die früher voller Leben waren, hatten sich in Orte der Unsicherheit und des Misstrauens verwandelt.

Eines Abends, als Zara mit ihren Eltern und Geschwistern um den kleinen Esstisch versammelt war, brachte Jakob das Thema auf, das allen am Herzen lag. „Wir können nicht länger so tun, als wäre alles normal. Die Situation wird immer gefährlicher für uns Juden." Seine Stimme war bedrückt, seine sonst so lebhaften Augen trübten sich mit Sorge.

„Aber wo sollen wir hin?", fragte Esther, Zaras Mutter, mit zitternder Stimme. „Dies ist unsere Heimat. Hier sind wir geboren und aufgewachsen."

„Ich weiß, Esther", erwiderte Jakob, „aber unsere erste Pflicht ist es, unsere Kinder zu schützen. Ich habe von einem Dorf in den Bergen gehört, in dem Juden noch sicher leben können."

Zara lauschte dem Gespräch, ihr Herz schlug schneller. Der Gedanke, ihre Freunde, ihre Schule und alles, was sie kannte, zu verlassen, war beängstigend. „Aber was ist mit Hannah und Samuel?", fragte sie, benannt nach zwei ihrer besten Freunde. „Werden sie auch gehen?"

„Viele unserer Nachbarn denken über eine Flucht nach", sagte Jakob. „Aber es ist eine schwere Entscheidung. Einige haben sich bereits für die Konversion entschieden."

Die Nachricht, dass einige ihrer jüdischen Nachbarn den Glauben aufgegeben hatten, traf Zara wie ein Schlag. „Warum würden sie das tun?", fragte sie ungläubig.

„Aus Angst, Zara", erklärte Jakob sanft. „Manchmal ist die Angst so groß, dass sie Menschen dazu bringt, das zu tun, was sie für das Beste halten, um zu überleben."

In den folgenden Tagen beobachtete Zara, wie sich das Leben in ihrer Gemeinde weiter veränderte. Geschäfte, die einst von Juden geführt wurden, schlossen oder wechselten die Besitzer. Immer mehr ihrer jüdischen Nachbarn verschwanden – manche durch Flucht, andere durch Konversion.

Die Spannungen in der Stadt wuchsen, und mit ihnen Zaras Angst. Sie vermied es, allein auf die Straße zu gehen, und selbst in der Schule fühlte sie sich nicht mehr sicher. Und ihre muslimischen Freundinnen, mit denen sie einst gespielt und gelacht hatte, sahen sie nun anders an. Die Blicke waren kälter, die Gespräche verhaltener.

„Die Menschen verändern sich", sagte Zara eines Tages zu ihrem Vater. „Selbst die, die ich als Freunde betrachtet habe."

„Ja, das tun sie", antwortete Jakob nachdenklich. „Aber erinnere dich, Zara, dass nicht alle so sind. Es gibt immer noch Menschen, die das Richtige tun, selbst in den dunkelsten Zeiten."

Als die Nachricht kam, dass die jüdische Schule geschlossen werden sollte, brach für Zara eine Welt zusammen. Die Schule war mehr als ein Ort des Lernens; sie war ein Zufluchtsort, ein Ort der Gemeinschaft und des Glaubens. „Was wird aus unserer Bildung?", fragte sie, als sie die Neuigkeit erfuhr.

„Wir werden Wege finden, Zara", versicherte ihr Vater. „Unsere Geschichte und unsere Traditionen sind mächtig. Sie können nicht einfach ausgelöscht werden. Wir werden sie zu Hause lehren, im Verborgenen, wenn es sein muss."

Die Realität der Zwangskonversionen und der zunehmenden Isolation traf die Familie hart. Diskussionen über die Flucht wurden intensiver. „Es ist eine schwere Entscheidung", sagte Esther eines Abends. „Aber ich glaube, wir haben keine Wahl mehr. Wir müssen an einen sichereren Ort gehen."

Zara legte sich in jener Nacht ins Bett, unfähig zu schlafen. Sie dachte an ihr Zuhause, ihre Freunde, ihre Schule – alles, was sie zurücklassen musste. Aber tief in ihrem Herzen wusste sie, dass die Sicherheit ihrer Familie an erster Stelle stand. Mit Tränen in den Augen und einem schweren Herzen schlief sie schließlich ein, ungewiss, was die Zukunft bringen würde, aber fest entschlossen, dem Schicksal mit Mut und Hoffnung zu begegnen.

4. Versteckte Hoffnungen

In der neuen, unbekannten Umgebung, weit entfernt von Cordoba, fand Zara sich in einer Welt wieder, die sich stark von allem unterschied, was sie bisher kannte. Die Familie hatte in den Bergen Zuflucht gefunden, in einem kleinen Dorf, das als sicherer Hafen für Juden galt. Doch selbst hier waren Vorsicht und Geheimhaltung geboten.

In dieser veränderten Realität lernte Zara, ihre Identität im Verborgenen zu bewahren. Das Haus, das nun ihr Zuhause war, wurde ein Ort des heimlichen Festhaltens an ihren Traditionen und Bräuchen. Die Sabbatkerzen wurden hinter verhangenen Fenstern entzündet, und Gebete wurden leise gesprochen, um keine Aufmerksamkeit von außen zu erregen.

Ihre Mutter Esther hatte begonnen, die heiligen Schriften und Gebete mit Zara und ihren Geschwistern zu teilen, um die Traditionen lebendig zu halten. „Es ist wichtig, dass ihr dies lernt", erklärte sie leise. „Damit unsere Kultur und unser Glaube, auch in Zeiten der Verfolgung, weiterbestehen können."

Zara saß oft nachts wach, hörte den Geschichten und Lehren ihrer Mutter zu und prägte sich jedes Wort ein. Diese Momente waren für sie eine Quelle der Stärke und Hoffnung, ein leiser Widerstand gegen die Unterdrückung und Verfolgung, die sie erlebt hatten.

Eines Tages erreichten sie Nachrichten von Pogromen in anderen Teilen Al-Andalus. Juden waren brutal getötet worden, bloß wegen ihres Glaubens. Zaras Vater Jakob kehrte an jenem Tag besonders nachdenklich von der Arbeit zurück. „Die Welt, in der wir leben, ist voller Hass und Angst", sagte er traurig. „Aber wir dürfen die Hoffnung nicht verlieren. Unsere Stärke liegt in unserem Glauben und in unserer Gemeinschaft."

Die Nachricht von den Pogromen löste in der Familie große Angst aus. „Wie können Menschen so grausam sein?", fragte Zara mit Tränen in den Augen.

„Es ist schwer zu verstehen", antwortete ihre Mutter. „Aber in schwierigen Zeiten zeigen die Menschen manchmal ihr wahres

Gesicht. Wir müssen stark bleiben und für das kämpfen, was richtig ist."

In diesen düsteren Zeiten wurden geheime Treffen zu einer wichtigen Stütze für Zara und ihre Familie. Sie trafen sich heimlich mit anderen jüdischen Familien, um zu beten, zu lernen und sich gegenseitig zu stärken. Diese Zusammenkünfte fanden stets im Verborgenen statt, oft in der Nacht, unter dem Deckmantel der Dunkelheit.

Zara fühlte sich durch diese Treffen ermutigt. Es gab ihr das Gefühl, nicht allein zu sein, ein Teil einer größeren Gemeinschaft zu sein, die trotz aller Widrigkeiten zusammenhielt. Sie hörte Geschichten von Widerstand und Mut, von Menschen, die sich weigerten, ihren Glauben aufzugeben, trotz aller Gefahren.

„Unsere Überlieferungen sind unsere Waffe", sagte ein älterer Mann bei einem dieser Treffen. „Solange wir unsere Geschichten, unsere Lieder und unsere Gebete bewahren, können sie uns nicht brechen."

Zara erkannte die Macht dieser Worte. Sie verstand, dass ihre Identität und ihr Erbe nicht nur in den heiligen Texten und Bräuchen lagen, sondern auch in den Geschichten und Erlebnissen ihrer Gemeinschaft.

Die Monate vergingen, und mit jedem Tag wuchs Zaras Entschlossenheit. Sie begann, die hebräische Sprache und die heiligen Schriften intensiver zu studieren. Ihre Mutter lehrte sie, wie man traditionelle jüdische Speisen zubereitet, und ihr Vater erzählte ihr von der Geschichte ihres Volkes.

„Eines Tages, wenn all dies vorbei ist", sagte ihr Vater, „wirst du diese Geschichten weitergeben. Du wirst den Menschen erzählen, was wir erlebt haben und wie wir unseren Glauben bewahrt haben."

Diese Worte hallten in Zara nach. Sie fühlte eine tiefe Verantwortung, die Erinnerungen und Lehren ihres Volkes am Leben zu halten. In einer Welt, die von Dunkelheit umgeben war, wurden diese Momente des Teilens und Lernens zu einem

Leuchtturm der Hoffnung, ein Versprechen, dass die Flamme ihres Glaubens und ihrer Kultur niemals erlöschen würde.

Die Almohaden und das Leid der Juden in Al-Andalus

Im 11. Jahrhundert erlebte die jüdische Gemeinde in Al-Andalus, dem heutigen Spanien, eine der schwärzesten Epochen ihrer Geschichte. Die Ankunft der Almohaden, einer berberischen muslimischen Dynastie aus Nordafrika, markierte den Beginn einer Zeit der Intoleranz und Verfolgung, die das bisherige friedliche Zusammenleben der Religionen radikal veränderte.

Die Almohaden verfolgten eine rigorose Interpretation des Islam, die keinen Platz für religiöse Vielfalt ließ. Sie betrachteten Juden und Christen als Ungläubige und drängten auf deren Konversion zum Islam. Dies führte zu einer Politik der gewaltsamen Bekehrung, die das soziale und religiöse Leben der jüdischen Gemeinschaft tiefgreifend störte.

Juden, die sich weigerten zu konvertieren, wurden mit brutaler Gewalt konfrontiert. Synagogen wurden systematisch zerstört, und heilige Schriften verbrannt. Juden verloren das Recht, öffentlich ihren Glauben zu praktizieren, und wurden von der restlichen Gesellschaft isoliert. Viele wurden ermordet, während andere gezwungen waren, ins Exil zu gehen, um ihrem Glauben treu bleiben zu können.

Die Verfolgung hatte auch tiefgreifende psychologische Auswirkungen. Juden lebten in ständiger Angst vor Entdeckung und Gewalt. Familien wurden auseinandergerissen, und Gemeinschaften, die einst blühten, waren nun von Misstrauen und Verzweiflung gezeichnet. Die erzwungene Konversion stellte viele Juden vor ein moralisches Dilemma – den Verlust ihrer religiösen Identität oder den Tod.

Die Almohadenzeit stellt somit einen dunklen Abschnitt in der Geschichte der Juden dar, gekennzeichnet durch Verlust, Trauma und die Zerstörung einer einst florierenden Kultur. Diese Periode ist ein schmerzhaftes Zeugnis der Auswirkungen von Intoleranz und religiösem Fanatismus auf unschuldige Menschen und Gemeinschaften.

Die Wunden der Erinnerung

1. Das Leben vor dem Sturm

In der befestigten Stadt Córdoba, wo die Straßen von Wissen und kulturellem Reichtum widerhallten, lebte Samuel, ein angesehener jüdischer Arzt. Sein Tag begann mit dem Klang des Muezzins, der die Muslime zum Gebet rief, während die Kirchenglocken im Hintergrund läuteten. Diese Harmonie der Religionen war das Markenzeichen von Al-Andalus.

Samuel bewohnte ein bescheidenes, aber gemütliches Haus in der jüdischen Viertel, umgeben von seiner liebenden Familie. Seine Frau, Leah, war eine weise und fürsorgliche Frau, die das Haus mit Liebe und Wärme füllte. Sie hatten zwei Kinder, David und Esther, die mit den anderen Kindern der Nachbarschaft spielten, unabhängig von deren religiösem Hintergrund.

Als Arzt hatte Samuel einen prägenden Einfluss auf seine Gemeinschaft. Sein Wissen in der Medizin kam nicht nur den Juden, sondern allen Bürgern Córdobas zugute. Er verbrachte die meiste Zeit in seiner Praxis, wo er eine Vielfalt von Patienten behandelte, von einfachen Bauern bis zu einflussreichen Adeligen.

Trotz seines anstrengenden Berufslebens nahm Samuel sich Zeit, seine Kinder in den Schriften und Traditionen zu unterrichten. Er glaubte fest daran, dass Bildung und Wissen die Säulen ihrer Identität als Juden waren. Abends traf er sich häufig mit Freunden und Gelehrten, um über Theologie, Medizin und Astronomie zu diskutieren. Diese Gespräche waren oft lebhaft und bereichernd.

Doch diese friedliche Existenz wurde bald durch düstere Nachrichten getrübt. Gerüchte über die Almohaden, eine fanatische muslimische Sekte aus dem Süden, die unaufhaltsam nach Norden vordrang, erreichten Córdoba. Sie sprachen von Zwangskonversionen und Grausamkeiten gegenüber Nicht-Muslimen. Anfangs wurden diese Geschichten als übertriebene Gerüchte abgetan, doch mit jeder weiteren Eroberung der Almohaden wuchs die Angst.

Samuel erinnerte sich an einen Abend, als er mit Freunden im Innenhof seines Hauses saß. Die Luft war erfüllt von den Düften des Gartens und dem sanften Klang einer Laute.

„Habt ihr von den Almohaden gehört?", fragte Jakob, ein enger Freund und Gelehrter. „Sie sagen, diese Fanatiker hätten keine Toleranz für Christen oder Juden."

„Wir sollten solche Gerüchte nicht ernst nehmen", entgegnete Samuel, versuchend Optimismus zu verbreiten. „Hier in Córdoba haben wir seit Jahrhunderten in Frieden gelebt. Unsere christlichen und muslimischen Nachbarn respektieren uns."

„Aber die Almohaden sind anders", warf Rachel, Samuels Schwägerin, ein. „Sie folgen einer strengeren Auslegung des Islam. Ich habe Geschichten gehört, dass sie die Städte, die sie erobern, komplett verwandeln."

„Was sollten wir denn tun?", fragte Leah besorgt. „Wir können doch nicht einfach alles zurücklassen."

„Wir beten", antwortete Samuel. „Und hoffen, dass der Sturm an uns vorübergeht."

Diese Gespräche wurden in den kommenden Wochen häufiger. Die Nachrichten über die Brutalität der Almohaden ließen die Gemeinde erschauern. Die Straßen von Córdoba, einst erfüllt von Lachen und Gesprächen, wurden von einer drückenden Stille beherrscht.

Eines Morgens, als Samuel seine Praxis öffnete, bemerkte er eine Veränderung in der Luft. Die Straßen waren fast leer, und die Menschen, die er traf, vermieden seinen Blick. Ein unheilvolles Gefühl der Vorahnung ergriff ihn. Er wusste, dass die Welt, wie er sie kannte, sich bald unwiderruflich verändern würde.

2. Der Anfang des Endes

Die Dunkelheit der Nacht schien sich an diesem Morgen über Córdoba auszubreiten, als die Nachricht eintraf: Die Almohaden waren an den Toren der Stadt. Samuel, der in seiner Praxis stand, spürte, wie eine eisige Klaue sein Herz umschloss. Die Gerüchte, die einst flüsternd durch die Straßen gegangen waren, waren nun schreckliche Realität.

Die ersten Stunden des Angriffs waren ein Chaos aus Schreien, Rauch und Angst. Samuel sah aus seinem Fenster, wie bewaffnete Männer in die Stadt einfielen, ihre Rufe hallten durch die Straßen. Mit Entsetzen beobachtete er, wie eine Gruppe Almohaden eine Synagoge stürmte. Sie zerrten Männer, Frauen und Kinder heraus, schlugen sie brutal und setzten das Gebäude in Flammen. Die heiligen Schriften, Jahrhunderte alte Torahrollen, wurden in den Staub geworfen und verbrannt. Die Rauchsäulen, die in den Himmel aufstiegen, waren wie ein Zeichen des kommenden Leidens.

Samuels Gedanken rasten. Er musste seine Familie in Sicherheit bringen. „Leah, David, Esther, wir müssen uns verstecken!", rief er, als er durch die Tür stürmte. Aber die Straßen waren kein sicherer Zufluchtsort mehr. Überall um sie herum brach die Zivilisation zusammen. Häuser wurden geplündert, Menschen wurden auf offener Straße ermordet. Das Blut der Unschuldigen färbte das Kopfsteinpflaster rot.

Sie flüchteten zu einem versteckten Keller, den einige Gemeindemitglieder vorbereitet hatten. Dort fanden sie andere verängstigte Familien, die sich eng aneinander drückten, ihre Gebete flüsternd.

In den kommenden Tagen verwandelte sich Córdoba in ein Schlachtfeld. Samuel hörte Geschichten, die das Blut in seinen Adern gefrieren ließen – von Frauen, die vor den Augen ihrer Familien vergewaltigt wurden, von alten Männern, die auf brutalste Weise gefoltert wurden. Die Almohaden schienen eine Freude daran zu finden, Angst und Schrecken zu verbreiten.

Trotz der Gefahr entschloss sich Samuel, verletzten Juden zu helfen. Bei Nacht kroch er aus seinem Versteck und suchte nach Überlebenden. Was er sah, würde ihn für den Rest seines Lebens verfolgen. Kinder, deren unschuldige Augen das Unvorstellbare gesehen hatten; Mütter, die um ihre ermordeten Söhne trauerten.

Und immer wieder die Zeichen der Gewalt: Verstümmelte Körper, verbrannte Häuser, das Echo von Verzweiflung.

Eines Nachts, während Samuel einem jungen Mann mit einer tiefen Wunde half, hörte er das Weinen einer Frau. Es war Rebecca, eine Nachbarin. Zwischen Schluchzern erzählte sie ihm, dass ihr Mann von den Almohaden gefangen genommen worden war. „Sie wollten ihn zwingen, den Islam anzunehmen. Als er sich weigerte, haben sie ihn vor meinen Augen geköpft...", ihre Stimme brach. Die Verzweiflung in ihren Augen war unbeschreiblich.

Solche Geschichten waren keine Seltenheit. Viele Juden wurden gezwungen, ihren Glauben zu verleugnen, um zu überleben. Die Almohaden duldeten keine andere Religion als den Islam. Für viele bedeutete dies, entweder zu konvertieren oder zu sterben.

Tage und Nächte vergingen, in denen Samuel unermüdlich Verletzte versorgte, stets in der Angst, entdeckt zu werden. Aber mit jeder neuen Morgendämmerung schwand die Hoffnung ein Stück mehr. Die Gewalt der Almohaden schien kein Ende zu nehmen, und die einst so lebendige jüdische Gemeinschaft von Córdoba war nur noch ein Schatten ihrer selbst.

In einem Moment der Stille, als Samuel erschöpft in einer Ecke seines Verstecks saß, blickte er in die Gesichter der um ihn versammelten Menschen. Jedes Gesicht trug die Spuren des erlittenen Schreckens. In diesem Moment wurde ihm klar, dass das Córdoba, das er kannte und liebte, für immer verloren war. Die Almohaden hatten nicht nur ihre Häuser und Synagogen zerstört, sondern auch das Gewebe ihrer Gemeinschaft zerrissen, das auf Toleranz und Zusammenleben gebaut war. In der Finsternis dieses Kellers, umgeben von den gebrochenen Herzen und Seelen seiner Gemeinde, fühlte Samuel den wahren Verlust – den Verlust seiner Heimat, seiner Identität und seiner Hoffnungen.

3. Verlorene Hoffnungen

In den Schatten der zerstörten Gassen von Córdoba bewegte sich Samuel vorsichtig, immer auf der Hut vor den patrouillierenden Almohaden. Die Stadt, einst ein Zentrum der

Kultur und des Wissens, war nun ein Ort des Grauens und der Trauer. Samuel, der sich einst als stolzer Arzt in dieser blühenden Gemeinschaft sah, fühlte sich jetzt wie ein Geist, verloren in den Ruinen seines früheren Lebens.

Eines Morgens, als er durch die leeren Straßen ging, um Nahrung und Medizin zu beschaffen, begegnete er seinem alten Freund Benjamin. Benjamin war ein Lehrer, ein Mann von großem Geist und starkem Glauben. Doch als Samuel ihn ansah, erkannte er kaum den gebrochenen Mann vor sich. „Samuel, sie haben mich gefunden", flüsterte Benjamin mit zitternder Stimme. „Sie verlangen, dass ich konvertiere."

Samuel spürte einen Stich im Herzen. „Benjamin, du musst stark sein", sagte er leise. „Wir müssen unseren Glauben bewahren, koste es, was es wolle." Benjamin nickte traurig, Tränen füllten seine Augen. „Ich kann nicht konvertieren, Samuel. Das wäre der Tod meiner Seele."

Am nächsten Tag, als Samuel durch die Stadt ging, hörte er eine aufgebrachte Menschenmenge. Sein Herz raste, als er sich näherte und sah, was geschehen war. Benjamin war von den Almohaden gefangen genommen worden. Sie hatten ihn in der Mitte des Platzes an einen Pfosten gebunden und beschuldigten ihn der Ketzerei.

„Konvertiere zum Islam, oder du wirst sterben!", schrie einer der Krieger. Benjamin sah ihn direkt an, seine Augen voller Entschlossenheit. „Ich werde meinem Glauben treu bleiben", sagte er fest.

Samuel versteckte sich in der Menge, Tränen der Wut und der Trauer füllten seine Augen. Er wollte eingreifen, aber er wusste, dass es sein sicheres Ende bedeuten würde. Die Menge schrie, einige forderten Benjamins Tod, andere flehten um Gnade. Die Almohaden aber waren unerbittlich. Mit einem Schlag wurde Benjamin brutal enthauptet. Sein Körper fiel zu Boden, während das Blut auf das Pflaster tropfte. Samuel wandte sich ab, das Herz gebrochen, die Seele zerrissen.

In den folgenden Tagen zog sich Samuel immer mehr zurück. Die Ereignisse hatten ihn tief getroffen. Er verlor nicht nur einen Freund, sondern auch einen Teil seiner selbst. In den langen Nächten reflektierte er über den Verlust seiner Identität. Die Almohaden hatten nicht nur Menschen getötet, sie hatten eine Kultur, eine Geschichte und eine Identität ausgelöscht.

Die jüdische Gemeinschaft, einst ein integraler Bestandteil von Córdobas lebendigem Mosaik, war nun isoliert, verängstigt und verzweifelt. Viele hatten sich gezwungenermaßen konvertiert, um zu überleben, während andere geflohen oder getötet worden waren. Die Straßen, die einst vom Klang des hebräischen Gebets und dem Duft frischer Challah erfüllt waren, waren jetzt stumm und leer.

Samuel, der in den Trümmern eines einstigen Synagogen sitzt, hält eine angekohlte Torahrolle in seinen zitternden Händen. „Wo bist du, Gott?", flüsterte er. „Wie konntest du zulassen, dass deine Kinder so leiden?" Der Rauch der verbrannten Schriften stieg in die Luft, als wäre es das letzte Gebet der Gemeinschaft.

Die Realität, dass seine Welt, seine Kultur, sein Glaube und seine Geschichte ausgelöscht wurden, wog schwer auf Samuels Schultern. In den verwaisten Straßen von Córdoba fand er nur die Geister seiner Vergangenheit, die Echos von Lachen, Diskussionen und gemeinsamen Feiern.

Samuel, einst ein Mann des Glaubens und der Hoffnung, fühlte sich nun leer und gebrochen. Die Gräueltaten, die er miterlebt hatte, die Brutalität und der Hass, die seine Welt zerstört hatten, ließen ihn zweifeln. Zweifeln an der Menschlichkeit, an der Existenz einer höheren Macht, die solche Grausamkeiten zulassen konnte.

In dieser Dunkelheit, umgeben von der Zerstörung seiner Gemeinde, seiner Kultur und seines Glaubens, erkannte Samuel, dass er nicht nur einen Freund, sondern auch die Unschuld seiner Welt verloren hatte. Verlorene Hoffnungen, die einst so lebendig waren in den Straßen von Córdoba, lagen jetzt begraben unter den Trümmern einer zerstörten Zivilisation.

4. Im Schatten der Angst

In den dunklen Gassen Córdobas, verborgen vor den Augen der Almohaden, bewegte sich Samuel heimlich von einem Versteck zum nächsten. Die Ereignisse der letzten Wochen hatten ihn tief gezeichnet. Nach dem Tod seines Freundes Benjamin und der unerbittlichen Verfolgung seiner Gemeinde stand Samuel vor einer unmöglichen Wahl: seinen Glauben aufgeben oder sterben.

Eincs Abends, als die Straßen von Córdoba von einer unheimlichen Stille erfüllt waren, klopfte es leise an Samuels Tür. Es war Rabbi David, ein alter Freund und Vertrauter. „Samuel, es ist Zeit", sagte er mit schwerer Stimme. „Du musst dich entscheiden."

Samuel sah ihn an, die Augen voller Angst. „Aber ich kann meinen Glauben nicht aufgeben, David. Es ist alles, was ich habe." Rabbi David legte seine Hand auf Samuels Schulter. „Du kannst äußerlich konvertieren, um zu überleben, Samuel. Bewahre deinen Glauben im Herzen. Es ist die einzige Möglichkeit."

Mit schwerem Herzen stimmte Samuel zu. Am nächsten Tag, in einer kleinen Moschee am Rande der Stadt, sprach er die Schahada, das muslimische Glaubensbekenntnis, und nahm einen neuen Namen an. Doch in seinem Herzen flüsterte er leise ein jüdisches Gebet, ein stilles Bekenntnis zu seinem wahren Glauben.

In den folgenden Monaten lebte Samuel ein Doppelleben. Tagsüber war er ein muslimischer Arzt, der seine Dienste der Gemeinschaft anbot. Doch nachts, im Schutz der Dunkelheit, traf er sich heimlich mit anderen Juden, die ebenfalls gezwungen waren, ihren Glauben zu verbergen.

Diese Treffen fanden in verlassenen Kellern oder hinter verschlossenen Türen statt. Samuel versorgte die Verletzten, gab Ratschläge und teilte Nachrichten. In diesen Momenten war er nicht mehr der muslimische Arzt, sondern der jüdische Heiler, ein Bewahrer der Hoffnung in einer Welt voller Verzweiflung.

Eines Abends, während einer solchen Zusammenkunft, trat eine junge Frau namens Sarah in den Raum. Sie war schwach und blass, offensichtlich in einem schlechten Zustand. „Bitte, hilf mir", flüsterte sie. Samuel näherte sich ihr vorsichtig. „Was ist passiert?", fragte er.

„Ich wurde verletzt, als ich versuchte zu fliehen", antwortete sie leise. „Ich konnte nirgendwo anders hingehen." Samuel untersuchte sie und stellte fest, dass sie eine tiefe Wunde am Arm hatte. Während er sie behandelte, erzählte Sarah ihre Geschichte. Sie war bei einem Fluchtversuch vor den Almohaden verletzt worden und hatte seitdem im Untergrund gelebt.

„Du bist nicht allein", sagte Samuel, als er die Wunde bandagierte. „Es gibt viele von uns. Wir halten zusammen, im Verborgenen." Sarahs Augen füllten sich mit Tränen der Dankbarkeit.

In den darauffolgenden Wochen kehrte Samuel mehrmals zu Sarah zurück, um ihre Wunde zu behandeln. Jedes Mal tauschten sie Geschichten und Ermutigungen aus. In diesen stillen Momenten, fernab der grausamen Realität der Außenwelt, fanden sie Trost im gemeinsamen Glauben und der geteilten Hoffnung auf eine bessere Zukunft.

Doch das Leben im Schatten war voller Gefahren. Samuel musste ständig auf der Hut sein, um nicht entdeckt zu werden. Jeder Schritt außerhalb seiner Tür könnte der letzte sein. Die Angst war ein ständiger Begleiter, lauernd in jeder dunklen Ecke, in jedem flüchtigen Blick.

Trotz der Gefahren hörte Samuel nicht auf, seiner Gemeinde zu dienen. Er wusste, dass viele auf ihn angewiesen waren. Er war ihre Verbindung zur Außenwelt, ihre Quelle der medizinischen Versorgung und, in vielen Fällen, ihr einziger Hoffnungsschimmer.

Samuel fühlte die Last dieser Verantwortung tief in seinem Herzen. Jeden Tag kämpfte er mit der Angst, entdeckt zu werden, und der Sorge um seine Schutzbefohlenen. Doch er wusste, dass er weitermachen musste. Er konnte seine Gemeinde nicht im Stich lassen.

In den langen Nächten, wenn er allein in seinem Zimmer saß, erlaubte Samuel sich, von einem Leben nach den Almohaden zu träumen. Ein Leben, in dem er frei seinen Glauben praktizieren konnte, ohne Angst vor Verfolgung oder Tod. Ein Leben, in dem seine Gemeinde wieder in Frieden leben konnte.

Aber diese Träume waren flüchtig, zerschellt an der harten Realität seiner gegenwärtigen Existenz. Im Schatten der Angst lebend, blieb Samuel der Fels in der Brandung für seine Gemeinde, ein stiller Held in einer Zeit der Finsternis und Verzweiflung.

5. Die Flamme der Erinnerung

In den Schatten der Nacht gehüllt, fand Samuel sich oft in einer kleinen, verborgenen Kammer wieder, in der er und einige wenige Vertraute sich trafen. Hier, fernab der wachsamen Augen der Almohaden, bewahrte er eine kleine Sammlung jüdischer Texte auf – Fragmente des Talmuds, Abschriften der Torah, und einige Seiten mystischer Schriften. Für Samuel waren diese Texte mehr als bloße Worte auf Papier; sie waren ein Fenster zu seiner Seele, ein Leuchtfeuer in einer Welt voller Dunkelheit.

An diesem Abend war die Kammer nur schwach erleuchtet durch eine kleine Öllampe, die einen warmen, aber fahlen Schein auf die antiken Seiten warf. Samuel saß mit einigen anderen verdeckten Juden im Kreis, ihre Gesichter von den Schatten verschluckt, ihre Augen jedoch voller Entschlossenheit und Hoffnung.

„Wir dürfen niemals vergessen, wer wir sind", sagte Samuel leise, während seine Finger sanft über die altertümlichen Zeilen strichen. „Diese Worte sind unser Vermächtnis, unsere Verbindung zu unseren Vorfahren. Sie erinnern uns an unsere Geschichte, unsere Kultur und unseren Glauben."

Die anderen nickten zustimmend. Ein älterer Mann namens Ezra, dessen Gesicht von tiefen Falten durchzogen war, sprach: „Diese Texte sind das Lebenselixier unserer Seelen. In ihnen finden wir Trost und Weisheit, selbst in den dunkelsten Zeiten."

Samuel blickte auf. „Genau das ist es. Sie sind das Licht, das uns in dieser Dunkelheit führt." Er hielt inne und fügte dann hinzu:

„Und sie sind der Grund, warum wir weitermachen müssen, warum wir widerstehen müssen."

Die Gruppe verbrachte Stunden damit, die Texte zu studieren und zu diskutieren. Sie sprachen über die Lehren der alten Rabbiner, debattierten über verschiedene Interpretationen und trösteten sich gegenseitig mit Geschichten des jüdischen Glaubens und der Geschichte. In diesen Momenten fühlte sich Samuel verbunden – nicht nur mit den Menschen um ihn herum, sondern auch mit seiner Gemeinde und seiner Geschichte.

Als die Nacht tiefer wurde und die Stille des Verstecks nur durch das sanfte Flackern der Lampe unterbrochen wurde, begann Samuel, über die Bedeutung der Erinnerung nachzudenken. „Erinnerung", sagte er langsam, „ist unsere stärkste Waffe gegen das Vergessen. Sie ist das, was uns am Leben hält, was uns Hoffnung gibt."

Sarah, die junge Frau, die Samuel medizinisch versorgt hatte, sprach leise: „Ich erinnere mich an die Tage, bevor all dies begann. An die Freude, den Frieden, die Gemeinschaft. Diese Erinnerungen geben mir die Kraft, durchzuhalten."

„Genau das meine ich", antwortete Samuel. „Wir müssen uns erinnern, wer wir waren und wer wir sind. Und wir müssen sicherstellen, dass die Welt uns nicht vergisst."

Die Gruppe saß noch eine Weile zusammen, getröstet durch ihre Gemeinschaft und gestärkt durch ihre Erinnerungen und ihren Glauben. Als die Morgendämmerung nahte und es Zeit wurde, auseinanderzugehen, blickte Samuel auf die alten Texte vor ihm.

„Wir dürfen nie zulassen, dass diese Worte sterben", sagte er entschlossen. „Sie sind das Feuer, das in unseren Herzen brennt, die Flamme der Erinnerung, die niemals erlöschen darf."

Mit diesen Worten verstauten sie die Texte sorgfältig und verließen das Versteck, um sich erneut in die gefährliche Welt der Almohaden zu begeben. Doch in ihren Herzen trugen sie das leuchtende Licht der Hoffnung und der Erinnerung.

In den folgenden Tagen und Wochen blieb Samuel seinen Prinzipien treu. Er half weiterhin seiner Gemeinde, versteckte seinen Glauben vor den Augen der Unterdrücker und bewahrte das kostbare Erbe der jüdischen Tradition.

In stillen Momenten der Reflexion dachte Samuel über die Zukunft seiner Gemeinschaft nach. Er wusste, dass der Kampf um Überleben und Identitätswahrung nicht einfach sein würde. Aber er war auch überzeugt von der Notwendigkeit des Widerstands gegen Unterdrückung und Vergessenheit.

„Die Flamme der Erinnerung darf nie erlöschen", flüsterte er in die Nacht. „Sie wird uns leiten, uns Hoffnung geben und uns erinnern lassen, wer wir sind."

Mit diesen Gedanken blickte Samuel in den Sternenhimmel und fand Trost in dem Wissen, dass, egal wie dunkel die Zeiten waren, es immer noch einen Funken Licht gab, der in der Dunkelheit leuchtete.

Der erste Kreuzzug

Im Jahr 1096, zu Beginn des Ersten Kreuzzuges, erlebten die jüdischen Gemeinden in Europa, insbesondere im Rheinland, eine Zeit der unvorstellbaren Prüfungen und Leiden. Diese dunkle Periode war geprägt von extremer Gewalt, Verfolgung und massiven Pogromen gegen Juden, verübt von Kreuzfahrern und lokalen Bevölkerungsgruppen.

Der Erste Kreuzzug wurde von Papst Urban II. ausgerufen mit dem Ziel, das Heilige Land von muslimischer Herrschaft zu befreien. Während die Kreuzfahrer durch Europa zogen, entbrannte in ihnen ein religiöser Eifer, der sich nicht nur gegen Muslime, sondern auch gegen Juden richtete. In ihren Augen galten die Juden als die „Christusmörder" und somit als legitime Ziele ihres heiligen Krieges.

Die Pogrome begannen im Rheinland, wo die jüdischen Gemeinden in Städten wie Speyer, Worms und Mainz zu den ältesten und angesehensten in Europa gehörten. Diese Gemeinschaften wurden plötzlich zu Zielen brutaler Angriffe. Viele Kreuzfahrer glaubten, dass der Kampf gegen die „Ungläubigen" bereits zu Hause beginnen sollte.

Die Juden wurden massakriert, ihre Synagogen zerstört und ihre heiligen Schriften entweiht. Berichte aus dieser Zeit beschreiben, wie Männer, Frauen und Kinder ohne Gnade getötet wurden. Viele jüdische Gemeindemitglieder wählten den Tod durch Selbstmord, um der Zwangskonversion zum Christentum zu entgehen. Familien wurden auseinandergerissen, und die Überlebenden standen vor dem Ruin.

Diese Ereignisse markierten den Beginn einer langen Geschichte von Verfolgung und Leiden für das jüdische Volk in Europa. Sie hinterließen ein tiefes Trauma in der kollektiven Erinnerung der Juden und führten zu einer tief verwurzelten Furcht und Unsicherheit, die Jahrhunderte überdauerte.

Die Erinnerung an diese schrecklichen Ereignisse ist ein zentraler Bestandteil der jüdischen Geschichte und Identität. Sie unterstreicht die Widerstandsfähigkeit und den unerschütterlichen

Glauben einer Gemeinschaft, die trotz unvorstellbarer Grausamkeiten und Verluste ihren Glauben und ihre Kultur bewahrt hat.

Diese einführende Übersicht dient dazu, das Ausmaß der Schrecken, denen die Juden während des Ersten Kreuzzuges ausgesetzt waren, zu vermitteln und ein tieferes Verständnis für die daraus resultierenden langfristigen psychologischen und kulturellen Auswirkungen zu schaffen.

Der zerbrochene Krug

1. Das friedliche Leben

In der malerischen Stadt Speyer, gelegen am Ufer des mächtigen Rheins, lebte Jakob, ein jüdischer Kaufmann, ein Leben, das von friedlichem Handel und tief verwurzelter Gemeinschaft geprägt war. Sein Tage waren gefüllt mit der Sorge um sein Geschäft und das Wohlergehen seiner Familie, die im Herzen der lebhaften jüdischen Gemeinschaft Speyers angesiedelt war.

Jakobs Tage begannen stets vor Sonnenaufgang, wenn die ersten Strahlen des Lichts sanft durch die Fenster seines bescheidenen, aber behaglichen Heims schimmerten. Er teilte sein Leben mit seiner geliebten Frau, Sarah, und seinen zwei Kindern, dem klugen Moses und der aufgeweckten Rivka.

Sein Gewürzgeschäft war nicht nur eine Quelle des Lebensunterhalts, sondern auch ein Treffpunkt für die jüdische Gemeinde. Hier wurden Neuigkeiten ausgetauscht, Geschäfte gemacht und Freundschaften gepflegt. Jakobs Wissen über Gewürze und Textilien aus fernen Ländern machte ihn zu einem geschätzten Mitglied der Gemeinschaft und brachte ihm Respekt von Juden und Christen gleichermaßen ein.

Doch die friedliche Atmosphäre in Speyer begann sich zu ändern, als Gerüchte über einen bevorstehenden Kreuzzug die Stadt erreichten. Diese Nachrichten, zunächst nur flüchtige Gerüchte, wurden bald zu einer spürbaren Bedrohung für die jüdische Gemeinde. Die Menschen begannen, besorgt zu flüstern, und die einst so lebhaften Straßen erfüllten sich mit einem Gefühl der Angst.

Eines Morgens, als Jakob gerade sein Geschäft für den Tag vorbereitete, trat sein guter Freund und Nachbar, Benjamin, ein. Benjamins Gesicht war von Sorgenfalten gezeichnet.

„Jakob, hast du schon gehört?", fragte Benjamin mit gedämpfter Stimme. „Sie sagen, die Kreuzzügler ziehen durch das Land. Es gibt Gerüchte, dass sie nicht nur gegen die Muslime im Heiligen Land kämpfen wollen, sondern auch gegen die Juden hier."

Jakob fühlte, wie sich ein Knoten in seinem Magen bildete. „Aber warum sollten sie uns angreifen? Wir haben doch mit ihrem Krieg nichts zu tun."

„Ich weiß es nicht, Jakob. Aber die Gerüchte sind beunruhigend. Es heißt, sie würden jeden töten, der sich ihrem Glauben nicht anschließt", antwortete Benjamin mit besorgter Miene.

Die beiden Männer sprachen lange, tauschten ihre Ängste und Sorgen aus. Jakob konnte sich nicht vorstellen, dass seine christlichen Nachbarn, mit denen er so lange friedlich zusammengelebt hatte, plötzlich zu Feinden werden könnten.

Als er an diesem Abend nach Hause ging, sah er die Straßen und die Gesichter der Menschen um ihn herum mit anderen Augen. Die Schatten des Abends schienen dunkler, und das Flüstern des Windes klang wie ferne Stimmen des Unheils.

Zuhause teilte Jakob seine Sorgen mit Sarah. „Ich habe Angst um uns, um die Kinder. Was, wenn diese Gerüchte wahr sind? Was, wenn die Kreuzzügler wirklich kommen?"

Sarah sah ihn mit einem Blick voller Liebe und Stärke an. „Wir müssen auf Gott vertrauen, Jakob. Wir haben bisher jedes Unheil überstanden. Wir werden auch das überstehen."

In den folgenden Tagen blieb eine Anspannung in der Luft, die sich wie ein dichter Nebel über die Stadt legte. Jakob versuchte, sich auf sein Geschäft zu konzentrieren, aber die wachsende Angst in der Gemeinde war allgegenwärtig. Gerüchte wurden zu geflüsterten Warnungen, und Warnungen zu erschreckenden Berichten über die Annäherung der Kreuzzügler.

Die jüdische Gemeinde begann sich auf das Schlimmste vorzubereiten. Einige sprachen von Flucht, andere von Verstecken. Aber wohin konnten sie gehen? Sie waren Bürger von Speyer, dies war ihr Zuhause.

Jakob verbrachte viele schlaflose Nächte, grübelte über das Schicksal seiner Familie und seiner Gemeinde. Die friedliche Welt, die er gekannt hatte, war ins Wanken geraten, und er stand am Rand eines Abgrunds, der von Angst und Unsicherheit gezeichnet war.

2. Die ersten Zeichen des Unheils

In den folgenden Wochen verdichteten sich die dunklen Wolken über Speyer. Die Ankunft der Kreuzfahrer in der Region war nicht mehr nur ein Gerücht, sondern eine erschreckende Realität. Mit jedem Tag, der verging, wuchs die Spannung in der Stadt. Die Kreuzfahrer, angetrieben von einer Mischung aus religiösem Eifer und der Gier nach Reichtum, hatten ihren Marsch begonnen und hinterließen eine Spur der Verwüstung.

Jakob beobachtete mit Sorge, wie sich die Stimmung in Speyer änderte. Die Straßen, die einst von Geschäftigkeit und fröhlichen Stimmen erfüllt waren, wirkten jetzt gedämpft und angespannt. Die Begegnungen mit seinen christlichen Nachbarn, die früher von freundlichen Grüßen und gemeinsamen Gesprächen geprägt waren, wurden nun kurz und vorsichtig. Es war, als hätte sich ein unsichtbarer Graben zwischen ihnen aufgetan.

Eines Morgens, als Jakob gerade sein Geschäft öffnete, hörte er laute Rufe und das Klirren von Waffen. Besorgt eilte er zur Tür, um nachzusehen. Auf dem Marktplatz hatte sich eine aufgebrachte Menschenmenge versammelt. Kreuzfahrer in ihren groben, mit Kreuzen geschmückten Gewändern standen inmitten der Menge, ihre Gesichter von Hass und Fanatismus gezeichnet.

„Konvertiert oder sterbt!", rief einer der Kreuzfahrer, während er drohend sein Schwert schwang. „Die Zeit des Gerichts ist gekommen!"

Jakob spürte, wie sein Herz in seiner Brust hämmerte. Er hatte von den Gräueltaten der Kreuzzügler gehört, aber nun mit eigenen Augen zu sehen, wie sie die Stadt und ihre Bewohner bedrohten, war etwas ganz anderes. Er bemerkte, wie einige seiner jüdischen Freunde und Nachbarn unter den Zuschauern standen, ihre Gesichter voller Angst.

Plötzlich brach ein Tumult aus. Einige der jüngeren Männer der jüdischen Gemeinde, getrieben von Verzweiflung und Wut, stellten sich den Kreuzfahrern entgegen. Doch sie waren schlecht bewaffnet und den schwer gepanzerten Kriegern nicht gewachsen.

Jakob beobachtete, wie einer der jungen Männer, den er seit seiner Kindheit kannte, von einem Kreuzfahrer brutal zu Boden geschlagen wurde. Er wollte eingreifen, doch seine Füße schienen wie angewurzelt am Boden zu haften. Die Angst lähmte ihn.

„Genug!", brüllte der Anführer der Kreuzfahrer. „Jeder Jude in dieser Stadt wird sich entscheiden müssen. Entweder ihr nehmt Christus an oder ihr werdet den Tod finden."

Die Menge löste sich langsam auf, hinterließ aber eine Atmosphäre der Angst und Unsicherheit. Jakob kehrte zitternd in sein Geschäft zurück, die Bilder des brutalen Übergriffs fest in seinem Gedächtnis eingebrannt.

In den nächsten Tagen sprach die jüdische Gemeinde in hastig einberufenen Versammlungen über ihr weiteres Vorgehen. Einige plädierten für eine Flucht, andere für den Versuch, mit den Kreuzfahrern zu verhandeln. Aber wohin sollten sie fliehen? Und wie konnten sie mit Menschen verhandeln, deren Herzen von Hass erfüllt waren?

Jakob und seine Familie verbrachten die Nächte in Angst und Ungewissheit. Sie beteten gemeinsam, flehten Gott um Schutz und Erbarmen an. Aber mit jedem Tag, der verging, schwand die Hoffnung mehr und mehr.

Die Angriffe auf Juden nahmen zu. Häuser wurden geplündert, Geschäfte zerstört. Jakob sah, wie seine Welt in Scherben fiel, und fühlte sich machtlos. Das friedliche Zusammenleben, das über Jahre aufgebaut worden war, zerbrach in wenigen Tagen unter dem Druck des Hasses und der Gewalt.

Als eines Abends das Gerücht die Runde machte, dass ein Mob von Kreuzfahrern und aufgebrachten Bürgern auf dem Weg war, um das jüdische Viertel anzugreifen, packte Jakob hastig einige Habseligkeiten zusammen. Er wusste, dass es nun um Leben und Tod ging.

„Wir müssen uns verstecken", sagte er zu Sarah, die mit Tränen in den Augen ihre Kinder fest an sich drückte.

In der Dunkelheit der Nacht schlichen sie sich aus ihrem Haus, durch die engen Gassen, immer auf der Hut vor den patrouillierenden Banden. Das Herz pochte ihnen in der Brust, bei jedem Geräusch zuckten sie zusammen.

Sie fanden Zuflucht in einem Keller eines befreundeten Christen, der trotz der Gefahr für das eigene Leben bereit war, sie zu verbergen. Dort, in der Dunkelheit und Stille des Verstecks, lauschten sie den Schreien und dem Lärm, der von den Straßen heraufdrang.

In dieser Nacht verloren viele ihrer Freunde und Nachbarn ihr Leben. Die Geschichten, die am nächsten Tag die Runde machten, waren von unvorstellbarer Grausamkeit und Brutalität. Familien wurden auseinandergerissen, Menschen wurden vor den Augen ihrer Liebsten getötet.

Jakob und seine Familie überlebten die Nacht, doch das Leben, wie sie es kannten, war für immer verloren. Die Zukunft war ungewiss, geprägt von Angst und der ständigen Bedrohung durch weitere Gewalt. Das einst so friedliche Leben in Speyer war nur noch eine ferne Erinnerung, überschattet von den ersten Zeichen des Unheils.

3. Das Massaker beginnt

Die folgenden Tage brachten ein Ausmaß an Grausamkeit und Schrecken mit sich, das Jakob in seinen schlimmsten Albträumen nicht für möglich gehalten hätte. Das jüdische Viertel von Speyer, das einst ein Ort des Handels und der Gemeinschaft war, verwandelte sich in ein Schlachtfeld. Die Kreuzfahrer, getrieben von fanatischem Hass und der gierigen Lust nach Plünderung, stürmten durch die Straßen, hinterließen Tod und Zerstörung in ihrem Pfad.

An einem schwülen Morgen, der bereits durch den Geruch von Rauch und Blut gezeichnet war, erreichte das Grauen Jakobs Türschwelle. Eine Horde Kreuzfahrer, ihre Gesichter entstellt durch Zorn und Blutlust, brach in sein Haus ein. Die Szene, die sich vor Jakobs Augen abspielte, schien wie ein fürchterlicher Traum. Er konnte nur hilflos zusehen, wie seine Welt um ihn herum in Stücke gerissen wurde.

Sarah, Jakobs geliebte Frau, versuchte verzweifelt, ihre Kinder zu schützen, sie in die hintersten Ecken des Hauses zu drängen, aber es war zwecklos. Die Kreuzfahrer waren erbarmungslos. Mit roher Gewalt rissen sie die Familie auseinander, ihre Schreie hallten in Jakobs Ohren wider.

Einer der Kreuzfahrer, ein großer Mann mit einem roten Kreuz auf seiner Brust, packte Sarah. „Heidin!", spuckte er aus, während er sie brutal an den Haaren zog. Sarahs Flehen um Gnade ging im Lärm und Chaos unter.

Die Kinder, klein und verängstigt, klammerten sich aneinander, ihre Augen weit aufgerissen vor Entsetzen. Jakobs ältester Sohn, Benjamin, nicht älter als zwölf Jahre, wurde von einem anderen Kreuzfahrer zu Boden geworfen und getreten, bis er sich nicht mehr rührte.

Jakob selbst wurde niedergerungen und gefesselt. Seine Schreie um Hilfe, sein Flehen um Erbarmen für seine Familie wurden von den Kreuzfahrern ignoriert. Sie lachten und spotteten über ihn, während sie sein Haus plünderten, alles von Wert mitnahmen und den Rest zerstörten.

Das Schluchzen und Wehklagen seiner Frau und Kinder war das Letzte, was Jakob hörte, bevor er in die Ohnmacht fiel. Als er erwachte, war alles still. Er lag auf dem Boden seines zerstörten Hauses, seine Hände und Füße waren blutig und wund vom Kampf gegen die Fesseln.

Mit Mühe befreite er sich und stand schwankend auf. Der Anblick, der sich ihm bot, war unbeschreiblich. Sein einstiges Zuhause war ein Trümmerhaufen, überall verstreut lagen die Überreste ihres Lebens.

Aber das Schlimmste war der Anblick seiner Familie. Sarah lag leblos in einer Ecke, ihr Gesicht von Tränen und Blut gezeichnet. Benjamin und die anderen Kinder waren ebenfalls tot, brutal ermordet von den Kreuzfahrern.

Jakob fiel auf die Knie, seine Tränen vermischten sich mit dem Staub und Blut auf dem Boden. Er schrie vor Schmerz und Verzweiflung, ein Schrei, der die Leere seines gebrochenen Herzens widerspiegelte. Er konnte nicht begreifen, wie solch ein Grauen möglich war, wie Menschen zu solchen Monstern werden konnten.

In den folgenden Stunden irrte Jakob wie ein Gespenst durch die Straßen von Speyer. Überall sah er die gleichen Szenen des Grauens: Häuser in Flammen, Leichen, die achtlos weggeworfen wurden, Frauen und Kinder, die um ihre ermordeten Angehörigen weinten.

Die jüdische Gemeinde, einst eine blühende und lebendige Gemeinschaft, war nur noch ein Schatten ihrer selbst. Viele hatten ihr Leben verloren, andere waren geflohen oder versteckten sich in Angst und Verzweiflung.

Jakob, der alles verloren hatte, was ihm lieb und teuer war, fühlte sich leer und gebrochen. Der Glaube, der ihm einst Trost und Halt gegeben hatte, schien nun fern und bedeutungslos. In seiner Verzweiflung wandte er sich ab von den Trümmern seines Lebens und verließ Speyer, ohne zu wissen, wohin sein Weg ihn führen würde.

Er wanderte ziellos umher, geplagt von Erinnerungen und dem immerwährenden Schmerz des Verlustes. Die Bilder des Massakers verfolgten ihn in seinen Träumen, ließen ihn nachts schweißgebadet aufwachen. Jakobs Herz war erfüllt von Trauer, Wut und einer tiefen Ohnmacht.

4. Flucht und Verfolgung

Die Welt, wie Jakob sie kannte, war in Trümmern. Getrieben von der brennenden Notwendigkeit zu überleben und dem tiefen Wunsch, dem Albtraum zu entkommen, der sein Leben geworden war, schloss er sich einer kleinen Gruppe jüdischer Überlebender an, die ebenfalls auf der Flucht waren.

Die Gruppe, bestehend aus Männern, Frauen und einigen Kindern, war ein trauriger Anblick. Ihre Gesichter spiegelten den unermesslichen Verlust und die Verzweiflung wider, die sie alle erlitten hatten. Sie teilten nicht nur das Leid, sondern auch die Entschlossenheit, irgendwie zu überleben.

Die ersten Tage ihrer Flucht waren ein endloser Kampf. Hunger, Durst und Erschöpfung quälten sie, während sie sich durch Wälder und über Felder schleppten, immer in der Angst, entdeckt zu werden. Sie hatten von weiteren Massakern gehört, von Kreuzfahrern, die wie Raubtiere jagten, getrieben von Hass und Gier.

Eines Nachts, als sie sich in einer verlassenen Scheune versteckten, brach eine heftige Diskussion aus. Einige wollten versuchen, die Grenze zu erreichen und in ein benachbartes Land zu fliehen, andere plädierten dafür, sich irgendwo in den Wäldern zu verstecken. Jakob, der noch immer von Trauer und Schock benommen war, fand kaum die Kraft, sich an der Diskussion zu beteiligen. Die Erinnerungen an seine Familie, an das, was er verloren hatte, lähmten ihn.

Am nächsten Tag stießen sie auf eine Gruppe lokaler Bauern. Zunächst waren sie hoffnungsvoll, Hilfe zu finden, aber die Hoffnung verwandelte sich schnell in Entsetzen. Die Bauern, die anfangs mitfühlend schienen, entpuppten sich als Feinde, die sie an die Kreuzfahrer verraten wollten. In letzter Sekunde gelang es der Gruppe zu fliehen, doch der Vorfall hinterließ ein tiefes Misstrauen gegenüber allen, die sie auf ihrer Flucht trafen.

Jakob kämpfte nicht nur ums physische Überleben, sondern auch mit inneren Dämonen. Die Bilder des Massakers, der Verlust seiner Familie, das sinnlose Leid – all das verfolgte ihn Tag und Nacht. Er fühlte sich zerrissen zwischen dem Willen zu überleben und dem Wunsch, sich einfach fallen zu lassen und dem Schmerz zu entkommen.

In den folgenden Wochen verlor die Gruppe immer wieder Mitglieder – einige durch Krankheit, andere wurden gefangen oder gaben einfach auf. Jakob selbst erreichte einen Punkt, an dem er nicht mehr weiterkonnte. Eines Abends, als sie sich in einer verfallenen Hütte versteckten, brach er zusammen.

„Ich kann nicht mehr", flüsterte er, seine Stimme ein Hauch in der Stille der Nacht. Eine alte Frau, die ihre gesamte Familie verloren hatte, setzte sich zu ihm. Sie sprach leise mit ihm, teilte ihre eigene Geschichte des Verlustes. Ihre Worte waren nicht tröstend, sondern eine einfache Bestätigung des gemeinsamen Leids. In dieser Nacht weinten sie zusammen, zwei gebrochene Seelen, verbunden durch ihre Trauer.

Die Flucht setzte sich fort, ein endloser Marsch durch eine Welt, die sich feindselig und grausam zeigte. Sie vermieden Dörfer und Städte, bewegten sich in der Deckung der Nacht, immer auf der Hut vor Gefahren. Essen und Wasser wurden zur kostbaren Rarität, und jeder Tag war ein Kampf gegen die Erschöpfung und die Verzweiflung.

Als die Nachricht von einem sicheren Zufluchtsort in einem entfernten Dorf sie erreichte, schöpften sie neue Hoffnung. Mit letzter Kraft schleppten sie sich dorthin, getrieben von dem Wunsch nach Sicherheit und Ruhe.

Das Dorf erwies sich als Rettung. Es war von einer kleinen christlichen Gemeinschaft bewohnt, die Mitleid mit den Flüchtlingen hatte und sie versteckte. Jakob und die anderen

Überlebenden fanden endlich einen Ort, an dem sie atmen, essen und schlafen konnten, ohne ständig in Angst leben zu müssen.

In diesem Dorf fand Jakob auch einen Funken Hoffnung. Die Güte einiger weniger, die bereit waren, ihr Leben zu riskieren, um Fremde zu schützen, war ein Lichtstrahl in der Dunkelheit. Es gab ihm die Kraft, weiterzumachen, weiterzuleben, trotz des unermesslichen Leids, das er erlitten hatte.

Jakob wusste, dass der Weg der Heilung lang und schwierig sein würde. Die Narben, die die Ereignisse hinterlassen hatten, würden nie vollständig heilen. Aber inmitten der Verzweiflung und des Schmerzes fand er einen Grund, weiter zu kämpfen: die Erinnerung an seine Familie, die Liebe, die sie geteilt hatten, und die Hoffnung, dass eines Tages Gerechtigkeit und Frieden wiederkehren würden.

5. Das Ende und das Vermächtnis

Jahre waren seit den furchtbaren Ereignissen vergangen, die Jakobs Leben für immer verändert hatten. Der einst so lebendige jüdische Kaufmann aus Speyer war nun ein gebrochener Mann, dessen gealtertes Gesicht die Spuren unzähliger Tränen und schlafloser Nächte zeigte. Er lebte allein, in einer kleinen Hütte am Rande des Dorfes, das ihm und den wenigen anderen Überlebenden Zuflucht gewährt hatte.

An diesem trüben Morgen, als die Sonne nur schwach durch die dichten Wolken schien, spürte Jakob, dass seine Zeit gekommen war. Er lag in seinem bescheidenen Bett, seine Atmung flach und unregelmäßig, umgeben von den wenigen persönlichen Gegenständen, die ihm geblieben waren. In seinen Gedanken kehrte er immer wieder zu den Tagen zurück, bevor das Unheil über seine Welt hereingebrochen war.

Die Erinnerungen an seine Familie, seine Frau, seine Kinder – die Liebe und Wärme, die sie geteilt hatten – waren wie ferne Träume, die durch den Nebel der Zeit verschwommen waren. Die Schmerzen und Verluste, die er erlitten hatte, lagen wie eine schwere Last auf seiner Seele. Aber es gab auch Momente der Güte, der Menschlichkeit, die ihm in diesen dunklen Zeiten begegnet waren, kleine Lichtblicke, die ihm die Kraft gegeben hatten, weiterzumachen.

Jakob erinnerte sich an die Gesichter der Menschen im Dorf, die trotz der Gefahr für ihr eigenes Leben, ihm und den anderen Juden geholfen hatten. Ihre Taten hatten ihm gezeigt, dass selbst inmitten der tiefsten Dunkelheit noch Hoffnung bestand. Dieser Gedanke hatte ihn durch die Jahre getragen, hatte ihm geholfen, das unaussprechliche Leid zu ertragen.

Als der Tag weiter voranschritt, kamen einige Dorfbewohner, um nach ihm zu sehen. Sie brachten Essen und Wasser, aber Jakob wusste, dass er nichts mehr davon zu sich nehmen würde. Er hatte sich bereits innerlich von dieser Welt verabschiedet.

Mit schwacher Stimme bat er einen jungen Mann, der ihn oft besucht hatte, sich zu ihm zu setzen. „Ich möchte dir etwas erzählen", begann Jakob mit zittriger Stimme. „Über das, was geschehen ist, über die Menschen, die ich geliebt habe, und über die Lektionen, die ich gelernt habe."

Der junge Mann lauschte aufmerksam, als Jakob begann, seine Geschichte zu erzählen. Er sprach von den glücklichen Tagen in Speyer, von seiner Familie, seinem Geschäft, der jüdischen Gemeinde, die einst so lebendig und voller Hoffnung gewesen war. Dann kamen die dunklen Zeiten, der Schrecken des Massakers, der Verlust von allem, was ihm lieb und teuer war.

„Aber es ist wichtig, dass du weißt, dass in all dem Grauen, das wir erlebt haben, es immer noch Menschen gab, die Gutes taten", fuhr Jakob fort. „Menschen, die zeigten, dass Mitgefühl und Menschlichkeit auch in den dunkelsten Stunden bestehen können."

Der junge Mann nickte, die Worte tief in sich aufnehmend. „Deine Geschichte wird weiterleben", versprach er. „Wir werden nicht vergessen."

Jakobs Augen füllten sich mit Tränen, Tränen der Dankbarkeit und des Abschieds. Er fühlte sich friedlich, bereit, diese Welt zu verlassen, in dem Wissen, dass seine Geschichte weitererzählt würde, dass das Leid und der Schmerz, aber auch die Liebe und die

Hoffnung, die er erlebt hatte, nicht in Vergessenheit geraten würden.

Als der Tag zur Nacht wurde, spürte Jakob, wie sein Körper immer schwächer wurde. Seine Gedanken verblassten, aber ein letztes Gefühl der Zufriedenheit erfüllte ihn. Er hatte durchgehalten, hatte sich der Verzweiflung widersetzt und war bis zum Ende ein Zeuge der Ereignisse gewesen, die nicht nur sein Leben, sondern das vieler anderer unwiderruflich verändert hatten.

In seinen letzten Momenten flüsterte er ein stilles Gebet, nicht nur für sich selbst, sondern für alle, die gelitten hatten, für die, die ihr Leben verloren hatten, und für die, die nach ihm kommen würden. Er bat um Frieden, um Verständnis und darum, dass die Menschlichkeit niemals in der Dunkelheit des Hasses verloren gehen möge.

Als Jakob seine Augen für immer schloss, endete nicht nur sein Leben, sondern auch ein Kapitel der Geschichte der jüdischen Gemeinde in Speyer. Was jedoch weiterlebte, war das Vermächtnis seiner Erinnerungen, die Geschichte von Leid und Hoffnung, von Verlust und Menschlichkeit. Diese Geschichte würde durch die Generationen weitergetragen werden, ein Mahnmal und ein Aufruf zur Erinnerung, damit die Fehler der Vergangenheit nicht wiederholt werden und damit die Zukunft durch die Lektionen der Geschichte geprägt sein möge.

Jemen

Im 12. Jahrhundert waren die Juden im Jemen, wie in vielen islamisch geprägten Ländern, als Dhimmis bekannt – eine Bezeichnung für Nicht-Muslime, die unter islamischer Herrschaft lebten. Dieser Status brachte sowohl Schutz als auch Einschränkungen mit sich. Als Dhimmis waren Juden und Christen zum Beispiel vor Verfolgung geschützt (im Gegensatz zu anderen Religionen, deren Anhänger getötet werden konnten), mussten jedoch eine spezielle Steuer, die Jizya, zahlen und verschiedenen Einschränkungen in Bezug auf ihre religiöse Praxis und ihr öffentliches Leben unterliegen, sich der muslimischen Herrschaft unterwerfen.

Das Leben der jüdischen Gemeinschaft war tief in ihren Glauben und ihre Traditionen verwurzelt. Sie lebten oft in eigenen Vierteln, hatten ihre Synagogen, Schulen und soziale Einrichtungen. Der Handel war eine verbreitete Tätigkeit, wobei viele Juden als Kaufleute, Handwerker oder in anderen Berufen tätig waren. Trotz der Einschränkungen konnten sie oft ein friedliches und produktives Leben führen.

Jedoch waren diese Gemeinschaften auch sehr verletzlich gegenüber den wechselnden Launen der politischen und religiösen Machthaber. Im 12. Jahrhundert, unter der Herrschaft der Zaydi-Imame, verschärfte sich die Lage für Juden dramatisch. Die Zaydi-Imame waren bekannt für ihren rigorosen und teilweise fanatischen Ansatz in religiösen Fragen, was zu einer Zunahme von Repressionen und Einschränkungen für die jüdische Bevölkerung führte.

Die Verfolgung erreichte oft grausame Ausmaße. Zwangskonversionen waren keine Seltenheit, und diejenigen, die sich weigerten, zum Islam zu konvertieren, mussten mit brutaler Bestrafung rechnen. Familien wurden auseinandergerissen, und viele Juden verloren ihr Leben, ihre Heimat und ihre Existenzgrundlage. Diese Zeit war geprägt von Angst, Unsicherheit und dem Kampf um das nackte Überleben.

In dieser Epoche des Leidens zeigten die Juden im Jemen jedoch auch eine beeindruckende Widerstandsfähigkeit. Sie hielten an

ihren Traditionen fest, praktizierten ihren Glauben im Verborgenen
und unterstützten sich gegenseitig in Zeiten der Not. Die
Geschichten dieser Zeit sind ein Zeugnis ihres Mutes, ihrer Stärke
und ihrer unerschütterlichen Hoffnung, selbst unter den
schwierigsten Bedingungen.

Die Stimme von Sanaa

1. Dhimmis vor dem Sturm

In den engen Gassen von Sanaa, umgeben von alten
Steinhäusern und dem regen Treiben des Marktes, führte David,
ein jüdischer Textilhändler, sein bescheidenes Leben. Sein kleiner
Laden, in dem Stoffe in allen erdenklichen Farben und Mustern
angeboten wurden, war bekannt für seine Qualität und Vielfalt.
Trotz seines Status als Dhimmi, was ihn und seine Familie zu
schutzbedürftigen Nicht-Muslimen unter islamischer Herrschaft
machte, genoss er ein gewisses Maß an Respekt in seiner
Gemeinschaft.

Davids Familie war das Herzstück seines Lebens. Seine Frau,
Mirjam, war eine kluge und fürsorgliche Frau, die sich mit Hingabe
um ihre drei Kinder kümmerte. Ihre Wohnung oberhalb des Ladens
war bescheiden, doch gefüllt mit der Wärme familiärer Liebe und
dem Duft frisch gebackenen Brotes. Freitags, am Sabbat, kamen
alle zusammen, um die heilige Ruhe zu genießen und ihre
Traditionen zu pflegen.

Die jüdische Gemeinde in Sanaa war eine enge Gemeinschaft,
in der jeder einander kannte. Trotz der Einschränkungen, denen sie
als Dhimmis unterlagen – wie der Zahlung der Jizya-Steuer und
der Begrenzung öffentlicher religiöser Praktiken –, führten sie ein
Leben voller Glaube und Kultur. Davids Laden war nicht nur ein
Ort des Handels, sondern auch ein Treffpunkt für Gespräche und
den Austausch von Neuigkeiten.

Doch die friedliche Routine wurde jäh gestört, als Gerüchte
durch die Straßen Sanaas wisperten. Man sprach von einer
Veränderung in der Haltung der Zaydi-Imame gegenüber den

Juden. Einige sprachen von neuen Gesetzen, die das Leben für Dhimmis noch schwieriger machen würden, andere von Zwangskonversionen.

David spürte die Angst in der Gemeinde wachsen. Eines Tages, als er gerade seine Waren sortierte, trat sein Freund und Nachbar, Samuel, in den Laden. Samuels Gesicht war von Sorgen gezeichnet.

„Hast du schon gehört?", fragte Samuel leise, nachdem er sicher war, dass sie ungestört waren. „Es heißt, die Imame planen, uns vor die Wahl zu stellen: Konversion oder Verbannung."

Davids Hand stockte bei diesen Worten. „Das kann nicht wahr sein", erwiderte er. „Wir haben doch immer unsere Steuern gezahlt und uns an die Gesetze gehalten. Warum sollten sie uns jetzt verfolgen?"

„Ich weiß es nicht, David", antwortete Samuel. „Aber ich fürchte, wir müssen auf das Schlimmste gefasst sein. Es wäre nicht das erste Mal, dass sich die Winde gegen uns drehen."

Die nächsten Tage waren erfüllt von Unsicherheit und verhaltenen Gesprächen. David bemerkte, wie einige seiner muslimischen Kunden begannen, seinen Laden zu meiden. Das geschäftige Treiben auf den Märkten wurde gedämpft durch die wachsende Spannung. Immer öfter begegnete er misstrauischen Blicken und hörte flüsternde Stimmen.

Eines Morgens, als er seinen Laden öffnete, fand David ein geschmiertes Zeichen an seiner Tür – ein unmissverständliches Symbol des Hasses. Sein Herz sank. Die Nachrichten von Zwangskonversionen und Gewalt gegen Juden, die zuerst nur Gerüchte waren, schienen nun bittere Realität zu werden.

Diese Ereignisse waren erst der Anfang einer dunklen Zeit, in der die jüdische Gemeinde in Sanaa und im gesamten Jemen von Verfolgung und Leid heimgesucht werden sollte. Es war der Beginn eines Sturms, der Davids Leben und das seiner Familie für immer verändern sollte.

2. Die Welle der Verfolgung

Die aufkommende Angst, die sich in der jüdischen Gemeinde von Sanaa ausbreitete, war fast greifbar, als die ersten Angriffe auf jüdische Familien begannen. David, der sich bislang in der trügerischen Sicherheit seines Alltags gewiegt hatte, fand sich plötzlich in einem Albtraum wieder.

Es war ein gewöhnlicher Nachmittag, als plötzlich laute Rufe und das Geräusch von zerbrechendem Glas die Straße erfüllten. David eilte zur Tür seines Ladens und sah, wie eine aufgebrachte Menschenmenge durch die Gassen zog. Ihr Ziel waren die Häuser und Geschäfte der Juden. Mit Entsetzen beobachtete David, wie seine Nachbarn angegriffen und ihre Besitztümer zerstört wurden. Er spürte einen eisigen Schauer der Angst, als er erkannte, dass diese Welle der Gewalt unaufhaltsam auf sein eigenes Zuhause zurollte.

David kehrte hastig in seinen Laden zurück und verbarrikadierte die Tür so gut es ging. Seine Familie versammelte sich im hinteren Teil des Hauses, umringt von den Stoffballen, die nun keinen Schutz mehr boten. Mirjam hielt ihre Kinder fest im Arm, während David versuchte, durch einen Spalt in den Vorhängen die Szenerie draußen zu beobachten.

„Was sollen wir tun, David?", flüsterte Mirjam, während die Schreie und das Chaos draußen näherkamen.

„Wir müssen hier bleiben und hoffen, dass sie vorbeiziehen", antwortete David mit belegter Stimme.

Doch die Hoffnung war kurzlebig. Plötzlich krachten Steine gegen die Fenster und Türen ihres Hauses. Die Angst der Familie verwandelte sich in blanke Panik, als die Tür nachgab und eine Gruppe wütender Männer in den Laden stürmte.

David stellte sich schützend vor seine Familie, aber er war machtlos gegen die Übermacht. Die Eindringlinge plünderten den Laden, zerstörten die wertvollen Stoffe und warfen alles durcheinander. Einige schlugen auf David ein, als er versuchte, sie aufzuhalten. Mirjam schrie und hielt die Kinder fest an sich gedrückt, während Tränen über ihr Gesicht liefen.

Als die Angreifer schließlich abzogen, hinterließen sie einen Laden in Trümmern und eine Familie in Schock und Verzweiflung. David, blutend und mit Prellungen übersät, schaffte es, sich zu seiner Familie durchzukämpfen.

„Wir können hier nicht bleiben", sagte er heiser. „Es ist zu gefährlich."

In den folgenden Tagen war das Leben in Sanaa von Furcht und Unsicherheit geprägt. Die jüdische Gemeinde, einst ein integraler Bestandteil des Stadtlebens, wurde nun gemieden und angefeindet. David und seine Familie lebten in ständiger Angst vor weiteren Angriffen. Ihr Alltag war zerstört; das Geschäft, einst eine Quelle des Stolzes und der Existenzsicherung, war nur noch ein Schatten seiner selbst.

Als dann die Nachricht kam, dass die Zaydi-Imame ein Ultimatum gestellt hatten – Konversion zum Islam oder Vertreibung –, stand David vor einer unmöglichen Entscheidung. Sein Glaube war ihm tief wichtig, doch die Sicherheit seiner Familie stand auf dem Spiel.

„Was sollen wir tun, David?", fragte Mirjam in einer stillen Nacht, als sie beisammen saßen. „Wie können wir hierbleiben unter diesen Bedingungen?"

David sah in die Gesichter seiner Familie, in die Augen seiner Kinder, die von Angst und Unverständnis erfüllt waren. „Ich weiß es nicht, Mirjam", antwortete er leise. „Aber ich weiß, dass ich alles tun werde, um euch zu schützen."

Die folgenden Tage waren geprägt von zermürbenden Gesprächen und schwierigen Entscheidungen. Einige ihrer Freunde und Nachbarn entschieden sich für die Konversion, getrieben von der Angst und dem Wunsch, ihre Familien zu schützen. Andere begannen heimlich, ihre Flucht zu planen.

Für David und seine Familie war jeder Tag eine Qual. Die Wahl zwischen ihrem Glauben und ihrer Sicherheit war herzzerreißend. Sie wussten, dass jede Entscheidung ihr Leben für immer verändern würde.

Diese dunkle Periode in der Geschichte der jüdischen Gemeinde von Sanaa war ein Zeugnis des Leidens und der Zerrissenheit, die sie erlebten. Die Verfolgung, der sie ausgesetzt waren, war nicht nur ein Angriff auf ihr materielles Wohlergehen, sondern auch auf ihre Identität und ihren Glauben. Inmitten dieser Prüfungen blieb die Frage, wie sie ihre Zukunft gestalten sollten, eine Quelle ständiger Angst und Unsicherheit.

3. Verborgene Hoffnung

In den Tagen, die auf die verheerenden Angriffe auf seine Familie und sein Geschäft folgten, fand David sich in einer Welt wieder, die er kaum wiedererkannte. Die Straßen von Sanaa, einst belebt und voller Farben und Klänge, waren nun durchsetzt von Misstrauen und Angst. Doch in dieser Atmosphäre der Verzweiflung keimte auch ein Funken Hoffnung.

Trotz der drohenden Gefahr trafen sich David und einige andere Mitglieder der jüdischen Gemeinschaft heimlich. Diese Treffen fanden in der tiefsten Nacht in den versteckten Kammern der Häuser statt. Es war ein riskantes Unterfangen, denn eine Entdeckung durch die Zaydi-Behörden hätte fatale Folgen haben können.

„Wir müssen unseren Glauben und unsere Traditionen bewahren", flüsterte David in einer dieser nächtlichen Versammlungen. „Sie dürfen uns unsere Identität nicht nehmen."

Die Männer und Frauen, die sich um ihn versammelten, nickten zustimmend, obwohl die Angst in ihren Augen zu lesen war. Sie sprachen über Möglichkeiten, ihre Schriften und Gebete zu verbergen, über die Weitergabe ihrer Bräuche an die jüngere Generation und darüber, wie sie sich gegenseitig in diesen schwierigen Zeiten unterstützen konnten.

„Wir müssen zusammenhalten", sagte Mirjam, die an Davids Seite saß. „Jetzt mehr denn je."

Ihre Worte waren ein starker Kontrast zu dem Misstrauen und der Isolation, die außerhalb dieser Wände herrschten. In diesen

Treffen fanden sie einen kleinen Zufluchtsort, eine Gemeinschaft, die in der Dunkelheit der Nacht einen Hoffnungsschimmer bot.

Die Gefahr lauerte jedoch ständig. Eines Tages, als David auf dem Markt war, bemerkte er, wie ihn zwei Männer beobachteten. Ihr Blick war hart und misstrauisch. David spürte, wie sein Herz schneller schlug, und er beeilte sich, seine Einkäufe zu beenden und nach Hause zurückzukehren.

„Sie beobachten uns", warnte er Mirjam, als er atemlos zu Hause ankam. „Wir müssen vorsichtiger sein."

Die ständige Angst vor Entdeckung machte das Leben noch schwieriger. Jeder Schritt nach draußen wurde zu einer Quelle der Angst. Trotzdem hielten sie an ihren geheimen Treffen fest, an ihrem Willen, ihre Kultur und ihren Glauben zu bewahren.

Die Solidarität in der Gemeinschaft wurde zu einem lebenswichtigen Pfeiler ihres Überlebens. Sie teilten Lebensmittel, gaben einander moralische Unterstützung und tauschten Informationen aus. Diese Akte der Solidarität waren nicht nur ein Zeichen des Widerstands gegen ihre Verfolger, sondern auch ein Beweis ihrer Resilienz und ihres Glaubens.

An einem besonders düsteren Abend, als die Gruppe wieder zusammenkam, sprach ein älterer Mann, Moshe, Worte der Ermutigung. „Wir dürfen die Hoffnung nicht verlieren", sagte er. „Unsere Geschichte hat uns gelehrt, dass es auch in den dunkelsten Zeiten Licht gibt. Wir müssen dieses Licht in unseren Herzen bewahren."

Diese Worte gaben der Gruppe Kraft. Trotz der Einschüchterung und des Leidens, die sie täglich ertragen mussten, fanden sie Trost und Stärke in ihrer Gemeinschaft.

4. Verlust und Vermächtnis

In den engen Gassen von Sanaa herrschte eine bedrückende Stille, die nur durch das ferne Geräusch von Schritten unterbrochen wurde. David, der in seiner kleinen Werkstatt saß, spürte ein unheilvolles Gefühl im Magen. Etwas stimmte nicht.

Plötzlich wurden die Türen mit brutaler Gewalt aufgestoßen. Bewaffnete Soldaten der Zaydi-Imame stürmten herein, ihre Gesichter hart und unbarmherzig. „David, du bist verhaftet wegen des Vorwurfs des Verrats und der Ketzerei!", schrie einer der Soldaten.

David wurde zusammen mit anderen Mitgliedern seiner Gemeinde festgenommen. Die Nachricht verbreitete sich wie ein Lauffeuer, und bald wurde klar, dass ein Verräter unter ihnen gewesen sein musste. Jemand, der ihre geheimen Treffen und Pläne den Behörden verraten hatte.

In den folgenden Tagen wurde David zusammen mit den anderen Gefangenen in einem düsteren Gefängnis festgehalten. Die Bedingungen waren grausam – wenig Essen, schmutziges Wasser und kaum Licht. Trotzdem blieb David standhaft in seinem Glauben, auch wenn die Angst und Unsicherheit stetig wuchsen.

Eines Morgens wurden sie aus ihren Zellen geholt und auf einen öffentlichen Platz geführt. Eine Menschenmenge hatte sich bereits versammelt, ihre Gesichter waren von Neugier, Angst und Hass gezeichnet.

„Ihr habt die Wahl", verkündete der Henker laut. „Konvertiert zum Islam oder ihr werdet öffentlich geköpft." Die Worte hallten über den Platz, während die Menge gespannt lauschte.

David stand da, sein Herz pochte in seiner Brust. Er sah in die Augen seiner Freunde und Familienmitglieder, die neben ihm standen. Einige waren am Weinen, andere sahen mutig und entschlossen aus.

„Ich werde nicht konvertieren", sagte David mit fester Stimme, obwohl sein ganzer Körper zitterte. „Ich werde meinen Glauben nicht aufgeben."

Einige andere folgten seinem Beispiel, während einige wenige sich für die Konversion entschieden, getrieben von der Angst vor dem Tod. Die Entscheidung jedes Einzelnen wurde von der Menge mit gemischten Reaktionen aufgenommen.

Für David und diejenigen, die sich weigerten zu konvertieren, kam das Ende schnell und brutal. Die Henker vollzogen ihr grausames Werk, während die Menge zusah. Es war ein Moment des tiefen Schmerzes und der Trauer.

In den Tagen und Wochen nach dem Ereignis wurde Davids Mut und Entschlossenheit innerhalb der jüdischen Gemeinschaft von Sanaa zu einem Symbol des Widerstandes und der Hoffnung. Seine Geschichte wurde erzählt und weitergetragen, ein lebendiges Vermächtnis für die nachfolgenden Generationen.

Trotz der fortgesetzten Verfolgung hielten die verbliebenen Mitglieder der Gemeinde an ihrem Glauben fest, inspiriert von Davids Beispiel. Sie erinnerten sich an seine Worte, seine Taten und die unerschütterliche Überzeugung, die er bis zu seinem letzten Atemzug gezeigt hatte.

David hatte sich für seinen Glauben geopfert, aber sein Vermächtnis lebte weiter. In den Herzen und Erinnerungen der Menschen blieb er ein Leuchtfeuer der Hoffnung und des Mutes, ein Beweis dafür, dass selbst in den dunkelsten Zeiten der menschliche Geist und Glaube unzerstörbar sind.

„Davids Geschichte wird niemals vergessen werden", sagte ein älterer Mann leise zu einem Jungen, als sie an einem verborgenen Ort ihre Gebete sprachen. „Er lehrte uns, dass unser Glaube stärker ist als Furcht und Unterdrückung."

Die Diskriminierung der Juden in England und Frankreich

Im späten Mittelalter, besonders im 13. und 14. Jahrhundert, erlebten die jüdischen Gemeinschaften in Europa, insbesondere in England und Frankreich, eine Zeit intensiver Diskriminierung und Verfolgung. Diese Periode war geprägt von religiösem Fanatismus, wirtschaftlichen Krisen und sozialen Spannungen, die oft zu Lasten der jüdischen Bevölkerung ausgetragen wurden.

England im 13. Jahrhundert: Die Situation der Juden in England verschlechterte sich dramatisch unter der Herrschaft der Plantagenets. König Johann Ohneland und später König Heinrich III. nutzten die Juden als wichtige Einnahmequelle für die Krone, indem sie hohe Steuern und willkürliche Abgaben forderten. Die Juden, die hauptsächlich im Geldverleih tätig waren, da ihnen andere Berufe oft verboten waren, wurden zunehmend als Ausbeuter und Blutsauger der christlichen Gemeinschaft dargestellt. Dieses Bild wurde durch kirchliche Lehren verstärkt, die den Juden vorwarfen, Christus getötet zu haben – eine Anschuldigung, die zu tief verwurzeltem Antisemitismus führte.

Mit der Zeit führte dies zu gewalttätigen Übergriffen und Pogromen, wie dem Massaker von York im Jahr 1190. Die angespannte Situation eskalierte weiter, als König Edward I. 1290 den Edict of Expulsion erließ, der alle Juden aus England verbannte.

Frankreich im 14. Jahrhundert: Ähnlich verhielt es sich in Frankreich, wo die Juden ebenfalls unter Druck standen. König Philipp IV., bekannt als „der Schöne", veranlasste 1306 die erste Massenvertreibung der Juden aus Frankreich. Diese Vertreibungen waren oft von Gewalt und Plünderung begleitet. Der Grund für diese Verfolgung war teilweise wirtschaftlicher Natur – die Krone war hoch verschuldet bei jüdischen Geldverleihern und durch die Vertreibung konnten diese Schulden annulliert werden.

Die Juden in Frankreich wurden darüber hinaus regelmäßig beschuldigt, die christliche Ordnung zu untergraben und für verschiedene soziale und ökonomische Probleme verantwortlich zu sein. Solche Anschuldigungen waren oft unbegründet und dienten als Vorwand für die Verfolgung. Die Situation wiederholte sich im Jahr 1394 unter König Karl VI., was zu einer zweiten großen Vertreibungswelle führte.

Gemeinsamkeiten und Folgen: In beiden Ländern waren die Juden extremen Beschränkungen unterworfen. Sie durften bestimmte Berufe nicht ausüben, mussten spezielle Kennzeichen tragen und lebten oft in Gettos. Diese Isolation und Stigmatisierung machten sie zu einfachen Zielen für Hass und Misstrauen. Die Vertreibungen waren traumatisch, da viele Familien gezwungen waren, ihr Zuhause, ihre Gemeinden und ihre Geschäfte zu verlassen. Sie verloren nicht nur ihr materielles Eigentum, sondern auch ihr kulturelles und soziales Erbe.

Diese historischen Ereignisse sind ein dunkles Kapitel in der Geschichte Europas. Sie verdeutlichen, wie Intoleranz, Angst und Machtmissbrauch zur Unterdrückung und Verfolgung von Minderheiten führen können. Für die jüdische Bevölkerung waren diese Erfahrungen geprägt von Verlust, Trauer und der ständigen Suche nach einem sicheren Ort in einer feindlichen Welt.

Das Verlorene Zuhause

1. Die Ruhe vor dem Sturm

In der malerischen Stadt York, die durch ihre imposanten Stadtmauern und das Gewirr mittelalterlicher Gassen gekennzeichnet war, lebte die Familie Meir – ein Symbol jüdischen Lebens und kultureller Vielfalt. Moshe Meir, ein angesehener Handwerker, bekannt für seine kunstvollen Holzarbeiten, führte ein bescheidenes, aber erfülltes Leben zusammen mit seiner Frau Sarah und ihren zwei Kindern, Samuel und Rebekka.

Das Leben der Meirs war durchdrungen von tiefen Traditionen und Bräuchen. Ihre kleine, behagliche Wohnung war nicht nur ein Zufluchtsort der Familie, sondern auch ein Zeugnis ihres Glaubens und Erbes. An den Wänden hingen kunstvolle Wandteppiche mit hebräischen Segenssprüchen, und ein stets sorgfältig gepflegter Menora stand prominent auf dem Kaminsims.

Moshe verbrachte seine Tage in der Werkstatt, wo er mit Hingabe Holzmöbel und religiöse Artefakte fertigte. Er war bei seinen Kunden beliebt, sowohl bei Juden als auch bei Christen, und sein Ruf als talentierter Handwerker eilte ihm voraus. Seine Frau Sarah, eine Frau von Stille und Anmut, kümmerte sich um das Haus und lehrte die Kinder in den Wegen ihres Glaubens. Samuel, der ältere, war ein nachdenklicher Junge, der oft über den Seiten alter Texte brütete, während Rebekka, das jüngere Kind, mit ihrer lebhaften Neugier und ihrem sonnigen Gemüt das Haus erhellte.

Das jüdische Leben in York war nicht immer einfach, doch in den engen Gassen der jüdischen Gemeinschaft fanden die Meirs und ihre Nachbarn Trost und Solidarität. Der Synagoge, einem bescheidenen Gebäude mit verwittertem Stein, kam eine zentrale Bedeutung zu. Dort trafen sie sich zum Gebet, zum Studium der heiligen Schriften und zum Austausch von Neuigkeiten.

Doch trotz dieser friedlichen Existenz lagen Zeichen der Unruhe in der Luft. Die jüdische Gemeinde war zunehmend Ziel von Misstrauen und Verleumdung. Gerüchte, angetrieben von Unwissenheit und Angst, zirkulierten in den Tavernen und auf den Märkten von York. Es wurde behauptet, Juden würden christliche Kinder entführen und ihre Brunnen vergiften. Diese böswilligen Geschichten wurden häufiger, und der Druck auf die jüdische Gemeinde wuchs stetig.

Eines Tages, während Moshe in seiner Werkstatt arbeitete, kam ein langjähriger Kunde und Freund, ein christlicher Kaufmann namens John, besorgt zu ihm. „Moshe, ich fürchte, die Stimmung in der Stadt kippt. Es werden Lügen über euer Volk verbreitet. Ihr müsst vorsichtig sein", warnte er leise. Moshe nickte ernst, dankbar für Johns Ehrlichkeit und Freundschaft, aber tief beunruhigt über diese Entwicklung.

Die Familie Meir versammelte sich am Abend zum Essen, wobei die Kinder von ihrem Tag erzählten. Sarah blickte oft besorgt zu Moshe, während sie den Kindern lauschte. Sie spürte die wachsende Spannung in der Stadt, und die Sorgen um ihre Familie und Gemeinde lagen schwer auf ihrem Herzen.

In den folgenden Wochen nahmen die antisemitischen Stimmungen zu. Geschäfte der Juden wurden gemieden, und auf den Straßen wurden sie mit Misstrauen beäugt. Die Familie Meir zog sich mehr und mehr in ihre Gemeinschaft zurück, ein unsichtbares Netz aus Angst spann sich um sie herum.

Doch trotz der zunehmenden Bedrohung hielt die jüdische Gemeinschaft in York zusammen. In der Synagoge fanden sie Trost in ihrem Glauben und in der Solidarität untereinander. Während Moshe mit seiner Familie und Freunden betete, war er sich der schwierigen Zeiten bewusst, die ihnen bevorstanden. Sie wussten nicht, dass diese Unruhe nur der Beginn einer Reihe erschütternder Ereignisse war, die ihr Leben für immer verändern würden.

2. Der königliche Erlass

Die Atmosphäre in York hatte sich merklich verändert. Die einst belebten Straßen waren nun von einem Gefühl der Angst und Unsicherheit geprägt. Inmitten dieser angespannten Stimmung erreichte die jüdische Gemeinde eine Nachricht, die wie ein Blitz aus heiterem Himmel kam: König Edward I. hatte einen Erlass zur Vertreibung aller Juden aus England verfügt.

Als die Kunde in die Ohren der Familie Meir drang, war der Schock tief. Moshe, der gerade von der Synagoge zurückkehrte, brachte die Nachricht mit schwerem Herzen. „Sie verlangen, dass wir gehen. Alle von uns", sagte er mit brüchiger Stimme. Sarah, deren Gesichtsausdruck von Entsetzen geprägt war, legte ihre Hand auf die ihre Brust, als ob sie den Schmerz dort lindern könnte. „Aber wohin sollen wir gehen? Das ist unser Zuhause", flüsterte sie.

Die beiden Kinder, Samuel und Rebekka, die bis dahin mit kindlicher Unbekümmertheit gespielt hatten, verstummten und sahen ihre Eltern mit großen, fragenden Augen an. „Warum müssen wir gehen, Vater?", fragte Samuel leise. Moshe setzte sich zu ihnen und nahm sie in seine Arme. „Manchmal, meine Kinder, passieren in der Welt Dinge, die wir nicht verstehen können", erklärte er sanft, doch seine Augen verrieten die tiefe Traurigkeit, die in ihm brodelte.

In den darauffolgenden Tagen musste die Familie schnell handeln. Sie hatten nur wenig Zeit, um ihre Sachen zu packen und sich auf die Reise vorzubereiten. Die Entscheidung, was mitzunehmen war, fiel schwer. Moshe wählte einige seiner wertvollsten Werkzeuge und ein paar religiöse Gegenstände aus, während Sarah sich darauf konzentrierte, genügend Nahrung und Kleidung für die Familie einzupacken. Die Kinder halfen, so gut sie konnten, auch wenn die Unsicherheit und Angst in ihren jungen Gesichtern zu lesen waren.

Der Abschied von ihrem Zuhause war herzzerreißend. Jeder Winkel des Hauses, jedes Möbelstück, jeder Gegenstand schien eine Geschichte zu erzählen, Erinnerungen an ein Leben, das nun der Vergangenheit angehörte. Sarah ging ein letztes Mal durch die Räume, strich über die Wände und schloss kurz die Augen, als wollte sie all die Erinnerungen in sich aufnehmen.

Auch der Abschied von den Nachbarn und Freunden war emotional. Viele von ihnen waren ebenfalls Juden, die vor dem gleichen Schicksal standen, doch unter ihnen waren auch einige Christen, die mit Tränen in den Augen Abschied nahmen. John, der christliche Kaufmann und Freund der Familie, kam, um sich zu verabschieden. „Ich wünschte, ich könnte etwas tun", sagte er mit brüchiger Stimme. Moshe legte ihm eine Hand auf die Schulter. „Deine Freundschaft war uns mehr wert, als du je wissen wirst", erwiderte er.

Am Tag ihrer Abreise versammelte sich die Gemeinde in der Synagoge, um gemeinsam zu beten. Die Luft war erfüllt von einer Mischung aus Trauer, Wut und Entschlossenheit. Sie beteten für Schutz, für eine sichere Reise und für ein Wiedersehen in besseren Zeiten. Der Rabbiner sprach tröstende Worte, doch seine Augen spiegelten den gleichen Schmerz wider, den jeder in der Gemeinde empfand.

Als die Familie Meir mit ihren wenigen Habseligkeiten die Stadt verließ, blickten sie ein letztes Mal zurück. York, die Stadt, die einst ihr Zuhause war, schien nun wie ein ferner Traum. Vor ihnen lag eine ungewisse Zukunft, ein Weg ins Unbekannte. Doch trotz der Dunkelheit dieses Moments hielten sie fest zusammen, getrieben von der Hoffnung, dass eines Tages Gerechtigkeit und Frieden sie wiederfinden würden.

Der königliche Erlass, der ihr Leben für immer veränderte, war nicht nur ein Zeichen der Grausamkeit und Ungerechtigkeit jener Zeit, sondern auch ein schmerzhafter Beweis für die Zerbrechlichkeit ihres friedlichen Zusammenlebens. Doch in der Tiefe ihres Herzens trugen sie die unerschütterliche Kraft ihres Glaubens und die unvergängliche Liebe zueinander, die sie durch die kommenden Prüfungen führen sollte.

3. Die Reise ins Ungewisse

Die Morgendämmerung brach an, als die Familie Meir ihre Reise antrat. Mit leisen Schritten, als wären sie Besucher in ihrem eigenen Land, verließen sie York. Der Weg, der vor ihnen lag, war geprägt von Unsicherheit und Angst. Sie mussten England verlassen, bevor das Ultimatum endete, eine Frist, die wie ein Damoklesschwert über ihren Köpfen hing.

Die Familie hatte nur das Nötigste dabei: etwas Proviant, Kleidung und die wenigen Erinnerungsstücke, die sie retten konnten. Moshe führte den Weg an, ein stummer Wächter seiner Familie. Sarah hielt die Kinder eng bei sich, immer wieder ihren Blick auf sie richtend, als wollte sie sich vergewissern, dass sie noch da waren.

Die Reise war geprägt von Gefahren. Sie vermieden die Hauptstraßen, aus Angst vor Übergriffen und feindseligen Blicken. Stattdessen wählten sie verborgene Pfade und kleinere Wege, immer in der Hoffnung, unentdeckt zu bleiben. Die Landschaft Englands, einst so vertraut und freundlich, wirkte nun bedrohlich und feindlich.

Eines Abends, als sie Schutz in einem Wald suchten, hörten sie Stimmen. Männer, die offenbar nach ihnen suchten. Die Familie versteckte sich, das Herz schlug ihnen bis zum Hals. Die Kinder, deren Augen weit aufgerissen waren, wagten kaum zu atmen.

Sarah hielt Rebekka fest an sich gedrückt, während Moshe, der vor Spannung erstarrt war, nach einem Ausweg suchte. Glücklicherweise zogen die Männer bald weiter, ohne sie zu entdecken.

Trotz der ständigen Angst und Unsicherheit gab es Momente der Hoffnung. Abends, wenn sie sich zur Ruhe legten, sprachen sie über die Zukunft. „Wir werden einen Ort finden, an dem wir willkommen sind", sagte Moshe, obwohl seine Stimme mehr Hoffnung ausdrückte, als er selbst fühlte. „Vielleicht in Frankreich oder Spanien", fügte er hinzu, auch wenn die Nachrichten von dort nicht vielversprechend waren.

Sarah versuchte, die Kinder zu beruhigen, indem sie ihnen Geschichten erzählte. Geschichten von Mut und Stärke, von Menschen, die Widrigkeiten überwunden hatten. Samuel lauschte diesen Geschichten mit leuchtenden Augen, während Rebekka, noch zu jung, um alles zu verstehen, sich eng an ihre Mutter schmiegte.

Die Nächte waren kalt und die Tage anstrengend. Sie mussten oft Hunger und Durst ertragen, denn sie konnten sich nicht immer auf die Güte Fremder verlassen. An manchen Orten wurden sie misstrauisch beäugt oder gar offen abgewiesen. „Juden sind hier nicht willkommen", hörten sie mehr als einmal. Diese Worte, gesprochen mit Verachtung und Hass, brannten sich tief in ihre Seelen.

Eines Tages, als sie eine kleine Siedlung passierten, wurden sie von einem Mann angesprochen. „Ihr seid Juden, nicht wahr?", fragte er mit einem durchdringenden Blick. Moshe nickte vorsichtig, bereit, seine Familie zu verteidigen. Doch der Mann, dessen Gesicht von tiefen Furchen gezeichnet war, zeigte eine unerwartete Freundlichkeit. „Hier", sagte er und reichte ihnen etwas Brot und Käse. „Es ist nicht viel, aber es mag euch helfen." Diese unerwartete Geste der Menschlichkeit war wie ein Lichtstrahl in der Dunkelheit.

Als sie schließlich die Küste erreichten, war das Gefühl der Erleichterung gemischt mit Trauer. Sie standen am Rand ihres Heimatlandes, einem Land, das sie nun verlassen mussten. Der

Anblick des weiten Meeres war sowohl beängstigend als auch faszinierend – ein Symbol für die ungewisse Reise, die vor ihnen lag.

Sie fanden einen Schiffskapitän, der bereit war, sie mitzunehmen. Die Überfahrt war rau, das Schiff schaukelte auf den unruhigen Wellen, und mehr als einmal dachten sie, dass es ihr Ende sein könnte. Doch irgendwie hielten sie durch, angetrieben von dem Gedanken an ein neues Leben, frei von Verfolgung und Hass.

Als das Schiff schließlich Land erreichte, ein fremdes Land, das nun ihre neue Heimat werden sollte, blickten sie zurück auf die Reise, die sie hinter sich hatten. Es war eine Reise, geprägt von Angst, Unsicherheit und Verlust, aber auch von Mut, Hoffnung und dem unerschütterlichen Glauben an eine bessere Zukunft. Sie wussten, dass die Herausforderungen noch nicht vorbei waren, aber sie waren bereit, sie gemeinsam zu meistern. In ihren Herzen trugen sie die unvergängliche Erinnerung an das, was sie zurückgelassen hatten, und die unerschütterliche Hoffnung auf das, was vor ihnen lag.

4. Ankunft in Frankreich

Die Küste Frankreichs erstreckte sich vor der Familie Meir, ein Anblick, der sowohl Hoffnung als auch Unsicherheit in ihren Herzen weckte. Sie betraten fremdes Land, ein Ort, an dem sie hofften, Zuflucht und Frieden zu finden. Doch die Angst, die sie auf ihrer Reise begleitet hatte, lag immer noch schwer auf ihnen.

Als sie von Bord gingen, fiel ihnen sofort der Unterschied zur vertrauten Umgebung Englands auf. Die Sprache, die Menschen, die Architektur – alles war ungewohnt. Moshe, der sich stets als stark und unerschütterlich präsentiert hatte, spürte eine tiefe Unsicherheit. „Wir werden uns hier ein neues Leben aufbauen", sagte er zu Sarah, seine Stimme jedoch zitterte leicht.

Die Suche nach einer neuen Gemeinschaft war herausfordernd. Sie stießen auf Misstrauen und waren oft auf sich allein gestellt. In den ersten Tagen fanden sie Unterschlupf in einer kleinen, heruntergekommenen Unterkunft. Es war ein bescheidener Anfang, ganz anders als das Leben, das sie in York geführt hatten.

Sarah versuchte, die Kinder zu beruhigen, die von der neuen Umgebung und der Sprachbarriere eingeschüchtert waren. „Es ist nur am Anfang schwer", sagte sie, während sie Rebekka im Arm hielt, die an ihren Tränen kämpfte. Samuel, der ältere der beiden, blickte ernst und fragte: „Wird es hier sicher sein, Mama?"

Die Familie versuchte, sich so gut es ging anzupassen. Moshe suchte Arbeit, doch seine Fähigkeiten als Handwerker waren in der neuen Umgebung nicht so gefragt. Sarah, die in England eine kleine Gemeinde von Freunden und Nachbarn um sich hatte, fühlte sich isoliert und allein. Die Kinder hatten Schwierigkeiten, sich zurechtzufinden, da sie kaum Französisch sprachen.

Die Tage vergingen, und die Familie kämpfte mit den Herausforderungen des täglichen Lebens. Sie lernten, mit weniger auszukommen, und fanden Trost im Glauben und in den wenigen Momenten der Freude, die sie miteinander teilten.

Dann kamen Nachrichten aus England – Briefe von Freunden, die entschieden hatten zu bleiben. Die Briefe sprachen von weiteren Verfolgungen, von Grausamkeiten, die schwer vorstellbar waren. Sie lasen von Pogromen, bei denen Häuser niedergebrannt und Familien auseinandergerissen wurden. Die Nachrichten waren ein schmerzhafter Stich im Herzen. Sie erinnerten sie an das, was sie verloren hatten, und an die, die sie zurücklassen mussten.

„Warum hassen sie uns so sehr?", fragte Samuel eines Abends. Moshe sah seinen Sohn an, die Frage widerhallte in seinem eigenen Herzen. Er fand keine Antwort, die den Schmerz lindern konnte, keine Worte, die den Hass erklärten, den sie erlebt hatten.

Trotz allem gab es auch Momente der Freundlichkeit und des Mitgefühls. Sie trafen auf andere jüdische Familien, die ähnliche Schicksale erlebt hatten. Langsam begannen sie, ein Gefühl der Zugehörigkeit zu entwickeln. Sie tauschten Geschichten aus, unterstützten sich gegenseitig und fanden Trost in ihrer gemeinsamen Erfahrung.

Sarah, die in England für ihre Kochkünste bekannt war, begann, für andere Familien zu kochen. Ihre Mahlzeiten wurden zu einem Symbol der Gemeinschaft und des Widerstands gegen die Schwierigkeiten, die sie alle durchmachten. „Du bringst ein Stück Heimat in unsere neue Welt", sagte eine Nachbarin zu ihr, während sie Sarahs Eintopf lobte.

Moshe fand schließlich Arbeit in einer kleinen Werkstatt. Es war ein bescheidener Anfang, aber es gab ihm ein Gefühl von Zweck und Selbstwert. Er arbeitete hart, oft bis spät in die Nacht, um für seine Familie zu sorgen.

Die Kinder passten sich langsam an. Sie lernten die Sprache, fanden Freunde und begannen, sich in ihrer neuen Umgebung zurechtzufinden. Sie waren widerstandsfähig, angepasst an eine Welt, die ihnen oft feindselig gegenüberstand.

Monate vergingen, und die Familie Meir fand ihren Platz in der neuen Gemeinschaft. Sie erlebten weiterhin Herausforderungen und Schwierigkeiten, aber sie taten es gemeinsam. Die Erinnerungen an das, was sie verloren hatten, blieben bei ihnen, doch sie lernten auch, nach vorne zu blicken.

Sie hatten ein neues Leben in Frankreich begonnen, eines, das geprägt war von Anpassung und Veränderung, aber auch von Hoffnung und Widerstandsfähigkeit. Sie wussten, dass die Zukunft ungewiss war, aber sie waren entschlossen, sie gemeinsam zu meistern. In ihren Herzen trugen sie die unvergängliche Erinnerung an das, was sie in England zurückgelassen hatten, und die unerschütterliche Hoffnung auf das, was vor ihnen lag.

5. Das zweite Exil

Die Nachricht traf die Familie Meir wie ein Donnerschlag. Gerade als sie begonnen hatten, sich in Frankreich ein neues Leben aufzubauen, kündigte sich eine erneute Welle der Verfolgung an. Die Furcht, die sie in England durchlebt hatten, kehrte zurück, diesmal jedoch mit der bitteren Ironie, dass das vermeintliche Zufluchtsland nun ebenfalls zu einem Ort der Bedrohung wurde.

Moshe erfuhr es zuerst durch die Gemeinschaft. Gerüchte hatten sich verbreitet, dass König Philipp IV. die Juden aus Frankreich vertreiben wollte. Die Bestätigung kam einige Tage später durch einen offiziellen Erlass. „Wir müssen wieder fliehen", sagte er mit schwerer Stimme zu Sarah.

Die Entscheidung war herzzerreißend. Sie hatten Freunde gefunden, sich an die Kultur angepasst, und die Kinder hatten begonnen, sich in der neuen Umgebung zu Hause zu fühlen. Doch die Angst vor Verfolgung und der Wunsch nach Sicherheit ließen ihnen keine Wahl. Sie mussten weiterziehen, diesmal nach Osten.

„Wohin gehen wir jetzt, Papa?", fragte Samuel mit Tränen in den Augen. „Ich dachte, wir wären hier sicher." Moshe setzte sich zu ihm und nahm ihn in den Arm. „Wir suchen einen Ort, an dem wir in Frieden leben können", erklärte er sanft. „Ein Ort, an dem wir nicht wegen unseres Glaubens verfolgt werden."

Die Vorbereitungen für die Abreise waren hastig und von einer bedrückenden Atmosphäre geprägt. Sie packten das Wenige, was sie besaßen, und verkauften, was sie nicht mitnehmen konnten. Diesmal wussten sie, was auf sie zukam – eine Reise ins Ungewisse, geprägt von Gefahren und Unsicherheiten.

Als sie Frankreich verließen, blickten sie zurück auf das, was hätte sein können – ein Leben in Frieden und Sicherheit. Doch diese Träume waren nun zerstört. Die Reise nach Osten war geprägt von Angst und Unsicherheit. Sie reisten meist zu Fuß, manchmal auf Wagen, die von Bauern oder Händlern bereitgestellt wurden.

Die Familie begegnete auf ihrer Reise anderen flüchtenden Juden. Sie tauschten Geschichten aus, teilten Nahrung und gaben einander Trost. Trotz der schweren Zeiten entstand ein Gefühl der Gemeinschaft und der gegenseitigen Unterstützung.

Die Gespräche drehten sich oft um Hoffnung und Glauben. „Glaubt ihr, dass es irgendwo einen Ort gibt, an dem wir in Frieden leben können?", fragte Sarah eines Abends, als sie um ein Lagerfeuer saßen. Die Antworten waren gemischt, einige sprachen von Hoffnung, andere von Resignation. Doch in Moshe brannte ein unerschütterlicher Glaube. „Ja", sagte er bestimmt. „Wir müssen nur weiterziehen und daran glauben."

Die Reise war mühsam und gefährlich. Sie mussten sich vor Banditen und anderen Gefahren schützen, sich vor Misstrauen und Ablehnung in den Dörfern, durch die sie zogen, in Acht nehmen. Nahrung und Unterkunft waren knapp, und die Unsicherheit, was die Zukunft bringen würde, lastete schwer auf ihren Herzen.

Trotz allem gab es Momente des Glücks und der Zuversicht. Eines Abends, als sie in einer kleinen Herberge Rast machten, erzählten sie Geschichten und sangen Lieder. Es waren Momente, in denen sie ihre Sorgen vergaßen und sich an die Schönheit ihres Glaubens und ihrer Kultur erinnerten.

Die Kinder lernten, sich schnell anzupassen, neue Freundschaften zu schließen und neue Sprachen zu lernen. Sie zeigten eine bemerkenswerte Widerstandsfähigkeit, die Moshe und Sarah Hoffnung gab. „Unsere Kinder sind stark", sagte Sarah eines Abends. „Sie werden ein besseres Leben haben."

Schließlich erreichten sie das Heilige Römische Reich, eine Region, von der sie hofften, dass sie sicherer und toleranter wäre. Die ersten Tage waren geprägt von der Suche nach einer neuen Gemeinschaft, einem neuen Zuhause.

Sie fanden eine kleine Stadt, in der eine jüdische Gemeinde lebte. Es war ein bescheidener Anfang, doch es bot Hoffnung. Hier konnten sie vielleicht endlich das Leben führen, nach dem sie sich so sehr sehnten – ein Leben in Frieden und Sicherheit.

Das Schicksal von Fez

Im 15. Jahrhundert war Fez, eine blühende Stadt in Marokko, ein Schmelztiegel verschiedener Kulturen und Religionen. Die Stadt war bekannt für ihre beeindruckenden Madrasas (islamische Schulen), Bibliotheken und Märkte. Es war eine Zeit, in der Kunst und Wissenschaften in der muslimischen Welt florierten. Inmitten dieser kulturellen Blütezeit gab es in Fez eine bedeutende jüdische Gemeinschaft, die im Mellah, dem jüdischen Viertel, lebte. Sie waren bekannt für ihren Beitrag zum Handel, zur Medizin und zur Musik der Stadt.

Jedoch waren diese Zeiten nicht immer friedlich. Religiöse und politische Spannungen brodelten unter der Oberfläche. Die jüdische Gemeinschaft von Fez, wie auch in anderen Teilen der islamischen Welt, war zwar anerkannt und durfte ihren Glauben ausüben, war aber dennoch bestimmten Beschränkungen und Diskriminierungen ausgesetzt.

Im Jahr 1465 erreichten diese Spannungen in Fez einen tragischen Höhepunkt. Ein komplexes Zusammenspiel von politischen Rivalitäten, wirtschaftlichen Unsicherheiten und religiösen Spannungen führte zu einem Ausbruch von Gewalt gegen die jüdische Gemeinschaft. Ausgelöst durch falsche Gerüchte und angetrieben von Hassreden, entlud sich die Wut einiger Teile der Bevölkerung in einem brutalen Massaker, bei dem viele Juden getötet wurden.

Dieses dunkle Kapitel in der Geschichte von Fez steht symbolisch für die Herausforderungen und Gefahren, denen Minderheiten in Zeiten von Unruhen und politischer Instabilität ausgesetzt sind. Es ist eine Erinnerung daran, wie wichtig Toleranz, Verständnis und friedliches Zusammenleben sind – Werte, die in schwierigen Zeiten oft auf die Probe gestellt werden.

Die gebrochenen Saiten von Fez

1. Das friedliche Miteinander

Samuel stand früh auf, noch bevor die Sonne über den Dächern von Fez aufging. Er liebte diese ruhigen Momente, in denen die Stadt noch schlief und die ersten Lichtstrahlen die Spitzen der Minarette golden färbten. Als jüdischer Musiker genoss er in seiner Gemeinde hohes Ansehen, und seine Musik war nicht nur bei den Juden, sondern auch bei seinen muslimischen Nachbarn beliebt.

Sein kleines Haus im Mellah, dem jüdischen Viertel, war bescheiden, aber voller Leben. Seine Frau Leah war die Liebe seines Lebens, und sie hatten zwei wunderbare Kinder, Miriam und Joseph. Sie lebten ein einfaches Leben, aber es war ein Leben voller Freude und Musik. Samuel lehrte seine Kinder die Bedeutung ihrer jüdischen Identität und Kultur, während er ihnen gleichzeitig den Respekt vor anderen Glaubensrichtungen beibrachte.

Die jüdische Gemeinde von Fez, bekannt als Dhimmis unter dem islamischen Gesetz, genoss eine gewisse religiöse Autonomie und Freiheit. Sie trugen jedoch eine spezielle Kleidung, die sie als Juden kenntlich machte, und zahlten eine Schutzsteuer. Trotz dieser Unterscheidung lebten sie meist friedlich mit ihren muslimischen Nachbarn.

An diesem Morgen bereitete sich Samuel auf einen besonderen Anlass vor. Er wurde eingeladen, auf einer Hochzeit in einem nahegelegenen muslimischen Viertel zu spielen. Solche Ereignisse waren nicht ungewöhnlich, und sie symbolisierten das harmonische Zusammenleben der verschiedenen Gemeinschaften in Fez.

Während Samuel sein Oud, ein traditionelles Saiteninstrument, stimmte, betrachtete er nachdenklich die Straßen von Fez. Er hatte gehört, dass es in letzter Zeit in einigen Teilen der Stadt zu Unruhen gekommen war. Es gab Gerüchte über wachsende Spannungen zwischen verschiedenen Gruppen und über Isolationstendenzen in der jüdischen Gemeinschaft. Samuel hoffte, dass diese Gerüchte übertrieben waren. Er glaubte fest an das friedliche Miteinander und daran, dass Musik eine Brücke zwischen den Menschen bauen konnte.

An diesem Tag spielte Samuel mit einer Hingabe, die über das bloße Musizieren hinausging. Er betrachtete jeden Ton, den er spielte, als ein Zeichen des Friedens und der Einheit. Die Gäste waren begeistert von seiner Leistung, und viele dankten ihm herzlich für die wunderschöne Musik.

Nach der Veranstaltung ging Samuel nachdenklich nach Hause. Auf dem Weg begegnete er Isaac, einem alten Freund und Mitglied der jüdischen Gemeinde. Sie sprachen über die Gerüchte, die Samuel gehört hatte.

„Hast du von den Spannungen in der Stadt gehört?", fragte Isaac besorgt. „Es scheint, als würden sich die Zeiten ändern."

Samuel nickte. „Ja, ich habe davon gehört. Aber ich hoffe, dass unsere Musik und unsere Traditionen weiterhin als Brücken des Verständnisses dienen können."

„Ich wünschte, ich könnte deinen Optimismus teilen", sagte Isaac. „Aber ich fühle eine wachsende Kluft zwischen uns und den anderen. Ich hoffe, wir irren uns beide."

Die beiden verabschiedeten sich, und Samuel ging nach Hause, tiefer in seinen Gedanken versunken als zuvor. Er fragte sich, ob sein Glaube an die Musik und das gemeinsame Miteinander stark genug war, um den wachsenden Unruhen zu widerstehen.

In dieser Nacht lag Samuel lange wach. Er dachte an seine Familie, an seine Gemeinde und an Fez – die Stadt, die er liebte. Er hoffte inständig, dass der Frieden, den er sein ganzes Leben lang gekannt hatte, nicht nur ein flüchtiger Traum war.

2. Der Schatten des Hasses

In den folgenden Wochen verdichteten sich die Schatten, die über Fez lagen. Samuel, der einst in der Musik Trost und Verbindung fand, spürte nun eine unheimliche Stille in der Luft. Die Straßen des Mellah, die einst von Gesprächen und Lachen erfüllt waren, schienen jetzt von einer schweren Melancholie umhüllt zu sein.

Die Beziehungen zwischen den Juden und ihren muslimischen Nachbarn, die einst von Respekt und Koexistenz geprägt waren, wurden zunehmend angespannter. Samuel beobachtete, wie Misstrauen und Angst langsam in die Herzen der Menschen einsickerten. Es waren nicht länger nur Gerüchte; er sah es in den veränderten Blicken, den gemurmelten Gesprächen, die abrupt endeten, wenn er vorbeiging.

Eines Tages, als Samuel seinen Freund Rashid besuchte, einen muslimischen Musiker, mit dem er oft zusammengearbeitet hatte, spürte er eine deutliche Veränderung. Rashid, der ihn sonst immer herzlich begrüßte, wirkte reserviert und angespannt.

„Samuel, es tut mir leid, aber ich glaube, es ist besser, wenn wir unsere musikalische Partnerschaft vorerst aussetzen", sagte Rashid leise, ohne ihm in die Augen zu sehen.

„Aber warum, Rashid? Haben wir nicht immer die Kraft der Musik gepriesen, die uns zusammenbringt?", fragte Samuel, sichtlich bestürzt.

Rashid seufzte schwer. „Die Zeiten haben sich geändert, Samuel. Es gibt Gerüchte, Misstrauen... Ich möchte dich nicht in Gefahr bringen, und ich muss auch an meine Familie denken."

Diese Worte trafen Samuel wie ein Schlag. Die Idee, dass ihre Freundschaft – eine Verbindung, die über Jahre hinweg durch gemeinsame Leidenschaft und Respekt gewachsen war – nun von Angst und Misstrauen zerstört werden könnte, war für ihn unerträglich.

In den Tagen danach hörte Samuel von verstörenden Ereignissen. Es gab Berichte über Drohungen gegen Juden und über kleinere Angriffe. Einige Geschäfte im Mellah wurden verwüstet, und die Atmosphäre im Viertel wurde immer angespannter. Samuel fühlte sich wie in einem Albtraum, aus dem er nicht erwachen konnte.

Eines Abends, als er durch die engen Gassen des Mellah ging, wurde er Zeuge, wie eine Gruppe junger Männer Steine auf ein jüdisches Haus warf. Die Angst und Verzweiflung in den Augen der Bewohner, als sie versuchten, sich zu schützen, brannten sich tief in Samuels Gedächtnis ein.

Er eilte nach Hause, das Herz voller Angst und Sorge. Leah sah sofort, dass etwas nicht stimmte.

„Was ist passiert, Samuel? Du siehst aus, als hättest du ein Gespenst gesehen", sagte sie besorgt.

Samuel erzählte ihr, was er gesehen hatte, und Leahs Gesicht wurde blass. „Was sollen wir tun?", flüsterte sie. „Wir können doch nicht einfach hierbleiben und abwarten."

„Ich weiß es nicht, Leah", gab Samuel zu. „Ich hatte immer gehofft, dass unsere Musik und unsere Kultur Brücken des Friedens bauen können. Aber jetzt... ich weiß nicht mehr, was wir tun können."

In dieser Nacht fand keiner in der Familie Schlaf. Sie lagen wach, lauschten jedem Geräusch und hofften, dass der nächste Tag ihnen eine gewisse Sicherheit bringen würde. Aber im Herzen wussten sie, dass die Zeiten des Friedens und der Harmonie, die sie einmal gekannt hatten, unwiederbringlich vorbei waren.

Der Schatten des Hasses hatte sich über Fez gelegt, und Samuel spürte, dass etwas Schreckliches im Anmarsch war. Die Musik, die einst seine Zuflucht war, schien jetzt stumm unter der drückenden Last der kommenden Ereignisse.

3. Das Zerbrechen der Harmonie

Das Morgenlicht, das sonst so sanft durch die schmalen Fenster des Mellah fiel, schien an jenem Tag erloschen zu sein. Mit ihm erstarb auch das letzte Gefühl von Sicherheit, das Samuel und seine Familie noch hatten. An jenem Tag brach die Gewalt über die Juden in Fez herein wie ein unaufhaltsamer Sturm.

Es begann mit einem markerschütternden Schrei, der durch die engen Gassen hallte, gefolgt von einem ohrenbetäubenden Lärm: dem Krachen von Türen, dem Klirren von Waffen, dem wütenden Gebrüll der Menge. Das Massaker hatte begonnen.

Samuel, der in den frühen Morgenstunden noch in trügerischer Ruhe erwacht war, fand sich plötzlich in einem Albtraum wieder. Die Straßen, die einst von Händlern und spielenden Kindern belebt waren, verwandelten sich in ein Schlachtfeld. Brutale Morde, unmenschliche Schreie, das Entsetzen in den Augen derer, die ihm einmal Nachbarn und Freunde gewesen waren – all das brannte sich unauslöschlich in sein Gedächtnis.

Er sah, wie Männer, Frauen und Kinder erbarmungslos gejagt und getötet wurden. Vergewaltigungen fanden offen auf den Straßen statt, während die Schreie der Opfer ungehört verhallten. Köpfe wurden abgeschlagen, Körper verstümmelt. Das Blut färbte die Gassen des Mellah rot, und der Geruch des Todes erfüllte die Luft.

Inmitten dieses Chaos versuchte Samuel, seine Familie zusammenzuhalten. Er fand Leah und seine Kinder in einer Ecke ihres Hauses, verängstigt und zitternd. Sie klammerten sich aneinander, während draußen der Tod wütete.

„Wir müssen hier weg", flüsterte Samuel. „Wir müssen versuchen, die Stadt zu verlassen."

Aber der Weg nach draußen war gefährlich. Überall lauerten Mörder, bereit, jeden Juden zu töten, der ihnen in die Hände fiel. Mit zitternden Händen packte Samuel einige wenige Habseligkeiten, während Leah die Kinder an sich drückte.

Sie verließen ihr Haus, ein Zuhause, das nun nichts mehr war als eine Hülle inmitten des Grauens. Samuel führte seine Familie durch versteckte Gassen, immer auf der Hut vor Angreifern. Jedes Geräusch ließ sie zusammenzucken, jede Bewegung könnte das Ende bedeuten.

Das Schlimmste für Samuel war, zu sehen, wie die Welt, die er kannte und liebte, in Stücke gerissen wurde. Freunde und Nachbarn, mit denen er einst Musik gemacht und Feste gefeiert hatte, lagen nun tot auf den Straßen. Jedes bekannte Gesicht, das er unter den Opfern erkannte, war ein weiterer Stich ins Herz.

Inmitten dieses Chaos verlor Samuel einige der Menschen, die ihm am nächsten standen. Sein Bruder, der versucht hatte, eine Gruppe von Kindern zu retten, wurde vor seinen Augen getötet. Samuel konnte nur machtlos zusehen, wie sein Bruder niedergerungen und ermordet wurde.

Aber sie mussten weiter, immer weiter, in der Hoffnung, irgendwo Sicherheit zu finden. Mit jedem Schritt weg von ihrem Heim wurde die Last der Trauer schwerer. Die Schreie der Verzweiflung, das Weinen der Kinder, das Flehen um Gnade – all das vermischte sich zu einem Chor des Grauens, der in Samuels Ohren widerhallte.

Nach Stunden, die wie eine Ewigkeit schienen, erreichten sie endlich das Stadttor. Der Anblick der offenen Landschaft, der Freiheit, die so nahe und doch so fern schien, ließ Samuel für einen Moment innehalten.

Er blickte zurück auf die Stadt, die einst sein Zuhause gewesen war, jetzt ein Ort des Schreckens und des Leids. Mit Tränen in den Augen und der tiefen Trauer um das, was verloren gegangen war, führte Samuel seine Familie in eine ungewisse Zukunft, weg von dem Zerbrechen der Harmonie, das ihr Leben für immer verändert hatte.

4. In der Dunkelheit

Nachdem sie die Stadt verlassen hatten, fand sich Samuel mit seiner Familie und einer kleinen Gruppe Überlebender in einem verlassenen Bauernhaus wieder, weit entfernt von Fez. Hier, in der Dunkelheit, weit weg von den Schreien und dem Blutbad, hofften sie, in Sicherheit zu sein. Doch die Erinnerungen an das Geschehene ließen sie nicht los.

Das Bauernhaus, einst ein Zeichen ländlicher Ruhe, wurde nun zu ihrer Zuflucht, einem Ort des Überlebenskampfes. Die Nächte waren kalt und die Tage von der Furcht durchdrungen, entdeckt zu werden. Sie ernährten sich von dem Wenigen, was sie hatten mitbringen können, und dem, was die Natur ihnen bot. Hunger und Durst waren ständige Begleiter.

Samuel fand kaum Ruhe. Nachts wachte er auf, schweißgebadet, die Schreie und Bilder des Massakers vor Augen. Der Anblick seiner schlafenden Kinder gab ihm zwar Trost, doch die Frage, wie es weitergehen sollte, quälte ihn. Er hatte seinen Glauben nicht verloren, aber er kämpfte damit, zu verstehen, wie ein solches Leid geschehen konnte.

„Warum?", flüsterte Leah eines Nachts. „Warum passiert uns das alles?"

Samuel hatte keine Antwort. Er hielt sie nur fest, teilte ihre Tränen und ihre Stille. Seine Gitarre, einst sein stolzester Besitz, lag ungeachtet in einer Ecke. Die Musik schien aus seinem Leben verschwunden.

Tage vergingen, und mit jedem Tag wuchs die Angst, entdeckt zu werden. Sie hörten Gerüchte, dass Suchtrupps in der Gegend unterwegs waren. Die Spannung in der Gruppe stieg. Jedes Knacken in der Nacht ließ sie aufschrecken, jedes Rauschen im Wind wurde zur potenziellen Gefahr.

In diesen dunklen Stunden zeigte sich jedoch auch ein Lichtblick. Eines Tages erschien ein marokkanischer Bauer am Bauernhaus. Sie fürchteten das Schlimmste, doch er brachte Essen – Brot, etwas Obst und Käse.

„Warum hilfst du uns?", fragte Samuel misstrauisch.

Der Bauer, ein einfacher Mann mit wettergegerbtem Gesicht, blickte ihn direkt an. „Weil es richtig ist", sagte er schlicht. „Nicht alle teilen den Hass, der über Fez gekommen ist."

Diese kleine Geste der Menschlichkeit gab ihnen Hoffnung. Sie waren nicht ganz vergessen, nicht von allen verlassen. Der Bauer kam regelmäßig, brachte Essen und Nachrichten von außen. Mit der Zeit bauten sie ein vorsichtiges Vertrauen auf.

Samuel begann wieder Musik zu machen, leise, fast flüsternd, als könnten die Töne sie verraten. Aber die Musik brachte ein Stück

Normalität zurück, ein Gefühl von Menschlichkeit inmitten des Chaos. Seine Kinder lauschten, und für kurze Momente konnte er das Leuchten in ihren Augen sehen, ein kurzes Aufblitzen von Freude.

Doch trotz dieser Momente blieb die Angst ihr ständiger Begleiter. Die Gefahr war nie weit entfernt. Jeden Tag wussten sie, dass es der letzte sein könnte. Die ständige Unsicherheit zehrte an ihnen, ließ sie älter werden, schneller als die Zeit verging.

Eines Nachts, als sie alle schliefen, weckte Samuel ein Geräusch. Er lauschte, der Atem angehalten, und erkannte Schritte draußen. Er weckte die anderen, leise, mit einem Finger auf den Lippen. Herzschlag um Herzschlag verging in angespannter Stille.

Die Tür öffnete sich langsam. Samuel, der sich bereitgemacht hatte, um seine Familie zu verteidigen, sah in das Gesicht des Bauern, der mit erhobenen Händen eintrat. „Schnell", flüsterte er. „Ihr müsst jetzt kommen. Die Suchtrupps kommen näher."

In jener Nacht verließen sie das Bauernhaus, ihr vorübergehendes Zuhause in der Dunkelheit. Mit nichts als dem, was sie tragen konnten, folgten sie dem Bauern durch die Nacht, jeder Schritt ein Wagnis, jede Bewegung ein Risiko.

Als sie den sicheren Ort des Bauern erreichten, begriff Samuel, dass dies nur ein weiterer Schritt auf einer langen und ungewissen Reise war. Doch inmitten all der Dunkelheit hatte er etwas gefunden, was er fast verloren geglaubt hatte: einen Funken Hoffnung, ein Beweis, dass Menschlichkeit noch existierte, auch in der dunkelsten Stunde.

5. Das Echo der Erinnerungen

Die Tage nach ihrer Flucht aus dem Bauernhaus verbrachten Samuel und seine Familie in der bescheidenen Behausung des Bauern, der sich als Jamil vorstellte. Sie waren in Sicherheit, doch die Erlebnisse von Fez und die ständige Angst hatten tiefe Spuren hinterlassen.

Samuel fand kaum Schlaf. Wenn er die Augen schloss, sah er die Straßen von Fez, hörte die Schreie, das Chaos. Er sah das Gesicht seiner Frau Sarah, das vor Angst verzerrt war, bevor sie ihr Leben verlor. Er fühlte wieder den Schmerz, als sein Herz zu zerspringen schien.

Tagsüber versuchte er stark zu sein, für seine Kinder, die sich an ihn klammerten, suchend nach einem Anker in dieser Welt, die keinen Sinn mehr zu machen schien. Aber in der Stille der Nacht, wenn alle schliefen, ließ er seinen Tränen freien Lauf.

Jamil und seine Familie behandelten sie mit einer Freundlichkeit, die Samuel fast vergessen hatte. Sie teilten ihr Essen, ihre Heimat und gaben ihnen ein Gefühl der Sicherheit. Aber Samuel wusste, dass dies nicht von Dauer sein konnte. Sie mussten weiterziehen, ein neues Leben aufbauen, irgendwo, wo die Schatten von Fez sie nicht mehr erreichen konnten.

Eines Tages, als er allein draußen saß, holte er seine Gitarre hervor. Seine Finger strichen zögerlich über die Saiten, die ersten Töne waren leise und unsicher. Aber dann, mit jedem Akkord, fand er etwas zurück, was er verloren geglaubt hatte – einen Teil von sich selbst, ein Stück der Welt, die er kannte.

Seine Kinder kamen hinzu, setzten sich neben ihn, hörten zu. Samuel sang ein altes Lied, das er oft für seine Frau gespielt hatte. Seine Stimme brach manchmal, aber die Musik trug ihn, gab ihm Kraft. Es war ein Moment des Friedens, des Innehaltens, ein kurzer Ausbruch aus der Dunkelheit, die sie umgab.

Mit der Zeit fand Samuel in der Musik eine Zuflucht, einen Weg, seine Gefühle auszudrücken, seine Trauer, seinen Schmerz, aber auch seine Hoffnung. Er begann, seine Geschichte in Liedern zu erzählen, die Geschichten von Fez, von Verlust und Überleben. Er wollte, dass die Welt wusste, was geschehen war, dass es nicht vergessen wurde.

Seine Kinder lauschten seinen Liedern, lernten sie auswendig. Sie verstanden nicht alles, was passiert war, aber durch die Musik fühlten sie die Emotionen ihres Vaters, seine Liebe, seinen Schmerz, seine Sehnsucht nach Frieden.

Eines Tages sprach Jamil mit Samuel. „Ihr könnt nicht ewig hierbleiben", sagte er sanft. „Ihr müsst einen Ort finden, an dem ihr ein neues Leben aufbauen könnt. Ich werde euch helfen."

Jamil half ihnen sich einer Karawane anzuschließen, die sie nach Norden bringen sollte. Sie bereiteten sich auf eine lange und ungewisse Reise vor. Samuel wusste, dass dies der nächste Schritt war, der Weg in eine unbekannte Zukunft. Doch er spürte auch eine Veränderung in sich. Trotz allem, was geschehen war, gab es einen Funken Hoffnung in seinem Herzen.

In der Nacht vor ihrer Abreise saßen sie alle zusammen. Samuel spielte seine Gitarre, seine Kinder sangen leise mit. Es war ein Moment des Abschieds, aber auch des Neuanfangs. Samuel sah in die Gesichter seiner Kinder und wusste, dass er für sie weiterkämpfen musste, für ihre Zukunft, für eine Welt, in der solche Grausamkeiten hoffentlich eines Tages der Vergangenheit angehören würden.

Als die Karawane am nächsten Morgen aufbrach, warf Samuel einen letzten Blick zurück auf das Haus, das ihnen Zuflucht geboten hatte. Er wusste, dass er Jamil und seiner Familie für immer dankbar sein würde. Sie hatten ihnen gezeigt, dass trotz aller Dunkelheit das Licht der Menschlichkeit noch existierte.

Auf ihrer Reise durchquerten sie Landschaften, die sich ständig veränderten. Manchmal hörte Samuel in den Pausen die Lieder anderer Reisender und fand Trost in der Gemeinschaft, die sich in der Musik ausdrückte. Er erzählte seine Geschichte, immer und immer wieder, und jedes Mal fühlte er, wie die Last ein wenig leichter wurde.

Mit jedem Tag wuchs in Samuel die Erkenntnis, dass das Leben weiterging, dass es immer noch Schönheit in der Welt gab, dass es immer noch möglich war, Frieden zu finden. Seine Musik wurde zu einem Symbol der Hoffnung, nicht nur für ihn, sondern auch für diejenigen, die sie hörten.

Als sie schließlich ihr Ziel erreichten, einen Ort, an dem sie neu beginnen konnten, sah Samuel auf seine Kinder, die in der Sonne spielten. Er spürte, wie sich in seinem Inneren etwas veränderte. Er hatte seinen Frieden noch nicht gefunden, aber er hatte etwas gefunden, das vielleicht noch wichtiger war – die Kraft, weiterzumachen, für sich selbst, für seine Familie, für all jene, die nicht mehr da waren.

Samuel nahm seine Gitarre und begann zu spielen, unter dem offenen Himmel, für eine Zukunft, die noch geschrieben werden musste. Er sang von der Vergangenheit, von Schmerz und Verlust, aber auch von Hoffnung und der unerschütterlichen Kraft des menschlichen Geistes. In diesem Moment wusste er, dass, egal was kommen mochte, er bereit war, sich dem zu stellen, mit seiner Musik als Wegweiser in eine hoffentlich hellere Zukunft.

Diskriminierung der Juden in Spanien im 15. Jahrhundert

Im 15. Jahrhundert erlebte die jüdische Gemeinschaft in Spanien eine Zeit extremer Diskriminierung und Verfolgung. Diese Periode war geprägt von politischen, religiösen und sozialen Umwälzungen, die das Leben der Juden tiefgreifend beeinflussten.

Die Juden hatten eine lange Geschichte in Spanien. Sie waren Teil des kulturellen und wirtschaftlichen Lebens des Landes und trugen in vielen Bereichen wie Handel, Medizin, Wissenschaft und Philosophie bei. Trotz ihres Beitrags zur Gesellschaft wurden sie häufig als Außenseiter betrachtet und mussten zahlreichen Einschränkungen und Diskriminierungen standhalten.

Im 14. und 15. Jahrhundert nahm die Feindseligkeit gegenüber den Juden zu. Dies wurde durch verschiedene Faktoren angetrieben, darunter religiöser Fanatismus, Neid auf den wirtschaftlichen Erfolg der Juden und politische Machtkämpfe. Pogrome und Massaker, wie das von 1391, führten zum Tod und zur Zwangskonversion vieler Juden.

Viele Juden wurden durch Gewalt oder unter Androhung von Gewalt gezwungen, zum Christentum zu konvertieren. Diese neuen Christen, bekannt als „Conversos" oder „Marranos", standen unter ständigem Verdacht, insgeheim ihrem jüdischen Glauben treu zu bleiben. Sie wurden häufig der Ketzerei beschuldigt und waren der Inquisition ausgesetzt, die erbarmungslos gegen vermeintliche Rückfällige vorging.

Die ultimative Manifestation der jüdischen Verfolgung in Spanien war das Alhambra-Dekret von 1492, erlassen von Königin Isabella von Kastilien und König Ferdinand von Aragon. Dieses Dekret ordnete die Vertreibung aller Juden an, die sich weigerten, zum Christentum zu konvertieren. Es war ein schlagartiger Akt, der das Ende der jüdischen Präsenz in Spanien, wie sie bis dahin bekannt war, markierte.

Die Auswirkungen dieser Verfolgung waren verheerend. Familien wurden auseinandergerissen, Gemeinschaften zerstört, und ein reiches kulturelles Erbe ging verloren. Viele Juden flüchteten in andere Länder, wo sie oft weiteren

Herausforderungen gegenüberstanden, während andere im Geheimen ihren Glauben praktizierten, in ständiger Furcht vor Entdeckung.

Diese Periode der Geschichte ist ein eindrückliches Beispiel für die Gefahren von Intoleranz und Hass. Sie zeigt, wie rasch eine integrierte und florierende Gemeinschaft dem Boden der Existenz entzogen werden kann und wie wichtig es ist, die Erinnerung an solche Ereignisse wachzuhalten, um die Wiederholung solcher Tragödien in der Zukunft zu verhindern.

Das verlorene Erbe von Sevilla

1. Der Schatten des Dekrets

Ich heiße David, ein einfacher jüdischer Kaufmann aus Sevilla. Mein Leben, geprägt von Handel und Familienbanden, sollte sich bald unvorstellbar verändern.

Sevilla, ein pulsierendes Handelszentrum, war mein Zuhause. Unsere Gemeinde war lebendig, ein Schmelztiegel von Kulturen und Religionen. Wir Juden lebten zwar oft am Rand der Gesellschaft, aber wir fanden unseren Platz. Ich führte das Geschäft meines Vaters fort, handelte mit Gewürzen und Seide. Mein Haus war erfüllt vom Lachen meiner Kinder und dem liebevollen Blick meiner Frau, Leah.

Doch das Jahr 1492 sollte alles ändern. Die Straßen, einst voller Leben, begannen sich zu wandeln. Gerüchte über ein königliches Dekret, das unser Leben bedrohen könnte, machten die Runde. Unsere christlichen Nachbarn, einst freundlich, blickten uns nun mit Misstrauen und sogar Verachtung an. Ich erinnere mich an einen Markttag, als ich Jakob, einen alten Freund, traf.

„David, hast du gehört? Sie sagen, es gäbe Pläne, uns zu vertreiben oder schlimmeres …", sagte Jakob, seine Augen voller Angst.

„Aber das kann nicht sein, wir leben seit Generationen hier", erwiderte ich, obwohl ein kaltes Gefühl der Unsicherheit mein Herz umklammerte.

Dann kam der Tag, an dem unser Schicksal besiegelt wurde. Das Alhambra-Dekret wurde verkündet. Uns Juden wurde befohlen, zu konvertieren oder das Land zu verlassen. Die Nachricht traf uns wie ein Blitzschlag. In unserer Synagoge versammelt, war die Luft schwer von Verzweiflung und Unglauben.

„Wir müssen gehen, David", sagte Leah mit zitternder Stimme, „Ich will nicht, dass unsere Kinder in Angst leben."

„Aber wohin sollen wir gehen? Alles, was wir kennen, ist hier", entgegnete ich hilflos.

Die folgenden Tage waren geprägt von einer beklemmenden Stille. Überall begannen Familien, ihr Hab und Gut zu verkaufen, oft für einen Bruchteil des Wertes. Ich sah, wie mein Nachbar, ein alter Mann, der sein ganzes Leben in dieser Stadt verbracht hatte, weinend seine Bücher verkaufte.

In den Straßen Sevillas begegneten wir jetzt offener Feindseligkeit. Einmal wurden wir mit Steinen beworfen, als wir unsere Synagoge verließen. „Geht weg, Juden!", schrien sie.

Die Entscheidung, unser Heimatland zu verlassen, war herzzerreißend. Ich blickte auf mein Haus, die Wände erzählten Geschichten von Generationen. Wie konnte ich alles hinter mir lassen, was ich je geliebt hatte?

In einer Nacht packten wir unsere wenigen verbliebenen Habseligkeiten. Leah sah mich an, ihre Augen voller Tränen, aber auch voller Entschlossenheit. Unsere Kinder schliefen, ahnungslos von dem ungewissen Weg, der vor uns lag.

Beim Verlassen unseres Hauses warf ich einen letzten Blick zurück. Die Straßen von Sevilla, die einst von Leben und Farben sprühten, waren nun dunkel und bedrohlich. In dieser Nacht verlor ich nicht nur mein Zuhause, sondern ein Stück meiner Seele.

So begann unsere Reise, geprägt von Verlust und Ungewissheit. Eine Reise, die uns weit weg von allem führte, was wir kannten und liebten. Wir waren nicht nur physisch aus unserer Heimat vertrieben, sondern auch aus unserem Platz in der Welt. Der Schmerz und die Trauer, die wir empfanden, waren unbeschreiblich – doch sie waren auch der Beginn einer neuen Geschichte, unserer Geschichte im Exil.

2. Die Zerrissene Familie

Unsere Familie stand am Abgrund einer unausweichlichen Entscheidung, die uns für immer verändern sollte. Während ich durch die leeren Räume unseres Hauses wanderte, das einst voller Leben und Freude war, fühlte ich, wie die Last der bevorstehenden Entscheidung schwer auf meinen Schultern lag.

Eines Abends, als wir uns um den spärlich gedeckten Tisch versammelten, brachte mein ältester Sohn, Aaron, das unausgesprochene Thema zur Sprache. „Vater, warum können wir nicht einfach konvertieren? Dann könnten wir hierbleiben." Seine Worte hingen schwer in der Luft.

Meine Frau, Leah, sah ihn mit traurigen Augen an. „Aaron, unser Glaube ist das Erbe unserer Vorfahren. Wie könnten wir das einfach aufgeben?"

Aber Aaron war nicht der Einzige mit Zweifeln. Meine Tochter Sarah, immer die Stille in der Familie, flüsterte leise: „Ich habe Angst vor dem, was uns dort draußen erwartet. Vielleicht ist es sicherer, hier zu bleiben und ..."

Ihre Worte brachen ab, als Tränen ihre Augen füllten. Ich sah den Schmerz und die Angst in den Augen meiner Familie und fühlte mich zerrissen zwischen dem Wunsch, sie zu schützen, und der Verpflichtung, unsere Traditionen und unseren Glauben zu bewahren.

„Wir können nicht bleiben", sagte ich schließlich mit fester Stimme, obwohl mein Herz schwer war. „Unser Leben hier ist vorbei. Wir müssen gehen, bevor es zu spät ist."

Die Entscheidung, die ich getroffen hatte, legte sich wie ein dunkler Schatten über uns. In den folgenden Tagen packten wir unser weniges Hab und Gut, wertvolle Erinnerungsstücke und die unverzichtbaren religiösen Texte, die seit Generationen in unserer Familie waren.

Als wir durch die vertrauten Straßen Sevillas gingen, um ein letztes Mal Abschied zu nehmen, spürten wir die misstrauischen Blicke und das Flüstern der Menschen. Die Stadt, die einst unsere Heimat war, fühlte sich nun fremd und feindlich an.

Am Tag unserer Abreise standen wir vor unserem Haus, das nun leer und still war. Die Türen, durch die Freude und Trauer gekommen waren, würden uns nicht länger willkommen heißen.

Mit tränenerfüllten Augen blickte ich auf meine Familie. Leah hielt unsere jüngste Tochter Miriam fest im Arm, während Aaron und Sarah mit gesenkten Köpfen neben mir standen.

„Wir werden eine neue Heimat finden", sagte ich leise, in der Hoffnung, dass meine Worte wahr werden würden. „Gott wird uns führen."

3. Der Weg ins Unbekannte

Die Tage vor unserer Abreise waren von hektischer Aktivität und beklemmenden Abschieden geprägt. Wir verkauften, was wir konnten, aber oft zu Spottpreisen, denn unsere Nachbarn wussten um unsere verzweifelte Lage. Mit jedem verkauften Gegenstand schien ein Stück unserer Vergangenheit zu verschwinden.

Unser Haus, einst ein Symbol unseres Wohlstands und unserer Stellung in der Gemeinde, wurde für einen Bruchteil seines Wertes verkauft. Während ich das Geld zählte, das uns für unsere Zukunft helfen sollte, fühlte ich, wie ein Teil von mir in jenen Mauern zurückblieb.

„Es ist Zeit, Vater", sagte Aaron leise, als wir unser spärliches Gepäck zusammenpackten. In seinen Augen las ich eine Mischung aus Angst und Entschlossenheit.

Die Reise begann im Morgengrauen. Wir schlossen uns einer Gruppe von anderen jüdischen Familien an, die ebenfalls das Land verließen. Gemeinsam waren wir stärker, doch die Angst vor dem, was kommen würde, lag wie ein dunkler Schleier über uns.

Unser Weg führte uns durch unwegsames Gelände und entlegene Dörfer, wo unsere Anwesenheit Misstrauen und manchmal offene Feindseligkeit hervorrief. In manchen Nächten, wenn wir uns um das Lagerfeuer versammelten, hörten wir die Schreie entfernter Menschen, die weniger Glück hatten als wir.

Eines Tages, während wir durch eine trockene Ebene marschierten, wurden wir von Banditen angegriffen. Sie nahmen uns das Wenige, was wir noch hatten, und verschwanden so schnell, wie sie gekommen waren. Dieser Vorfall hinterließ eine tiefe Narbe in uns, ein schmerzhaftes Bewusstsein unserer Verletzlichkeit.

Die Kinder hielten tapfer durch, obwohl ich das Leid in ihren Augen sah. Sarah versuchte, die jüngere Miriam zu trösten, die nachts oft weinte und nach unserem alten Zuhause rief.

„Wir sind bald da", flüsterte Sarah, obwohl keiner von uns wusste, wo unser „bald da" sein würde.

Schließlich erreichten wir die Küste. Das weite Meer vor uns schien sowohl eine Grenze als auch ein Tor zu neuen Möglichkeiten zu sein. Wir hatten kein Geld für eine Passage auf einem Schiff, also mussten wir warten, beten und hoffen, dass sich eine Gelegenheit ergeben würde.

In diesen Tagen am Hafen lernten wir viel über das Leben im Exil. Wir trafen andere Juden, die ähnliche Geschichten hatten, und hörten von Ländern, in denen wir vielleicht willkommen sein könnten. Aber jede Hoffnung war begleitet von Unsicherheit und Angst.

Eines Abends kam ein Mann zu unserem Lager. Er bot uns Passage auf einem Schiff an, das nach Nordafrika fuhr. Es war unsere beste Chance, auch wenn die Bedingungen an Bord hart und gefährlich sein würden.

Wir bestiegen das Schiff mit schweren Herzen, wissend, dass wir alles hinter uns ließen, aber auch mit der Hoffnung auf eine bessere Zukunft. Die Überfahrt war geprägt von Stürmen, Krankheit und Entbehrungen. Wir hielten uns aneinander fest, unsere Körper geschwächt, unsere Geister jedoch entschlossen.

Als wir endlich Land erblickten, fühlten wir eine Mischung aus Erleichterung und Furcht. Was würde uns in diesem neuen Land erwarten? Würden wir akzeptiert werden oder erneut Verfolgung und Leid erfahren?

Das Leben im Exil war hart. Wir mussten von vorne anfangen, ohne Besitz, ohne die Unterstützung einer etablierten Gemeinschaft. Aber wir fanden auch Freundlichkeit und Mitgefühl bei Menschen, die unsere Geschichten verstanden und bereit waren, uns zu helfen.

In diesen ersten Monaten bauten wir uns ein neues Leben auf. Es war ein Leben voller Herausforderungen, aber auch voller kleiner Siege. Jeder Tag brachte neue Kämpfe, aber auch neue Hoffnung.

„Wir werden hier Wurzeln schlagen", sagte ich eines Abends zu meiner Familie, als wir in unserer bescheidenen neuen Behausung zusammenkamen. „Wir werden überleben und wieder aufblühen, so wie unsere Vorfahren es immer getan haben."

In den Augen meiner Familie sah ich eine Mischung aus Zweifel und Glauben. Aber vor allem sah ich den unerschütterlichen Willen, sich den Herausforderungen zu stellen und trotz allem voranzukommen.

In jenen Nächten, als wir unter einem fremden Himmel schliefen, träumte ich oft von Sevilla, von unserem alten Leben. Doch beim Aufwachen erinnerte ich mich daran, dass unsere Zukunft hier lag, in diesem neuen Land, das uns eine Zuflucht geboten hatte.

Unser Weg ins Unbekannte war geprägt von Verlust und Schmerz, aber auch von Mut und Hoffnung. Wir waren eine zerrissene Familie, die sich ihren Platz in einer Welt suchte, die uns oft feindlich gesinnt war. Doch trotz allem hielten wir an unserem Glauben, unserer Kultur und aneinander fest, fest entschlossen, wieder ein Zuhause zu finden, egal, wo uns das Schicksal hinführen würde.

4. Der Kampf um Anpassung

In den ersten Monaten unseres Lebens im Exil fühlte sich jeder Tag wie ein unüberwindbares Hindernis an. Das Land, in das wir gekommen waren, war fremd – in Sprache, Kultur und Gewohnheiten. Unsere jüdische Identität, die in Spanien einst Teil unseres Stolzes war, wurde hier zu einem Zeichen der Andersartigkeit, das uns von den anderen unterschied.

Unsere erste Unterkunft war eine kleine, dunkle Kammer in einem überfüllten Viertel der Stadt. Die Wände waren dünn, und die Stimmen unserer Nachbarn durchdrangen sie Tag und Nacht. Jeder von uns versuchte auf seine Weise, sich an die neue Umgebung anzupassen.

„Wir müssen die Sprache lernen, das ist der erste Schritt", sagte ich zu meiner Familie. Aaron, immer eifrig und wissbegierig, begann sofort, sich mit Einheimischen anzufreunden und ihre Sprache zu lernen.

Aber es waren nicht nur sprachliche Barrieren, die uns von den Einheimischen trennten. Unsere Traditionen und unser Glaube setzten uns ebenfalls abseits. Wir hielten weiterhin den Sabbat und folgten den jüdischen Speisegesetzen, obwohl dies oft schwer umzusetzen war.

„Es ist, als würden wir in zwei Welten leben", sagte Sarah eines Abends. „Draußen müssen wir uns anpassen, aber zu Hause halten wir an unseren Traditionen fest."

Einer der schwierigsten Aspekte war der Umgang mit der Bevölkerung. Viele hatten Vorurteile gegen Juden und sahen uns mit Misstrauen und Ablehnung. Wir hörten Geschichten von anderen Juden, die angegriffen oder betrogen wurden. Es war ein ständiger Kampf, nicht nur ums Überleben, sondern auch um Würde und Respekt.

Ich versuchte, ein kleines Geschäft zu eröffnen, um unsere Familie zu unterstützen. Aber die Behörden waren nicht wohlwollend. Sie legten uns zusätzliche Steuern und Beschränkungen auf, nur weil wir Juden waren. Jeder Erfolg war hart erkämpft, jeder Schritt vorwärts ein Triumph über die Widrigkeiten.

„Warum sind die Menschen hier so gegen uns?", fragte Miriam eines Tages. Ihre Unschuld inmitten dieses Kampfes brach mir das Herz.

„Sie verstehen uns nicht, Liebling", antwortete Sarah sanft. „Aber wir dürfen unsere Hoffnung nicht verlieren. Wir haben schon so viel überstanden."

Trotz der Herausforderungen fanden wir auch Freundschaft und Unterstützung. Es gab Menschen, die uns halfen, ohne nach unserem Glauben oder unserer Herkunft zu fragen. Diese kleinen Akte von Freundlichkeit waren Lichtblicke in unserem schwierigen Alltag.

Unsere Bemühungen, die jüdische Kultur und Tradition am Leben zu erhalten, waren ein Anker für unsere Identität. Jeder Sabbat, jede Feier unserer Feste war ein Akt des Widerstands gegen das Vergessen und der Bewahrung unserer Geschichte und Kultur.

„Wir dürfen nicht zulassen, dass das, was uns ausmacht, verloren geht", sagte ich eines Abends, als wir um den Tisch saßen und den Sabbat begingen. „Das ist unsere Verantwortung gegenüber denen, die nicht hier sein können."

Die Kinder lernten die Geschichten und Lieder unserer Vorfahren, und in diesen Momenten fühlte es sich an, als würde ein Stück unserer verlorenen Heimat in uns weiterleben.

Mit der Zeit begannen wir, uns in unserer neuen Umgebung einzuleben. Aaron fand Arbeit bei einem lokalen Handwerker, Sarah half in einer Gemeinschaftsküche, und Miriam ging zur Schule, wo sie Freunde fand, die über unsere Unterschiede hinwegsahen.

Doch die Diskriminierung und die Herausforderungen blieben bestehen. Wir lebten ständig mit der Angst, dass unser Glaube und unsere Bräuche uns in Gefahr bringen könnten. Doch diese Angst machte uns auch stärker, lehrte uns, für das einzustehen, was wir für richtig hielten.

„Wir haben eine neue Heimat gefunden", sagte ich eines Abends. „Sie ist nicht perfekt, und die Herausforderungen sind groß. Aber wir haben überlebt, und wir werden weiterkämpfen, für uns und für die Zukunft unserer Kinder."

In diesem Kampf um Anpassung fanden wir nicht nur eine neue Heimat, sondern auch ein neues Verständnis für unsere Identität. Es war ein Verständnis, das geprägt war von der Vergangenheit, aber auch von der Hoffnung und dem Willen, in einer Welt zu überleben, die uns oft feindlich gesinnt war. Wir hatten gelernt, in zwei Welten zu leben, ohne dabei uns selbst zu verlieren.

5. Das Echo der Vergangenheit

In den stillen Stunden der Nacht, wenn das Tagesgeschehen zur Ruhe kam, fand ich mich oft in Gedanken an Sevilla wieder. Es waren Erinnerungen, die sowohl Schmerz als auch Freude in mir weckten. Das lebendige Bild der Straßen, die Gerüche der Märkte, das Gelächter unserer Nachbarn – all das gehörte nun einer vergangenen Welt an. Sevilla war mehr als nur ein Ort für uns; es war ein Teil unserer Seele, und sein Verlust hallte immer noch in unseren Herzen nach.

„Erinnerst du dich an die Festtage in Sevilla?", fragte Sarah mich eines Abends, als wir im Schein einer flackernden Kerze saßen. „Wie lebendig und bunt alles war?"

Ihre Worte weckten Bilder von Familienfeiern, gemeinsamen Gebeten und festlichen Mahlzeiten. „Ja", antwortete ich, „ich erinnere mich. Es war eine Zeit, in der wir uns sicher und geborgen fühlten."

Diese Gespräche über Sevilla brachten uns nicht nur Schmerz, sondern auch eine tiefe Sehnsucht, etwas von dem zurückzugewinnen, was wir verloren hatten. Es war diese Sehnsucht, die uns dazu antrieb, eine neue jüdische Gemeinschaft aufzubauen, einen Ort, der ein Stück unserer verlorenen Heimat widerspiegelte.

Die Gründung einer Synagoge war der erste Schritt in diesem Prozess. Es war eine bescheidene Struktur, aber sie stand für unser Festhalten an Glauben und Tradition. Aaron war es, der die Initiative ergriff. Mit seiner jugendlichen Energie und seinem Enthusiasmus konnte er viele andere überzeugen, an diesem Vorhaben teilzunehmen.

„Wir bauen nicht nur eine Synagoge", sagte er bei einem Treffen der Gemeindemitglieder. „Wir bauen ein Zuhause, einen Ort, wo wir sein können, wer wir sind, ohne Angst und ohne Vorbehalte."

Die Arbeit am Aufbau der Synagoge wurde zu einem Symbol unserer Widerstandsfähigkeit und unseres Glaubens. Jeder Stein, jede Planke, die wir setzten, war ein Akt der Hoffnung, ein Zeichen dafür, dass das Leben auch unter schwierigsten Umständen weitergeht.

Mit der Zeit wuchs unsere Gemeinde. Neue Familien kamen hinzu, und langsam, aber sicher entstand ein Netzwerk aus Unterstützung und Freundschaft. Wir feierten gemeinsam die jüdischen Feiertage, lehrten unsere Kinder die Geschichten und Traditionen unserer Vorfahren und fanden Trost in unserer gemeinsamen Identität.

Doch trotz des neuen Anfangs blieb die Vergangenheit ein steter Begleiter. Die Erinnerungen an Sevilla, an das, was wir verloren hatten, waren immer gegenwärtig. Sie lehrten uns jedoch auch, die Gegenwart zu schätzen und für unsere Zukunft zu kämpfen.

„Wir haben viel durchgemacht", sagte ich eines Tages zu Sarah, als wir die neuen Sprossen der Pflanzen in unserem kleinen Garten betrachteten. „Aber schau, wie weit wir gekommen sind. Wir haben ein neues Leben aufgebaut, eine neue Gemeinschaft."

„Ja", antwortete sie, „es ist, als hätte die Vergangenheit uns die Stärke gegeben, die wir brauchten, um diese neue Welt zu meistern."

In den Jahren, die folgten, erlebten wir Höhen und Tiefen. Es gab Momente der Freude und Momente der Trauer, aber durch alles hindurch hielt uns unsere Gemeinschaft zusammen. Wir hatten gelernt, dass unsere Identität nicht an einen Ort gebunden war, sondern in uns selbst und in unseren Traditionen lebte.

„Was wir erlebt haben, darf niemals vergessen werden", sagte ich eines Abends bei einer Versammlung in der Synagoge. „Es ist unsere Geschichte, eine Geschichte von Verlust, aber auch von Widerstand und Hoffnung. Und diese Geschichte müssen wir weitererzählen, um sicherzustellen, dass die Welt nicht vergisst."

In den Gesichtern der Anwesenden sah ich eine Mischung aus Traurigkeit und Stolz. Wir hatten viel verloren, aber wir hatten auch viel gewonnen. In unserem Kampf, uns in einer Welt zurechtzufinden, die uns oft feindselig gegenüberstand, hatten wir eine neue Stärke gefunden, eine Resilienz, die uns durch die dunkelsten Zeiten trug.

Das Echo der Vergangenheit war immer in unseren Herzen, eine ständige Erinnerung an das, was wir durchgemacht hatten. Aber es war auch ein Antrieb, ein Grund, jeden Tag mit Hoffnung und Entschlossenheit zu leben. Wir hatten gelernt, dass, egal wie dunkel die Nacht, der Morgen immer wieder kommt, und mit ihm die Möglichkeit, etwas Neues zu schaffen, etwas Schönes und Beständiges. So lebten wir, getragen von der Erinnerung an Sevilla, aber mit Blick auf eine Zukunft, die wir selbst gestalteten – voller Hoffnung und mit unerschütterlicher Stärke.

Die Tragödie von Lissabon 1506

Im frühen 16. Jahrhundert war Lissabon eine florierende Stadt, die eine diverse Bevölkerung beherbergte, darunter auch eine bedeutende jüdische Gemeinschaft. Diese Gemeinschaft hatte über Jahrhunderte hinweg einen wesentlichen Beitrag zum kulturellen und wirtschaftlichen Leben der Stadt geleistet. Jedoch waren die Juden in Portugal, ähnlich wie in anderen Teilen Europas, häufig Zielscheibe von Diskriminierung und Misstrauen.

Die Spannungen gegenüber den Juden waren teils auf religiöse Intoleranz, teils auf Neid ihrer wirtschaftlichen Erfolge zurückzuführen. In einer Zeit, in der die Inquisition in Spanien und Portugal an Einfluss gewann, wuchs die Angst und Unsicherheit unter den jüdischen Gemeinschaften. Viele Juden waren gezwungen, zum Christentum zu konvertieren, um Verfolgung und Tod zu entgehen. Diese konvertierten Juden, bekannt als „Neuchristen" oder „Conversos", lebten oft in einem Zustand der Doppelleben, da sie in der Öffentlichkeit als Christen auftraten, aber im Geheimen ihre jüdische Identität und Praktiken aufrechterhielten.

Die Lage eskalierte im April 1506, als in Lissabon ein Pogrom, das als „Das Massaker von Lissabon" bekannt wurde, stattfand. Ausgelöst wurde dieses Ereignis durch einen Vorfall in einer Kirche, bei dem ein Lichtstrahl auf ein heiliges Bild fiel, was fälschlicherweise als göttliches Wunder interpretiert wurde. Eine Menge, die sich bereits in einer Atmosphäre der Angst und des Aberglaubens befand, wurde leicht aufgehetzt. Gerüchte, dass die Juden das Wunder verhöhnt hätten, verbreiteten sich rasch.

Was folgte, waren drei Tage unbeschreiblicher Gewalt und Brutalität. Juden, gleichgültig ob sie konvertiert waren oder nicht, wurden verfolgt, gefoltert und getötet. Die Straßen Lissabons füllten sich mit Gewalt, und das Ausmaß der Tragödie war erschütternd. Familien wurden auseinandergerissen, und viele sahen sich gezwungen, zwischen dem Tod und einer erzwungenen Konversion zum Christentum zu wählen.

Dieses dunkle Kapitel in der Geschichte Lissabons ist nicht nur ein Zeugnis der Grausamkeit und des Aberglaubens jener Zeit, sondern auch ein mahnendes Beispiel für die Folgen von Intoleranz und Hass. Die Ereignisse von 1506 hinterließen eine tiefe Narbe in der Geschichte der jüdischen Gemeinde in Portugal und waren ein Vorbote der weiteren Verfolgung, die in den kommenden Jahrzehnten folgen sollte.

Das letzte Licht von Lissabon

1. Nichts Neues unter der Sonne

In den engen, lebhaften Gassen von Lissabon, umgeben von der Melodie des alltäglichen Lebens, befand sich die kleine Werkstatt von Samuel, einem jüdischen Handwerker, der für seine feinen Schnitzarbeiten bekannt war. Das sanfte Klopfen seines Meißels auf Holz war ein ständiger Begleiter der Händler und Passanten. Samuel, ein Mann in seinen mittleren Jahren, arbeitete mit einer Präzision und Hingabe, die seine tiefe Verbundenheit zu seinem Handwerk verriet.

Sein Zuhause, ein bescheidenes, aber liebevoll eingerichtetes Haus, teilte er mit seiner Frau Miriam und ihren drei Kindern. Es war ein Ort voller Wärme und Gelächter, ein sicherer Hafen in einer Welt, die zunehmend von Unsicherheit und Angst geprägt war. Die Familie feierte Sabbat und Festtage nach alter Tradition, und ihr Haus war oft ein Treffpunkt für die lokale jüdische Gemeinschaft.

Samuels Engagement in der Gemeinde ging weit über das bloße Einhalten religiöser Praktiken hinaus. Er war bekannt für seine Großzügigkeit und sein Eintreten für die Bedürftigen. Seine Werkstatt war nicht nur ein Ort des Handwerks, sondern auch ein Raum für Gespräche und Diskussionen über Themen, die seine Gemeinschaft betrafen.

In den letzten Monaten jedoch hatten sich dunkle Wolken über das friedliche Leben von Samuel und seiner Familie zusammengezogen. Gerüchte über ein zunehmend feindseliges Klima gegenüber den Juden in Lissabon verbreiteten sich. In den Straßen, Märkten und sogar in den Kirchen hörte man flüsternde

Stimmen, die von bevorstehenden Unruhen und religiösen Spannungen sprachen.

„Hast du gehört, was sie sagen?", fragte Miriam eines Abends, als sie und Samuel im schwachen Schein einer Öllampe saßen. Ihre Stimme war voller Sorge.

Samuel seufzte tief. „Ja, ich habe die Gerüchte gehört. Aber wir dürfen nicht in Angst leben. Wir haben schon so vieles überstanden. Gott wird uns auch diesmal beistehen."

Die Kinder, noch zu jung, um die Tragweite der Situation zu verstehen, spielten unbekümmert im Hintergrund. Samuel blickte zu ihnen und spürte eine tiefe, schmerzliche Sorge in seinem Herzen. Er hatte sein Leben in dieser Stadt verbracht, hatte hier seine Familie gegründet. Die Vorstellung, dass diese friedliche Existenz bedroht sein könnte, war für ihn kaum zu ertragen.

In den folgenden Tagen verdichteten sich die Anzeichen von Unruhe. Einmal beobachtete Samuel, wie eine Gruppe Männer eine alte Frau beschimpfte, weil sie sich geweigert hatte, ihr Kreuz zu küssen. Ein andermal hörte er, wie in einer Taverne offen über Gewalt gegen die „Ungläubigen" gesprochen wurde.

Die Luft in Lissabon, einst gefüllt mit den Düften von Gewürzen und dem Meer, schien jetzt von einer beunruhigenden Stille durchdrungen zu sein. Es war, als ob die Stadt ihren Atem anhielt, in Erwartung dessen, was kommen mochte.

Eines Abends, als Samuel nach einem langen Tag in der Werkstatt nach Hause ging, wurde er von seinem Freund Benjamin, einem Gelehrten der Gemeinde, angesprochen. „Samuel, wir müssen reden. Es gibt Gerüchte, dass etwas Schreckliches bevorsteht. Die Situation scheint ernster zu sein, als wir dachten."

Samuel spürte eine eisige Kälte in seinem Inneren. „Was sollen wir tun, Benjamin? Wir können nicht einfach unser Leben, unser Zuhause aufgeben."

„Wir müssen wachsam sein und zusammenhalten. Mehr können wir im Moment nicht tun", antwortete Benjamin mit einer Stimme, die Samuel trotz seiner Worte nicht beruhigen konnte.

In dieser Nacht fand Samuel kaum Schlaf. Die Sorgen und Ängste, die er bisher zu unterdrücken versucht hatte, stiegen in ihm hoch wie dunkle Wellen. Er dachte an seine Familie, an seine Gemeinde, an das Leben, das er so liebte. Die Ungewissheit des Kommenden lastete schwer auf ihm.

Als der nächste Morgen anbrach, öffnete Samuel wie gewohnt seine Werkstatt, doch das Klopfen seines Meißels klang heute anders in seinen Ohren. Es war nicht mehr nur das Geräusch eines Handwerkers bei der Arbeit, sondern das beharrliche, hoffnungsvolle Klopfen eines Mannes, der trotz allem versuchte, an das Licht in der Dunkelheit zu glauben.

2. Das Pogrom beginnt

Das Schicksal der jüdischen Gemeinde in Lissabon nahm eine dramatische Wendung, als in einer der Hauptkirchen der Stadt ein unerklärliches Phänomen stattfand. Ein einfaches Kreuz, das jahrzehntelang unbeachtet an einer Wand gehangen hatte, begann plötzlich auf unerklärliche Weise zu leuchten. Dieses Ereignis, das schnell als Wunder ausgelegt wurde, entfachte in der bereits angespannten Bevölkerung einen Sturm religiösen Eifers.

Die Nachricht vom „Wunder" verbreitete sich wie ein Lauffeuer durch die Stadt. Bald strömten Scharen von Menschen zur Kirche, um Zeugen des Phänomens zu sein. Inmitten dieser Aufregung fanden Gerüchte über die Juden fruchtbaren Boden. Wilde Spekulationen machten die Runde, und bald wurden Beschuldigungen laut, die Juden hätten auf übernatürliche Weise versucht, das Wunder zu verhindern oder zu entweihen.

Samuel erfuhr von diesem Vorfall, als er in seiner Werkstatt arbeitete. Ein befreundeter christlicher Händler, der in der Nähe vorbeikam, warnte ihn eindringlich. „Samuel, du musst vorsichtig sein. Die Leute reden Unsinn über das Wunder in der Kirche und beschuldigen die Juden. Die Stimmung ist aufgeheizt."

„Danke für die Warnung, Thomas", erwiderte Samuel mit besorgter Miene. Er spürte, wie sich eine düstere Vorahnung in ihm ausbreitete. Er schloss früher als gewöhnlich seine Werkstatt und eilte nach Hause, um seine Familie zu warnen.

Zuhause angekommen, berichtete er Miriam von den besorgniserregenden Entwicklungen. „Wir müssen vorsichtig sein", sagte er. „Es ist besser, wenn wir uns eine Weile zu Hause verstecken, bis sich die Situation beruhigt hat."

Miriam nickte verständnisvoll, obwohl Angst in ihren Augen lag. Sie sorgte sich um die Sicherheit ihrer Kinder. Gemeinsam beschlossen sie, die Türen und Fenster verriegelt zu halten und das Haus nur im Notfall zu verlassen.

Die Situation eskalierte jedoch schneller, als sie erwartet hatten. Am nächsten Tag formierten sich Menschenmengen in den Straßen von Lissabon, aufgehetzt durch religiösen Eifer und wilde Gerüchte. Die aufgebrachten Massen suchten nach einem Sündenbock für ihre Ängste und Frustrationen und fanden diesen in der jüdischen Gemeinschaft.

Die Menschenmenge zog durch die Straßen, und ihr Weg war gekennzeichnet durch Zerstörung und Gewalt. Jüdische Geschäfte und Häuser wurden geplündert, Synagogen entweiht. Die Schreie und das Chaos draußen erfüllten die Luft, während Samuel und seine Familie sich in ihrem Haus versteckten, das Herz erfüllt von Angst und Entsetzen.

„Was wird aus uns werden, Papa?", flüsterte Samuels älteste Tochter, während sie sich an ihn klammerte.

„Wir werden zusammenbleiben und beten, dass Gott uns beschützt", antwortete Samuel, während er versuchte, seine eigene Angst zu verbergen.

Die Stunden vergingen, und die Geräusche der Verwüstung draußen ließen nicht nach. Immer wieder hörten sie Schreie, das Zerbrechen von Glas, das Krachen brennender Strukturen. Samuel und seine Familie beteten in ihrem Versteck, umringt von der Dunkelheit und dem schwindenden Hoffnungsschimmer.

Als die Nacht hereinbrach, erreichte die Gewalt einen Höhepunkt. Die Tür ihres Hauses wurde mit Gewalt aufgebrochen. Eine Gruppe aufgebrachter Menschen stürmte hinein, ihre Gesichter verzerrt vor Hass.

Samuel stand schützend vor seiner Familie, sein Herz schlug wild vor Angst. „Bitte, wir haben euch nichts getan", flehte er. Aber seine Worte verhallten ungehört.

Die Angreifer durchsuchten das Haus, raubten, was sie konnten, und zerstörten den Rest. Samuel und seine Familie wurden brutal zur Seite gestoßen, hilflos angesichts der Grausamkeit und des Hasses.

Inmitten des Chaos und der Verzweiflung fühlte Samuel eine tiefe Traurigkeit und Ohnmacht. Sein Zuhause, das einst ein Ort der Liebe und des Friedens war, lag nun in Trümmern. Er hielt seine Familie fest umklammert, während sie von den Tränen und dem Schrecken der Nacht umgeben waren.

Die Ereignisse dieser Nacht brannten sich tief in ihr Gedächtnis ein und markierten den Beginn einer neuen, düsteren Ära für die jüdische Gemeinde in Lissabon. Eine Ära, die von Angst, Verlust und einem unerbittlichen Kampf ums Überleben geprägt sein sollte.

3. Verlust und Verrat

In den Straßen von Lissabon herrschte ein Bild des Grauens. Die jüdische Gemeinde, einst ein integraler Bestandteil des vielfältigen Lebens der Stadt, sah sich nun einer Welle der Gewalt und des Hasses ausgesetzt. Überall waren Schreie zu hören, Häuser brannten, und die verzweifelten Gesichter der Menschen spiegelten Angst und Entsetzen wider.

Samuel, dessen Haus in der vorherigen Nacht verwüstet worden war, hatte kaum Zeit gehabt, den Verlust zu verarbeiten. Nun musste er einen Weg finden, seine Familie in Sicherheit zu bringen. Er kannte die Straßen von Lissabon wie seine eigene Westentasche, doch jetzt waren diese vertrauten Wege zu einem Labyrinth des Terrors geworden.

„Wir müssen hier weg", flüsterte er zu Miriam, während sie sich in einer engen Gasse verbargen. Die Kinder klammerten sich an ihre Eltern, ihre Augen weit aufgerissen vor Angst.

Die Straßen waren gefährlich, und Samuel wusste, dass sie unerkannt bleiben mussten. Sie schlüpften durch schmale Gassen und vermieden die Hauptstraßen, wo die Gewalt am schlimmsten war. Die Schreie und das Chaos hallten in ihren Ohren wider, während sie sich ihren Weg durch die Stadt bahnten.

In dieser Nacht des Schreckens erlebten sie auch den Verrat durch diejenigen, die sie einst Freunde nannten. Als sie versuchten, bei einem nicht-jüdischen Nachbarn Unterschlupf zu finden, einem Mann, den Samuel jahrelang als Freund betrachtet hatte, wurden sie kalt abgewiesen.

„Samuel, ich kann euch nicht helfen", sagte der Mann hastig, während er nervös zur Straße blickte. „Es ist zu gefährlich. Wenn sie herausfinden, dass ich Juden beherberge... Ich kann meine Familie nicht in Gefahr bringen."

Samuel sah den Mann, den er einst als Freund betrachtet hatte, nun mit anderen Augen. Der Schmerz des Verrats schnitt tief, aber es blieb keine Zeit, darüber nachzudenken. Sie mussten weiterziehen.

Die Nacht brachte weitere Gefahren mit sich. Samuel und seine Familie waren gezwungen, sich in einem verlassenen Lagerhaus zu verstecken. Dort hörten sie das Weinen anderer jüdischer Familien, die ebenfalls Schutz suchten. In der Dunkelheit tauschten sie flüsternd Nachrichten und Pläne für die Flucht aus.

Am nächsten Morgen, als die Sonne über den zerstörten Straßen aufging, fasste Samuel einen verzweifelten Plan. Sie würden versuchen, die Stadt zu verlassen und sich zu einem kleinen Dorf durchzuschlagen, von dem er gehört hatte, dass es Juden freundlicher gesinnt war.

Mit dem wenigen, was sie retten konnten, machten sie sich auf den Weg. Die Straßen von Lissabon, die einst voller Leben und Handel waren, lagen nun in Trümmern. Überall waren die Spuren der nächtlichen Gewalt zu sehen – zerschlagene Fenster, verbrannte Ruinen und das Blut Unschuldiger auf den Straßen.

Jeder Schritt war ein Risiko, und sie bewegten sich mit äußerster Vorsicht. Samuel führte seine Familie durch versteckte Wege und dunkle Gassen, immer auf der Hut vor plötzlichen Angriffen.

Die Reise war erschöpfend, und die Kinder litten unter Hunger und Durst. Doch Samuel trieb sie weiter an, getrieben von der Hoffnung auf Sicherheit. Sie vermieden jeglichen Kontakt mit anderen, denn das Misstrauen und die Angst hatten tiefe Wurzeln geschlagen.

Als sie die Stadtgrenzen erreichten, sahen sie sich einer neuen Herausforderung gegenüber. Die Straßen waren von Milizen bewacht, die nach fliehenden Juden Ausschau hielten. Samuel wusste, dass sie unauffällig bleiben mussten, um nicht entdeckt zu werden.

Mit geschickter Tarnung und durch die Hilfe einiger weniger sympathisierender Seelen schafften sie es schließlich, die Stadt zu verlassen. Die Landschaft außerhalb Lissabons war ein schroffer Gegensatz zu dem Chaos, das sie hinter sich gelassen hatten. Doch die Erleichterung war nur von kurzer Dauer, denn die Reise war noch lange nicht vorbei.

Die Strapazen und Ängste der vergangenen Tage hatten ihre Spuren hinterlassen. Samuel sah in die müden Augen seiner Familie und spürte die Last der Verantwortung schwer auf seinen Schultern. Doch in seinen Augen glimmte auch ein Funken Hoffnung. Sie waren entkommen, zumindest vorerst. Aber der Kampf ums Überleben und die Suche nach einem sicheren Hafen waren noch lange nicht zu Ende.

4. Zwangskonversion

Die Flucht aus Lissabon hatte Samuel und seine Familie an den Rand ihrer Kräfte gebracht. Sie hatten in den letzten Tagen wenig gegessen und kaum geschlafen, immer auf der Hut vor den Gefahren, die sie umgaben. Der Plan war gewesen, sich in einem entfernten Dorf zu verstecken, aber das Schicksal hatte andere Pläne für sie.

Eines Morgens, kurz nach Sonnenaufgang, als die Familie durch ein dichtes Waldgebiet schlich, wurden sie von einer Patrouille aufgegriffen. Die Männer waren brutal und ließen keine Widerrede zu. Samuel, Miriam und die Kinder wurden gefesselt und zurück in die Stadt gebracht.

In Lissabon angekommen, wurden sie in eine kleine, dunkle Zelle geworfen. Die Familie kauerte zusammen, umgeben von Kälte und Verzweiflung. Stunden vergingen, in denen sie sich aneinander klammerten, geplagt von Angst und Ungewissheit.

Schließlich wurden sie vor einen hochrangigen Geistlichen geführt. Der Raum, in den sie gebracht wurden, war groß und einschüchternd, mit hohen Decken und religiösen Symbolen überall.

„Ihr habt die Wahl", begann der Geistliche mit strenger Stimme. „Konvertiert zum Christentum oder erleidet die Konsequenzen eures Glaubens."

Samuel spürte, wie Miriam neben ihm zusammenzuckte. Die Kinder sahen ihre Eltern mit ängstlichen Augen an, nicht verstehend, was vor sich ging. Der Raum war still, abgesehen von dem leisen Schluchzen eines der Kinder.

„Wir können nicht...", begann Samuel, seine Stimme brach vor Emotion. „Unser Glaube ist alles, was wir haben."

Der Geistliche sah Samuel mit kalten Augen an. „Dann werdet ihr die Konsequenzen tragen. Ihr und eure Familie."

Zurück in ihrer Zelle rang die Familie mit ihrer Entscheidung. Miriam weinte leise, während sie ihre Kinder fest an sich drückte.

„Vielleicht... vielleicht sollten wir es tun", flüsterte sie. „Nur um zu überleben."

Aber Samuel schüttelte den Kopf. „Wie können wir unseren Glauben verleugnen? Alles, woran wir glauben und was uns heilig ist?"

Die Kinder verstanden nicht ganz, was vor sich ging, aber sie spürten die Spannung und Angst ihrer Eltern. Der älteste Sohn, David, der gerade zwölf Jahre alt geworden war, sah seinen Vater mit ernsten Augen an.

„Vater, ich will nicht sterben", sagte er leise. „Ich habe Angst."

Samuels Herz brach bei diesen Worten. Er wollte seine Familie schützen, aber wie konnte er sie bitten, ihren Glauben aufzugeben?

In der folgenden Nacht wurde die Entscheidung noch schwieriger. Ein Wächter kam zu ihrer Zelle und informierte sie, dass sie am nächsten Morgen ihre Entscheidung treffen müssten.

Die Nacht war lang und voller Tränen und Gebete. Samuel und Miriam diskutierten hin und her, hin- und hergerissen zwischen dem Wunsch zu überleben und der Treue zu ihrem Glauben.

Am nächsten Morgen wurden sie erneut vor den Geistlichen geführt. Der Raum fühlte sich noch bedrückender an als am Tag zuvor.

„Habt ihr eure Entscheidung getroffen?", fragte der Geistliche.

Samuel, mit einem Ausdruck tiefer Resignation, sprach schließlich: "Wir... wir werden tun, was ihr verlangt. Wir werden konvertieren."

Der Geistliche nickte, ohne sichtbare Regung. „Ihr habt eine weise Entscheidung getroffen. Ihr werdet leben."

Sie kehrten in ihre Zelle zurück, die Entscheidung lag wie ein schweres Gewicht auf ihnen. Während sie auf ihre Freilassung warteten, rangen sie mit den Gefühlen des Verrats an ihrem Glauben und der Erleichterung, am Leben zu sein. Es war ein bittersüßer Sieg, der ihnen ihre Zukunft und ihre Identität raubte, aber ihnen das wertvollste Gut schenkte, das sie hatten – das Leben.

5. Nach dem Sturm

In den Tagen nach der erschütternden Entscheidung, sich zum Christentum zu bekennen, fand sich Samuel in einer Welt wieder, die ihm fremd und unheimlich vorkam. Sie waren freigelassen worden, aber zu welchem Preis? Ihre Identität, ihr Glaube, das Fundament ihrer Existenz, schien unter ihren Füßen weggezogen worden zu sein.

Samuel, Miriam und die Kinder hatten ihr Zuhause verloren, ihre Gemeinschaft, ihre Stellung in der Welt. Sie wurden zu „Neuchristen", eine Bezeichnung, die ihnen wie ein brennendes Mal auf der Stirn erschien. Es war ein Leben im Verborgenen, ein Dasein in ständiger Angst, entdeckt zu werden.

Samuel versuchte, in diesem neuen Leben Fuß zu fassen. Er fand Arbeit als Handwerker, doch die Begegnungen mit ehemaligen Bekannten waren geprägt von kühler Distanz und misstrauischen Blicken. Es war, als ob er und seine Familie unsichtbar geworden wären, Geister, die durch eine Welt wandelten, die sie nicht mehr als die ihre anerkannten.

Doch im Verborgenen hielten sie an ihren jüdischen Wurzeln fest. Heimlich zelebrierten sie den Sabbat, flüsterten Gebete und bewahrten die Geschichten und Traditionen ihrer Vorfahren. Diese heimlichen Rituale waren wie eine Oase in der Wüste ihrer Existenz, ein Funke Hoffnung in der Dunkelheit ihres Alltags.

Die Kinder hatten am meisten unter dem abrupten Wandel zu leiden. Der älteste Sohn David, einst voller Lebensfreude und Neugier, war still und nachdenklich geworden. Die jüngere Tochter, Sarah, verstand nicht ganz, warum sie ihre Freunde nicht mehr sehen durfte und warum sie plötzlich andere Feste feierten.

„Warum können wir nicht so sein wie früher, Vater?", fragte Sarah eines Abends, ihre Augen groß und fragend.

Samuel sah seine Tochter an, sein Herz schwer vor Kummer. „Manchmal, mein Kind, müssen wir schwierige Entscheidungen treffen, um zu überleben. Aber tief in unserem Herzen bleiben wir, wer wir sind. Wir dürfen niemals vergessen, woher wir kommen."

Die Monate vergingen, und Samuel und seine Familie versuchten, in ihrem neuen Leben Fuß zu fassen. Sie knüpften Kontakte zu anderen Neuchristen, die ähnliche Schicksale erlitten hatten. Unter der Oberfläche dieser neuen Identität pulsierte ein Netzwerk des Widerstands und des geheimen Festhaltens an der jüdischen Identität.

Eines Tages hörte Samuel von einer Gruppe, die Pläne schmiedete, aus Portugal zu fliehen und in ein Land zu reisen, wo sie ihre Religion frei ausüben konnten. Diese Nachricht weckte einen Funken Hoffnung in seinem Herzen. Vielleicht gab es doch noch eine Chance auf ein Leben in Freiheit und Würde.

In den stillen Nächten, wenn er und Miriam wach lagen und über ihre Zukunft nachdachten, wuchs der Gedanke an Flucht. Es wäre gefährlich, ja, vielleicht sogar tödlich, wenn sie erwischt würden. Aber das Leben, das sie jetzt führten, war kein echtes Leben. Es war ein Schatten, eine Halbexistenz.

„Vielleicht sollten wir es wagen", flüsterte Miriam eines Nachts. „Für die Kinder, für eine Zukunft, in der sie nicht verleugnen müssen, wer sie sind."

Samuel nickte langsam. Der Gedanke an Flucht war riskant, aber das Risiko war es vielleicht wert, um ein Leben in Freiheit und Wahrheit zu führen.

In den folgenden Wochen bereiteten sie sich heimlich vor. Sie sammelten Informationen, sparten Geld und suchten nach Verbündeten. Die Angst vor Entdeckung war allgegenwärtig, doch sie wurden getrieben von der Hoffnung auf eine bessere Zukunft.

Der Tag ihrer geplanten Flucht kam schneller, als sie erwartet hatten. Unter dem Deckmantel der Nacht schlichen sie aus ihrem Haus, ein letzter Blick auf das Leben, das sie zurückließen. Jeder Schritt war erfüllt von Angst und Hoffnung.

Als sie durch die dunklen Straßen Lissabons huschten, spürten sie das Gewicht ihrer Entscheidung. Sie ließen alles zurück – ihr Zuhause, ihre Vergangenheit, ihre falsche Identität. Vor ihnen lag die Ungewissheit, aber auch die Chance auf ein neues Leben.

In diesem Moment, als sie sich in die Dunkelheit der Nacht begaben, wussten sie, dass sie trotz aller erfahrenen Schrecken und Leiden die Hoffnung und den Glauben an eine bessere Zukunft nicht aufgegeben hatten. Sie trugen ihre jüdische Identität in ihren Herzen, ein unsichtbares, aber unerschütterliches Band, das sie durch die dunkelsten Stunden ihres Lebens leiten würde.

Der Chmielnicki-Aufstand in Polen, 1648–1656

Im 17. Jahrhundert befanden sich das Gebiet der heutigen Ukraine und Teile Polens unter der Herrschaft der Polnisch-Litauischen Adelsrepublik. Diese Zeit war geprägt von sozialen Spannungen und politischen Umwälzungen, die letztendlich zu einem der verheerendsten Ereignisse in der Geschichte der osteuropäischen Juden führten: dem Chmielnicki-Aufstand.

Die sozialen und wirtschaftlichen Unterschiede zwischen den verschiedenen Bevölkerungsgruppen waren enorm. Die polnischen Adligen und Großgrundbesitzer dominierten die Bauern und Leibeigenen, zu denen viele ukrainische Kosaken gehörten. Die Juden, oft in der Rolle der „Arendatoren", verwalteten die Güter der Adligen und trieben die Pacht von den Bauern ein. Diese Position führte zu einer verstärkten Feindseligkeit gegenüber den Juden, die als Handlanger der adligen Unterdrücker angesehen wurden.

Unter der Führung von Bogdan Chmielnicki begann 1648 ein Aufstand der Kosaken gegen die polnische Herrschaft. Die Kosaken sahen in den Juden Verbündete der polnischen Adligen und somit ihre Feinde. Dies führte zu einer Welle von Pogromen – organisierte Massaker an der jüdischen Bevölkerung.

Die Gewalttaten waren von extremer Grausamkeit geprägt. Tausende von Juden wurden getötet, viele Gemeinden völlig zerstört. Die Berichte aus dieser Zeit beschreiben erschütternde Szenen: Familien wurden auseinandergerissen, Menschen vor den Augen ihrer Liebsten brutal ermordet, und ganze Dörfer wurden dem Erdboden gleichgemacht. Neben dem physischen Terror litt die jüdische Bevölkerung auch unter psychologischer Gewalt: die ständige Angst und Unsicherheit, der Verlust von Heimat, Freunden und Familie.

Die Auswirkungen des Chmielnicki-Aufstandes waren verheerend. Die jüdische Bevölkerung in den betroffenen Gebieten wurde dezimiert. Viele überlebende Juden flohen, was zu einer Verschiebung der jüdischen Bevölkerungszentren in Europa führte. Die Ereignisse hinterließen auch tiefe Narben im kollektiven Gedächtnis der jüdischen Gemeinschaft und beeinflussten zukünftige Generationen.

Der Chmielnicki-Aufstand ist ein dunkles Kapitel in der Geschichte der Juden in Osteuropa. Er zeigt die Verletzlichkeit und die Gefahren, denen Minderheiten ausgesetzt sein können, besonders in Zeiten politischer und sozialer Unruhen. Gleichzeitig ist es eine Geschichte über die Resilienz und den Überlebenswillen einer Gemeinschaft, die trotz ungeheurer Verluste und Leiden ihre Identität und ihren Glauben bewahrte.

Die Flüsternde Asche von Polen

1. Friedliches Leben

Efraim stand früh auf, noch bevor die Morgendämmerung die Dunkelheit vertrieb. Er genoss die Stille des frühen Morgens, wenn die Welt noch in tiefem Schlaf lag. Sein kleines Haus lag am Rande eines idyllischen Dorfes in Polen, umgeben von dichten Wäldern und weiten Feldern.

Er lebte dort mit seiner Frau Chava und ihrer Tochter Rivka, einem lebhaften Mädchen mit kastanienbraunen Locken und einem unstillbaren Durst nach Wissen. Chava war eine sanftmütige Frau, deren Lächeln selbst an den dunkelsten Tagen Licht brachte. Sie kümmerte sich liebevoll um das Haus und unterstützte Efraim in seiner Arbeit.

Efraim selbst war ein Lehrer, tief verwurzelt in der jüdischen Tradition und Kultur. Er lehrte die Kinder des Dorfes in der kleinen Synagoge, die auch als Schule diente. Sein Unterricht war nicht nur auf religiöse Studien beschränkt; er lehrte auch Lesen, Schreiben und die Grundlagen der Mathematik. Die Eltern schätzten ihn für seine Geduld und sein Engagement, die Kinder für seine herzlichen Geschichten und sein sanftes Wesen.

Trotz der Ruhe des ländlichen Lebens konnte Efraim die wachsenden politischen Spannungen nicht ignorieren. Die Nachrichten von Unruhen und Konflikten erreichten selbst dieses abgeschiedene Dorf, und oft diskutierte er mit anderen

Dorfbewohnern über die Zukunft. Manchmal, spät in der Nacht, wenn Chava und Rivka schliefen, saß Efraim am Fenster, blickte in den Sternenhimmel und sorgte sich um die unsichere Zukunft.

„Was wird aus uns werden, wenn diese Konflikte unser Dorf erreichen?", fragte er sich oft. Aber dann schüttelte er diese Gedanken ab und konzentrierte sich wieder auf sein unmittelbares Leben, auf seine Familie und seine Schüler.

Die Tage verliefen meist ruhig und gleichförmig. Morgens unterrichtete Efraim die Kinder, nachmittags widmete er sich dem Studium der heiligen Schriften und am Abend verbrachte er Zeit mit seiner Familie. Chava bereitete das Abendessen vor, während Rivka ihren Vater mit Fragen über die Sterne, die Natur und die Geschichten der Torah löcherte.

An einem dieser friedlichen Abende, als das Abendessen fast fertig war, klopfte es plötzlich an der Tür. Es war Moshe, ein alter Freund der Familie und Mitglied des Ältestenrates des Dorfes. Sein Gesicht war ernst und sorgenvoll.

„Efraim, wir müssen reden", sagte er mit brüchiger Stimme. „Es gibt Neuigkeiten, die du hören musst."

Efraim spürte, wie ein kalter Schauer seinen Rücken hinunterlief. Er bat Moshe herein, während Chava und Rivka besorgt zusahen.

„Moshe, was ist passiert?", fragte Efraim, während er seinem Freund einen Stuhl anbot.

„Es ist der Aufstand", begann Moshe leise. „Die Kosaken unter Chmielnicki... sie haben mehrere jüdische Gemeinden angegriffen. Es gibt Berichte von Gräueltaten... Familien wurden auseinandergerissen, Häuser niedergebrannt, Menschen brutal ermordet."

Efraims Herz schlug schneller. Er dachte an seine Schüler, an die Gesichter der Menschen im Dorf, an seine eigene Familie.

„Und unser Dorf?", fragte er mit zitternder Stimme.

„Bis jetzt sind wir sicher, aber... niemand weiß, wie lange noch. Wir müssen vorbereitet sein, Efraim. Wir müssen anfangen, über Schutzmaßnahmen zu diskutieren, vielleicht sogar über Flucht.”

Efraim fühlte sich wie gelähmt. Die Vorstellung, sein Zuhause, seine Gemeinde zu verlassen, war unerträglich. Doch die Sicherheit seiner Familie und seiner Schüler stand an erster Stelle.

„Ich... ich verstehe”, stammelte er. „Wir müssen das Dorf zusammenrufen. Wir müssen einen Plan machen.”

Moshe nickte ernst. „Ja, wir müssen zusammenhalten. In solchen Zeiten ist unsere Einigkeit unsere größte Stärke.”

Nachdem Moshe gegangen war, saß Efraim noch lange da, starrte ins Leere und versuchte, seine Gedanken zu ordnen. Chava setzte sich zu ihm, legte ihre Hand auf seine und sah ihn mit traurigen Augen an.

„Was auch immer geschieht, wir werden es zusammen durchstehen”, flüsterte sie.

Efraim nickte, dankbar für ihre Stärke und Unterstützung. Er wusste, dass die kommenden Tage eine Herausforderung sein würden, vielleicht die größte, der sie sich jemals hatten stellen müssen. Aber in diesem Moment, in der Stille ihres kleinen Hauses, mit dem leisen Flackern der Kerzen und der Wärme ihrer Nähe, fand Efraim etwas Trost und Zuversicht.

Die Nacht war still, doch in Efraims Herz wuchsen Sorge und Entschlossenheit. Er wusste, dass der nächste Tag der Beginn einer neuen, ungewissen Reise sein würde.

2. Der Aufstand Beginnt

Die Sonne ging blutrot unter, als Efraim durch die engen Gassen seines Dorfes ging. Die Nachrichten von den brutalen Kosakenaufständen hatten eine spürbare Spannung in der Luft hinterlassen. Männer standen in kleinen Gruppen zusammen, ihre Gesichter von Sorge gezeichnet, während sie leise Gespräche führten. Frauen blickten ängstlich aus den Fenstern ihrer Häuser, und Kinder, die normalerweise in den Straßen spielten, waren nirgends zu sehen.

Efraim spürte die wachsende Angst und Unsicherheit. Er selbst kämpfte mit dem Gedanken, wie er seine Familie in Sicherheit bringen könnte. Jeder Schritt, den er tat, fühlte sich schwer an, belastet von der Angst um das, was kommen mochte.

Als er nach Hause kam, sah er Chava und Rivka, die besorgt am Tisch saßen. Chava hatte Tränen in den Augen, und Rivka hielt ihre Hand fest. Efraim setzte sich zu ihnen und nahm Chavas Hand.

„Wir müssen stark bleiben", sagte er leise, aber fest. „Ich werde alles in meiner Macht Stehende tun, um euch zu schützen."

In dieser Nacht fand niemand Schlaf. Jedes Geräusch, jeder Windstoß ließ sie zusammenzucken, in der Furcht, dass der Aufstand ihr Dorf erreicht hätte.

Am nächsten Morgen wurden sie durch das laute Läuten der Dorfglocke geweckt. Efraim eilte hinaus, um zu sehen, was geschehen war. Auf dem Dorfplatz hatte sich eine große Menschenmenge versammelt. Der Ältestenrat stand in der Mitte, sichtlich angespannt.

„Es gibt Nachrichten von den ersten Angriffen auf benachbarte Dörfer", verkündete Moshe mit zitternder Stimme. „Die Kosaken zeigen keine Gnade. Sie haben Häuser niedergebrannt und... und die Menschen ermordet. Männer, Frauen, Kinder – niemand wurde verschont."

Ein lautes Raunen ging durch die Menge. Angst und Entsetzen spiegelten sich in den Gesichtern der Dorfbewohner.

„Wir müssen etwas tun", rief jemand aus der Menge. „Wir können nicht einfach warten, bis sie auch zu uns kommen!"

Diskussionen brachen aus, jeder hatte eine andere Meinung darüber, was zu tun sei. Einige sprachen von Flucht, andere von Verteidigung. Efraim stand da, verloren in seinen Gedanken, als er an seine Familie dachte.

Nach der Versammlung kehrte er nach Hause zurück. Chava und Rivka warteten bereits auf ihn, die Angst stand ihnen ins Gesicht geschrieben.

„Was werden wir tun, Efraim?", fragte Chava mit zitternder Stimme.

Efraim sah in ihre ängstlichen Augen und wusste, dass er eine Entscheidung treffen musste. „Wir müssen das Dorf verlassen", sagte er fest. „Es ist zu gefährlich hier zu bleiben. Wir werden uns anderen Flüchtlingen anschließen und nach Westen gehen, weg von den Kosaken."

Die Vorbereitungen für die Flucht begannen sofort. Sie packten das Nötigste ein – Kleidung, etwas Essen, wichtige Dokumente und ein paar persönliche Gegenstände. Rivka hielt ihr kleines Gebetbuch fest in der Hand, Tränen liefen über ihr Gesicht.

In der Nacht, bevor sie aufbrechen sollten, konnte Efraim nicht schlafen. Er ging hinaus und blickte auf das Dorf, in dem er sein ganzes Leben verbracht hatte. Der Mond schien auf die Dächer der Häuser und die Straßen, die nun verlassen und still waren.

3. Die Nacht des Schreckens

Es war eine klare Nacht, der Himmel übersät mit Sternen, als das Unheil über Efraims Dorf hereinbrach. Das erste Anzeichen des Überfalls war ein entferntes Grollen, das schnell lauter wurde, bis es sich zu einem ohrenbetäubenden Lärm steigerte. Efraim, der gerade dabei war, seine Familie für die bevorstehende Flucht vorzubereiten, blieb wie erstarrt stehen.

Der Lärm kam näher, und plötzlich durchbrachen Flammen den Nachthimmel. Efraim rannte nach draußen und sah, wie die ersten Häuser des Dorfes in Flammen standen. Die Luft war erfüllt vom Geschrei der Menschen und dem Krachen brennender Gebäude. Ohne zu zögern, griff er Chava und Rivka und zog sie in Richtung des Waldrandes.

„Aber die anderen!" rief Chava, als sie versuchte, sich loszureißen.

„Wir können ihnen nicht helfen! Wir müssen jetzt weg, sonst sterben wir alle!" schrie Efraim, während er sie weiterzog.

Sie hatten kaum den Wald erreicht, als eine Gruppe Kosaken auf Pferden heranpreschte. Efraim zog Chava und Rivka hinter einen dichten Busch und presste ihnen die Hand auf den Mund. Mit angehaltenem Atem beobachteten sie, wie die Reiter vorbeizogen, die Schwerter gezückt, bereit, jeden zu töten, der ihnen in die Quere kam.

Als die Gefahr vorüber war, wollten sie weiterfliehen, aber sie hörten das Weinen eines Kindes. Efraim zögerte nur einen Moment, dann lief er in die Richtung des Weinens. Er fand ein kleines Mädchen, das neben ihren toten Eltern lag. Ohne lange nachzudenken, nahm er das Kind auf und kehrte zu Chava und Rivka zurück.

Sie setzten ihre Flucht fort, getrieben von der Angst und dem Willen zu überleben. Doch das Schicksal war grausam. Ein plötzlicher Angriff einer weiteren Kosakengruppe trennte sie. Efraim wurde zu Boden gestoßen und verlor das Bewusstsein. Als er wieder zu sich kam, waren Chava und Rivka verschwunden.

Efraim war allein, verloren im dunklen, dichten Wald. Die Schreie aus dem Dorf waren verstummt, zurück blieb nur das Knistern der Flammen und das furchtbare Gefühl der Verzweiflung. Er wusste, er musste weitermachen, um zu überleben und seine Familie wiederzufinden.

Tage und Nächte verbrachte Efraim im Wald. Er ernährte sich von dem, was die Natur ihm bot, und schlief versteckt unter Büschen und in Höhlen. Jeden Tag kämpfte er mit der Verzweiflung und der Hoffnung, Chava und Rivka wiederzufinden.

Er begegnete anderen Flüchtlingen, die ebenfalls ihre Heimat verlassen hatten. Sie tauschten Nachrichten aus, aber niemand hatte etwas von seiner Familie gehört. Jede Begegnung war ein Schimmer von Hoffnung, der schnell verblasste.

Die Zeit im Wald verwischte sich zu einer endlosen Kette von Tagen und Nächten, geprägt von Hunger, Kälte und ständiger

Angst vor Entdeckung. Efraim wurde dünner und schwächer, aber der Wille zu überleben und seine Familie wiederzufinden gab ihm Kraft.

Eines Tages traf er auf eine Gruppe von Widerstandskämpfern, die gegen die Kosaken kämpften. Sie boten ihm Unterschlupf und Essen an. Efraim zögerte, schloss sich ihnen aber schließlich an, in der Hoffnung, dass sie ihm helfen könnten, seine Familie zu finden.

Die Wochen bei den Widerstandskämpfern waren hart. Efraim lernte schnell, wie man im Wald überlebt, wie man sich versteckt und wie man kämpft. Jeder Tag war ein Kampf ums Überleben, jede Nacht war gefüllt mit Alpträumen von dem, was er verloren hatte.

Trotz allem gab er die Hoffnung nicht auf. Jeden Morgen, wenn er aufwachte, war sein erster Gedanke Chava und Rivka. Er erinnerte sich an ihre Gesichter, ihre Stimmen, ihre Liebe – und das gab ihm die Kraft, weiterzumachen.

4. In den Ruinen

Monate waren vergangen, seit Efraim in jener schicksalhaften Nacht sein Dorf und seine Familie verloren hatte. Die Landschaft hatte sich verändert; einst blühende Dörfer waren zu Ruinen verkommen, die Erde trug die Narben des Krieges. Efraim, ein Schatten seiner selbst, durchstreifte diese zerstörte Welt, getrieben von der unerschütterlichen Hoffnung, seine Familie wiederzufinden.

Eines Morgens, als die ersten Sonnenstrahlen die Trümmer erleuchteten, begegnete Efraim einer Gruppe von Überlebenden. Sie waren wie er: ausgehungert, müde, und ihre Augen sprachen von unerträglichen Verlusten. Unter ihnen war eine alte Frau, deren Gesicht von Falten durchzogen war, die jede Träne, jeden Schmerz erzählten.

„Ich suche meine Familie, meine Frau Chava und meine Tochter Rivka", sagte Efraim mit brüchiger Stimme.

Die Frau schaute ihn lange an, bevor sie sprach. „Viele sind verschwunden, viele sind gestorben. Der Krieg verschont niemanden."

Efraim fühlte, wie ein Stich durch sein Herz ging. Die Worte der Frau waren wie ein Echo seiner eigenen Ängste.

Er schloss sich der Gruppe an, zog mit ihnen von Dorf zu Dorf, immer auf der Suche, immer in der Hoffnung. Sie begegneten anderen Überlebenden, hörten ihre Geschichten, sahen die Tränen und das Leid in ihren Augen. Efraim hörte ihnen zu, gab Trost, wo er konnte, aber in seinem Inneren wuchs eine unaufhaltsame Verzweiflung.

An einem regnerischen Tag erreichten sie ein Dorf, das besonders hart getroffen worden war. Die Häuser waren zerstört, die Straßen leer. In den Ruinen fanden sie die Überreste von Menschen, die nicht fliehen konnten. Efraim half, die Toten zu begraben, und mit jeder Schaufel Erde, die er bewegte, wuchs das Gewicht auf seiner Seele.

In der Nacht, als er am Feuer saß und in die Flammen starrte, überkam ihn eine Welle der Schuld. Hätte er sein Dorf früher verlassen, hätte er seine Familie retten können? Warum hatte er überlebt, während so viele andere gestorben waren? Diese Fragen quälten ihn, ließen ihn nicht schlafen, fraßen an seinem Verstand.

Eines Tages trafen sie auf einen Mann, der von einem nahen Dorf erzählte, in dem viele Juden Zuflucht gefunden hatten. Efraim spürte, wie Hoffnung in ihm aufkeimte. Vielleicht, nur vielleicht, waren Chava und Rivka dort.

Mit neuer Entschlossenheit setzte er seine Reise fort. Der Weg war gefährlich, überall lauerten Kosaken, bereit, jeden zu töten, der sich ihnen in den Weg stellte. Aber Efraim ließ sich nicht aufhalten. Er musste weitergehen, für Chava, für Rivka, für sich selbst.

Als sie das Dorf erreichten, durchströmte ihn ein Gefühl der Erleichterung. Das Dorf war voller Leben, Kinder spielten auf den Straßen, und die Menschen schienen sicher. Efraim fragte jeden nach seiner Familie, zeigte ihr Bild, das er sorgsam aufbewahrt hatte. Doch niemand hatte sie gesehen.

Die Enttäuschung war erdrückend, aber Efraim gab nicht auf. Er wusste, dass er weitermachen musste, dass er nicht ruhen konnte, bis er Gewissheit hatte.

In den nächsten Wochen schloss er sich einer Gruppe von Suchenden an. Gemeinsam durchkämmten sie die umliegenden Dörfer, suchten in den Trümmern, hofften bei jedem Gesicht, das sie nicht kannten, auf ein Wiedersehen.

Efraim lernte in dieser Zeit viel über sich selbst. Er erkannte die Kraft, die in ihm schlummerte, die Fähigkeit, trotz aller Widrigkeiten weiterzumachen. Aber er lernte auch die Dunkelheit kennen, die in seiner Seele wuchs, die Schuldgefühle, die ihn quälten.

Efraim stand in den Ruinen eines weiteren zerstörten Dorfes, umgeben von den Schatten der Vergangenheit. Die Hoffnung, seine Familie wiederzufinden, leuchtete schwach in der Dunkelheit, doch er weiß, dass er nicht aufgeben darf. Er muss weitermachen, muss suchen, muss hoffen – denn ohne Hoffnung wäre alles verloren.

5. Neuanfang aus Asche

Efraim hatte die Grenzen menschlicher Ausdauer erreicht. Monatelang war er durch die vom Krieg gezeichneten Landschaften Polens gewandert, getrieben von der verzweifelten Hoffnung, seine Familie wiederzufinden. Doch jede Spur führte ins Leere, jedes geflüsterte Gerücht erwies sich als falsch. Die Schatten des Krieges schienen unausweichlich.

Doch eines Tages, als der Winter in seine letzten Züge ging und der Schnee langsam zu schmelzen begann, hörte Efraim in einem kleinen, fast verlassenen Dorf eine Geschichte, die sein Herz für einen Moment stillstehen ließ. Ein alter Mann, dessen Gesicht vom Leben gezeichnet war, sprach von einer Frau und einem Mädchen, die in einem nahegelegenen Kloster Zuflucht gesucht hatten.

Mit zitternden Händen und einem Herzen voller Hoffnung machte sich Efraim auf den Weg zum Kloster. Die Mauern der

Abtei ragten einschüchternd in den klaren Winterhimmel, doch Efraim ließ sich nicht beirren. Er klopfte an das schwere Holztor, seine Hoffnung mit jedem Schlag lauter werdend.

Die Tür öffnete sich und ein Mönch erschien. Efraim beschrieb Chava und Rivka, seine Stimme brach dabei fast. Der Mönch nickte langsam und führte Efraim zu einem kleinen Raum im hinteren Teil des Klosters.

Dort saß sie – Chava, seine geliebte Frau, mit grauen Strähnen im Haar und Spuren der Trauer in den Augen. Neben ihr stand Rivka, nicht mehr das kleine Mädchen, das Efraim zurückgelassen hatte, sondern eine junge Frau, gezeichnet von den Erfahrungen der vergangenen Monate.

Der Moment ihres Wiedersehens war bittersüß. Tränen der Freude mischten sich mit dem Schmerz über das, was sie alle erlitten hatten. Efraim erfuhr, dass sie in der Nacht des Überfalls getrennt worden waren, sich aber einige Tage später gefunden und Zuflucht im Kloster gesucht hatten.

In den folgenden Wochen blieben sie im Kloster, ein seltsamer Frieden inmitten der Ruinen ihres Lebens. Doch als der Frühling kam, entschied Efraim, dass es Zeit war, weiterzuziehen. Sie kehrten zurück in die Überreste ihres Dorfes, entschlossen, ein neues Leben aus der Asche des alten zu bauen.

Efraim begann, die Geschichten der Überlebenden aufzuschreiben, die Erinnerungen an das, was geschehen war, festzuhalten. Er wurde zum Chronisten des Leidens seiner Gemeinde, ein Bewahrer der Erinnerungen an eine Zeit, die niemals vergessen werden durfte.

Trotz der tiefen Narben, die der Krieg hinterlassen hatte, begann das Leben im Dorf langsam wieder. Felder wurden bestellt, Häuser wiederaufgebaut, und der Alltag nahm seinen Lauf. Doch die Erinnerung an das, was geschehen war, blieb immer präsent, ein stummer Zeuge der Vergangenheit.

Efraim, Chava und Rivka fanden Trost in ihrer Gemeinschaft, in der Stärke, die sie aus ihrem gemeinsamen Überleben zogen. Sie lernten, mit ihren Verlusten zu leben, fanden Hoffnung in den kleinen Freuden des Alltags und in der Gewissheit, dass sie, solange sie zusammen waren, alles überstehen konnten.

Die russischen Pogrome

Ende des 19. und Anfang des 20. Jahrhunderts war eine besonders dunkle Zeit für die jüdische Bevölkerung im Russischen Reich. Diese Periode war geprägt von massiven Wellen von Antisemitismus, die sich in brutalen Pogromen gegen jüdische Gemeinden manifestierten.

Die Juden im Russischen Reich standen ständig unter Druck und Diskriminierung. Sie waren rechtlich benachteiligt, hatten nur begrenzten Zugang zu Bildung und Berufen und wurden oft auf bestimmte Gebiete, die sogenannten Ansiedlungsrayons, beschränkt. Diese systematische Diskriminierung schuf ein Klima der Unsicherheit und Angst.

Die Pogrome, die zwischen 1881-1884 und 1903-1906 stattfanden, waren Höhepunkte des Hasses und der Gewalt gegen Juden. Oft basierten sie auf unbegründeten Gerüchten und Verschwörungstheorien, wie etwa dem berüchtigten „Blutverleumdung", dem Vorwurf, Juden würden christliche Kinder ermorden, um ihr Blut für religiöse Rituale zu verwenden. Diese absurden Anschuldigungen führten zu wilden und unkontrollierten Ausschreitungen, bei denen unzählige Juden getötet, verletzt und ihres Besitzes beraubt wurden. Ganze Gemeinden wurden zerstört, und viele Juden verloren alles, was sie hatten.

Die Pogrome waren oft von einer erschreckenden Grausamkeit geprägt. Häuser wurden geplündert und niedergebrannt, Familien auseinandergerissen und Menschen vor den Augen ihrer Liebsten ermordet. Die russischen Behörden unternahmen wenig bis nichts, um die jüdische Bevölkerung zu schützen, und in einigen Fällen wurden die Gewalttaten sogar von offizieller Seite gefördert oder zumindest geduldet.

Diese Ereignisse hinterließen tiefe Narben in der jüdischen Gemeinschaft und führten zu einer Welle von Emigration, vor allem in die Vereinigten Staaten. Viele Juden sahen keine Zukunft für sich im Russischen Reich und suchten nach einem Leben in Sicherheit und Freiheit, fern von der Unterdrückung und Gewalt, die ihr Leben dort geprägt hatten.

Die Pogrome im Russischen Reich sind ein dunkles Kapitel in
der Geschichte der Judenverfolgung und ein schmerzlicher Beweis
für die Zerstörungskraft von Hass und Intoleranz. Sie sind ein
mahnendes Beispiel dafür, wie wichtig es ist, gegen
Diskriminierung und für die Rechte und die Sicherheit aller
Minderheiten einzustehen.

Flüstern im Winterwind

1. Das Leben im Schatten

In einem kleinen Dorf in der Nähe von Kiew lebte Sofia mit
ihrer Familie in bescheidenen Verhältnissen. Ihr Vater, Misha, war
ein Handwerker, der mit seinem bescheidenen Einkommen kaum
die Familie ernähren konnte. Sofia, ein lebensfrohes Mädchen von
gerade mal zwölf Jahren, half ihrer Mutter, Dina, bei den täglichen
Hausarbeiten. Ihre Familie war ein Teil der kleinen jüdischen
Gemeinschaft im Dorf, die trotz Armut und Diskriminierung einen
starken Zusammenhalt zeigte.

Das einfache Holzhaus der Familie war klein, mit nur einem
Wohn- und Schlafraum, doch es war stets erfüllt von Liebe und
Wärme. Die Wände waren mit selbstgemachten Wandbehängen
dekoriert, und auf einem kleinen Tisch stand immer eine brennende
Kerze, die ein gemütliches Licht verbreitete. Abends, wenn Misha
von der Arbeit nach Hause kam, versammelte sich die Familie um
den Tisch, um gemeinsam zu essen und den Tag Revue passieren
zu lassen.

Eines Abends, als die Familie wie gewohnt beisammen saß,
klopfte es plötzlich an der Tür. Draußen stand Reb Levi, der alte
Rabbi des Dorfes, sein Gesicht ernst und sorgenvoll. Misha öffnete
die Tür, und Reb Levi trat ein. „Shalom," grüßte er leise.

„Shalom, Reb Levi, was führt Sie zu uns?" fragte Dina besorgt.

Reb Levi setzte sich und blickte jeden in der Familie ernst an.
„Ich habe schlechte Nachrichten. Gerüchte erreichen unser Dorf,
dass in den Nachbarregionen Pogrome stattfinden. Viele unserer
Brüder und Schwestern haben bereits gelitten."

Ein kalter Schauer lief Sofia über den Rücken. Sie hatte schon von Pogromen gehört, wusste aber nicht genau, was sie bedeuteten. Ihr Vater erklärte es ihr einst als „Angriffe gegen unser Volk, gegen uns Juden."

Misha sah besorgt aus. „Sind wir hier in Gefahr, Reb Levi?"

„Es ist schwer zu sagen, Misha. Aber wir müssen wachsam sein und zusammenhalten. Wir dürfen die Hoffnung nicht verlieren."

Nachdem Reb Levi gegangen war, herrschte eine bedrückte Stimmung in Sofias Familie. Die Angst vor dem Unbekannten, vor der drohenden Gefahr, lag wie eine dunkle Wolke über ihnen.

In den folgenden Tagen spürte Sofia, wie sich die Stimmung im Dorf veränderte. Die Menschen sprachen weniger miteinander, und auf den Straßen herrschte eine gespannte Ruhe. Ihre Freunde, mit denen sie sonst spielte, waren nun oft still und ängstlich.

Eines Tages, als Sofia von der Dorfschule nach Hause ging, begegnete sie einer Gruppe nichtjüdischer Kinder aus dem Dorf. Einer von ihnen, ein Junge namens Ivan, rief ihr zu: „Hey, Jüdin, hast du Angst vor den Pogromen?"

Sofia wusste nicht, was sie sagen sollte. Sie spürte eine Mischung aus Angst und Traurigkeit. Sie rannte nach Hause, Tränen in den Augen.

Als sie zuhause ankam, fand sie ihre Eltern im Gespräch mit einigen anderen Dorfbewohnern. „Wir müssen Pläne machen, falls die Pogrome auch unser Dorf erreichen," hörte sie ihren Vater sagen.

„Sollten wir fliehen?" fragte eine besorgte Nachbarin.

„Fliehen? Wohin denn? Dies ist unser Zuhause," antwortete Misha. „Wir müssen stark sein und zusammenhalten. Vielleicht zieht der Sturm an uns vorbei."

Aber tief in ihrem Herzen spürte Sofia, dass ihr friedliches Leben im Dorf bald ein Ende finden könnte. Die Schatten des kommenden Unheils wurden mit jedem Tag länger, und die Angst in ihren jungen Augen spiegelte die Sorge ihrer Gemeinde wider.

2. Der Sturm bricht los

In den folgenden Wochen verdichteten sich die Gerüchte über Pogrome in benachbarten Dörfern. Die Angst in Sofias Gemeinde wuchs. Jeder Tag begann und endete mit besorgten Gesprächen unter den Dorfbewohnern. Sofias Familie versuchte, so normal wie möglich weiterzuleben, doch die Angst war ein ständiger Begleiter.

Eines Morgens kam Sofias Vater mit besorgtem Gesichtsausdruck von einem Treffen mit anderen Männern des Dorfes zurück. „Es ist wahr," sagte er mit brüchiger Stimme. „In den Dörfern nicht weit von hier haben Pogrome stattgefunden. Häuser wurden niedergebrannt, Familien auseinandergerissen, und viele unserer Brüder und Schwestern wurden brutal angegriffen."

Die Familie saß schweigend um den Küchentisch. Sofias Mutter Dina flüsterte: „Was sollen wir tun, Misha?"

„Ich weiß es nicht, Dina. Aber wir müssen vorbereitet sein. Wir sollten ein Versteck finden, falls sie auch zu uns kommen."

In den nächsten Tagen half Sofia, zusammen mit ihren Eltern und den Nachbarn, ein Versteck im Keller ihres Hauses zu bauen. Sie versteckten dort Lebensmittel, Wasser und einige Decken. Jeder ging seiner Arbeit nach, doch die Sorge war immer präsent.

Eines Nachmittags, Sofia war gerade von der Schule nach Hause gekommen, hörte sie plötzlich laute Stimmen und Schreie von draußen. Ihr Herz begann zu rasen. „Mama, Papa!" schrie sie.

Sofias Vater sah aus dem Fenster und sein Gesicht erbleichte. „Sie sind hier," sagte er mit zitternder Stimme. „Schnell, in den Keller!"

Die Familie rannte zum Versteck, während draußen das Chaos ausbrach. Sie hörten, wie Menschen schrien, Glas zerbrach und Häuser in Flammen aufgingen. Sofia klammerte sich an ihre Mutter, während Tränen über ihr Gesicht liefen.

Im Keller war es dunkel und still, bis auf die fernen Geräusche der Zerstörung und des Leids. Stunden vergingen, die Familie wagte es nicht, sich zu bewegen oder zu sprechen. Die Angst war lähmend.

Als es draußen endlich still wurde, traute sich Misha hinauszugehen und die Lage zu erkunden. Was er sah, war herzzerreißend. Ihr Dorf, einst ein friedlicher Ort, war verwüstet. Häuser brannten noch immer, die Straßen waren übersät mit Trümmern, und hier und da lagen verletzte oder sogar tote Dorfbewohner.

Misha kehrte zurück und berichtete seiner Familie von der Zerstörung. „Wir können hier nicht länger bleiben," sagte er entschieden. „Wir müssen fliehen, solange wir noch können."

Die Familie packte schnell das Nötigste zusammen und verließ ihr Heim unter dem Deckmantel der Dunkelheit. Sofia schaute sich ein letztes Mal um und sah ihr Zuhause, in dem sie so viele Jahre gelebt hatte, nun als einen Ort des Schreckens und der Trauer.

Sie gingen in Richtung des nächsten Dorfes, in der Hoffnung, dort Schutz zu finden. Der Weg war lang und gefährlich. Sie mussten sich verstecken, um nicht gesehen zu werden. Sofia spürte die Erschöpfung und Angst in ihren Knochen, doch sie wusste, dass es keinen Weg zurück gab.

Die Nacht war kalt und dunkel, und der Mond war der einzige Zeuge ihrer Flucht. Jedes Geräusch ließ sie zusammenzucken, in der ständigen Angst, entdeckt zu werden. Doch sie gingen weiter, Schritt für Schritt, getrieben von der Hoffnung auf ein sicheres Versteck und dem Wunsch, diese Nacht des Grauens zu überleben.

Als sie schließlich das nächste Dorf erreichten, waren sie erschöpft und verzweifelt. Doch die Hilfe, die sie dort erwarteten, blieb aus. Sie wurden misstrauisch beäugt und abgewiesen. „Hier gibt es keinen Platz für euch," sagte ein alter Mann kalt.

Die Familie war verzweifelt. Ohne Essen, ohne Schutz und ohne einen Ort, an dem sie bleiben konnten, waren sie verloren. Sie suchten Schutz in einem nahegelegenen Wald, wo sie die Nacht verbrachten, zusammengekauert unter Bäumen, während sie fröstelten und darauf hofften, dass der nächste Tag ihnen mehr Gnade bringen würde.

In dieser Nacht verlor Sofia nicht nur ihr Zuhause, sondern auch einen Teil ihrer Unschuld. Sie verstand nun, was es bedeutete, verfolgt und gehasst zu werden, nur weil man Jude war. Und während sie in der kalten Dunkelheit lag, schloss sie die Augen und betete für ein Wunder, für einen Strahl der Hoffnung in dieser dunklen Zeit.

3. Inmitten der Dunkelheit

Die Nacht, die Sofia und ihre Familie im Wald verbrachten, war nur der Anfang eines langen Leidensweges. Mit jedem Tag, der verging, verschlimmerte sich ihre Lage. Sie fanden keinen sicheren Ort, keine Zuflucht. Jeder Schritt, den sie machten, führte sie tiefer in eine Welt des Schreckens und der Hoffnungslosigkeit.

Sie hatten gehofft, in einem der benachbarten Dörfer Schutz zu finden, aber überall wurden sie abgewiesen oder ignoriert. Die Menschen, die einst freundliche Nachbarn waren, schlossen jetzt ihre Türen und Fenster, als sie die jüdische Familie sahen. Sofia fühlte sich wie ein Geist, unsichtbar und unerwünscht, ein Fremder in ihrem eigenen Land.

In einer regnerischen Nacht erreichten sie ein weiteres Dorf, doch schon bevor sie jemanden um Hilfe bitten konnten, wurden sie Zeugen eines entsetzlichen Angriffs. Eine Gruppe bewaffneter Männer, ihre Gesichter voller Hass und Wut, marschierte durch das Dorf. Sie zogen jüdische Familien aus ihren Häusern, schlugen und traten auf sie ein, ohne einen Funken Menschlichkeit.

Sofias Familie versteckte sich hinter einem verfallenen Schuppen, ihre Herzen schlugen vor Angst. Sofia presste ihre Hand vor den Mund, um nicht zu schreien, als sie sah, wie ein junger Mann brutal niedergestochen wurde. Ihre Augen füllten sich mit Tränen, aber sie wagte es nicht, auch nur einen Ton von sich zu geben.

Als die Angreifer weiterzogen, war das Dorf ein einziges Bild des Grauens. Häuser brannten, die Straßen waren mit Blut befleckt, überall hörte man das Weinen der Verletzten und Trauernden. Sofias Familie wusste, dass sie hier nicht bleiben konnten. Sie sammelten ihre letzten Kräfte und setzten ihre Flucht fort.

Tage und Nächte vergingen in einem endlosen Zyklus des Wanderns und Versteckens. Essen und Wasser waren knapp, und die Kälte des herannahenden Winters machte ihnen zu schaffen. Sofia fühlte sich, als würde sie jeden Tag ein Stück mehr von sich selbst verlieren.

Eines Abends, als sie in einem verlassenen Stall Schutz suchten, hörten sie das Geräusch von Pferdehufen. Sofias Vater blickte aus einem Spalt in den Brettern und sah eine Gruppe bewaffneter Reiter sich dem Stall nähern. „Sie sind hier," flüsterte er voller Panik. „Wir müssen uns verstecken."

Sie drängten sich in eine dunkle Ecke des Stalls, zitternd vor Angst. Die Reiter stiegen ab und begannen, den Stall zu durchsuchen. Sofia hielt den Atem an, ihre Augen weit aufgerissen vor Furcht. Die Minuten fühlten sich wie Stunden an.

Plötzlich öffnete sich die Stalltür, und ein Lichtstrahl fiel auf die Familie. Ein Mann mit einem rohen Gesichtsausdruck trat ein. „Was haben wir denn hier?" sagte er höhnisch. „Ein paar Ratten, die sich verstecken."

Sofias Mutter umklammerte sie fest, während die Männer sich näherten. „Bitte, wir haben nichts getan," flehte ihr Vater. „Lasst uns gehen."

Die Männer lachten nur. Einer von ihnen, ein großer, brutaler Mann, packte Sofias Vater am Kragen und schleuderte ihn zu Boden. „Du denkst, du kannst uns entkommen, Jude?" spottete er. „Wir haben überall Augen und Ohren. Deinesgleichen kann sich nicht verstecken."

Die nächsten Momente waren ein Wirbel aus Schreien, Schlägen und Angst. Sofia fühlte, wie ihre Mutter sie festhielt, ihre Tränen auf Sofias Wange. Dann hörte sie ein lautes Knallen und spürte einen stechenden Schmerz in ihrer Schulter. Sie schrie auf, und alles um sie herum wurde schwarz.

Als Sofia ihre Augen wieder öffnete, lag sie in einer Lache aus Blut. Um sie herum waren die leblosen Körper ihrer Familie. Sie konnte sich kaum bewegen, jeder Atemzug war ein Kampf. Mit

letzter Kraft schleppte sie sich aus dem Stall hinaus in die kalte
Nacht.

Sofia wusste nicht, wie lange sie dort lag, aber als der Morgen
graute, wurde ihr klar, dass sie allein war. Ihre Familie, ihr
Zuhause, ihre ganze Welt war zerstört. Sie war ein gebrochenes
Mädchen, verloren in einem Land, das von Hass und Grausamkeit
beherrscht wurde.

Die nächsten Tage verbrachte Sofia in einem Zustand zwischen
Bewusstsein und Delirium. Sie ernährte sich von dem, was die
Natur ihr bot, und versteckte sich vor den Menschen. Jeder Tag war
ein Kampf ums Überleben, jeder Atemzug ein Triumph über den
Tod.

In diesen dunkelsten Stunden ihres Lebens verstand Sofia, was
es bedeutete, jüdisch zu sein in einer Welt, die sie hasste und
verachtete. Sie fühlte sich wie ein Schatten, ein Echo einer
vergangenen Zeit. Doch trotz all des Leids und der Trauer gab es
in ihr eine Flamme, die nicht erlosch – die Flamme der Hoffnung
und des Willens, weiterzuleben. Denn inmitten der Dunkelheit war
das der einzige Weg, den Hass und das Unrecht zu besiegen.

4. Verlorene Wege

In den folgenden Tagen wanderte Sofia ziellos durch die
verwüstete Landschaft, getrieben von der verzweifelten Hoffnung,
irgendwo Sicherheit zu finden. Sie war allein, ihr Körper und ihre
Seele gleichermaßen von den Ereignissen der letzten Tage
gezeichnet. Die Erinnerungen an ihre Familie waren wie Narben,
die nicht heilen wollten.

Die Sonne brannte gnadenlos vom Himmel, als Sofia eines
Tages auf eine Gruppe von Flüchtlingen traf. Sie waren ein bunter
Haufen, Alte und Junge, Männer und Frauen, alle gezeichnet von
der gleichen Furcht und dem gleichen Leid. Unter ihnen war eine
ältere Frau namens Miriam, die Sofias Hand nahm und sie zu ihrer
kleinen Gruppe führte.

„Wo kommst du her, Kind?", fragte Miriam mit sanfter Stimme, während sie Sofia etwas Brot und Wasser reichte. Sofia erzählte zögerlich von ihrem Dorf, von ihrer Familie und den Schrecken, die sie erlebt hatte. Miriam hörte zu, ihre Augen voller Mitgefühl und Trauer.

„Wir alle hier haben Ähnliches erlebt", sagte Miriam leise. „Wir sind auf der Flucht, ohne Ziel, nur getrieben von der Hoffnung, irgendwo ein wenig Frieden zu finden."

In den nächsten Tagen zogen Sofia und die Gruppe gemeinsam weiter. Sie erzählten sich ihre Geschichten, teilten ihr Leid und ihre Hoffnungen. Trotz der Schrecken, die sie alle durchlebt hatten, fand Sofia Trost in dieser Gemeinschaft der Verlorenen.

Eines Tages erreichten sie eine größere Stadt. Die Straßen waren voller Menschen, Lärm und Gestank. Sofia spürte eine Mischung aus Furcht und Neugier, als sie durch die Gassen liefen. Überall sah sie Spuren der Zerstörung: eingeschlagene Fenster, verbrannte Häuser, mit Graffiti beschmierte Wände, die die Juden beschimpften.

In der Stadt herrschte ein Chaos, das Sofia noch nie erlebt hatte. Überall waren Soldaten, und die Spannung in der Luft war fast greifbar. Sofia und ihre Begleiter suchten Schutz in einem verlassenen Gebäude am Rande der Stadt.

In der ersten Nacht in der Stadt wurden sie von dem Schreien und den Explosionen draußen wach gehalten. Sofia lag in einer Ecke, zusammengekauert und zitternd. Sie fühlte sich hilflos und verängstigt, die Bilder der vergangenen Tage jagten ihr immer wieder durch den Kopf.

Am nächsten Tag entschieden Miriam und einige andere, in der Stadt nach Hilfe zu suchen. Sofia wollte nicht allein zurückbleiben und schloss sich ihnen an. Doch was sie fanden, war nicht die erhoffte Hilfe, sondern ein Bild des Grauens.

Auf einem der Plätze der Stadt wurden mehrere jüdische Männer und Frauen öffentlich misshandelt. Die Menge jubelte, während die Opfer geschlagen, getreten und gedemütigt wurden. Sofia stand wie erstarrt da, Tränen liefen über ihr Gesicht. In diesem Moment erkannte sie die volle Brutalität und das Ausmaß des Hasses, der ihr Volk traf.

Zurück im Versteck, konnte Sofia nicht mehr sprechen. Sie saß nur da, starrte ins Leere und versuchte, das Gesehene zu verarbeiten. Miriam setzte sich neben sie und legte einen Arm um sie. „Wir müssen stark sein, Sofia", sagte sie leise. „Für diejenigen, die nicht mehr bei uns sind, und für diejenigen, die noch Hoffnung haben."

In den nächsten Tagen versuchten Sofia und die anderen, so gut es ging in der Stadt zu überleben. Sie versteckten sich tagsüber und suchten nachts nach Essen und Wasser. Jeder Tag war ein Kampf, jeder Schritt ein Risiko.

Doch trotz all der Gefahren und Schrecken fand Sofia in dieser Zeit auch Momente der Menschlichkeit und des Mitgefühls. Sie half einem kleinen Jungen, der sich verirrt hatte, und eine Frau gab ihr etwas Essen, als sie sah, wie hungrig Sofia war.

Diese kleinen Gesten der Güte waren wie Lichtstrahlen in der Dunkelheit, die Sofia daran erinnerten, dass nicht alle Hoffnung verloren war. Sie gab ihr die Kraft, weiterzumachen, weiterzukämpfen, weiter zu hoffen. Trotz allem, was sie verloren hatte, trotz der Schrecken, die sie gesehen hatte, fand Sofia in sich selbst eine Stärke, die sie nie für möglich gehalten hätte.

„Verlorene Wege", dachte sie, „führen vielleicht doch irgendwohin. Zu einem Ort, wo das Leid ein Ende hat und das Leben wieder beginnen kann." In diesem Glauben und mit der Erinnerung an ihre Familie im Herzen schritt Sofia durch die Ruinen der Stadt, ein lebendiges Zeugnis des Überlebenswillens eines gequälten Volkes.

5. Ein neuer Morgen

Sofia verweilte vor dem kleinen, schmucklosen Spiegel in dem bescheidenen Zimmer, das den Anfang ihres neuen Lebens markierte. Die weitläufige Stadtlandschaft, die ihr einst fremd und bedrohlich erschien, bot ihr jetzt Schutz unter ihren ausladenden Flügeln. Sie hatte ihren Platz in einer lokalen Bäckerei gefunden, einem Zufluchtsort, wo ihre Fleiß und scharfer Verstand blühten.

Im Bäckerei entfaltete sich das Leben mit strengem Rhythmus, jeder Arbeitstag eine Prüfung der Widerstandskraft. Dennoch umarmte Sofia diese Mühe mit einer stillen, heftigen Dankbarkeit. Jedes gebackene Brot, jeder sanfte Austausch mit einem Kunden, fühlte sich an wie das Zusammenfügen des zerrissenen Stoffes ihres Seins.

Eines stillen Morgens, inmitten des Summens der Öfen und des süßen Duftes aufgehender Brötchen, betrat eine ältere Frau die Bäckerei. Ihr Rahmen war gezeichnet von den Mühen der Jahre, aber ihre Augen hielten ein Flimmern ungetrübter Kraft. Sofia, mit der Anmut, die sie allen bot, lud die Frau zum Sitzen ein.

"Bist du Sofia?" Die Stimme der Frau zitterte mit einer intensiven Kraft. Ein Nicken war Sofias stumme Antwort. "Ich komme mit einer Nachricht über deine Liebsten."

Die Luft schien sich um Sofia herum zu verdünnen. "Meine Familie?" Das Flüstern war kaum hörbar, ein Faden von Klang in der Wärme der Bäckerei.

"Ja", bestätigte die Frau, ihr Blick unerschütterlich. "Das Pogrom ... es gab keine Überlebenden. Es tut mir so leid."

Sofia spürte, wie sich der Raum drehte, ihr Herz ein Abgrund des Schmerzes. Die spärliche Hoffnung, die sie gehegt hatte, dass vielleicht einige der Gewalt entkommen waren, erlosch. Die Hand der Frau fand die ihre, ein Rettungsanker im Strudel ihres Kummers.

Tage wurden zu Wochen, und in der wiederholenden Zuflucht ihrer Arbeit fand Sofia eine gedämpfte Art von Trost, einen Rhythmus, der die umhüllende Dunkelheit auf Abstand hielt.

Es war innerhalb dieses Gefüges aus einfachen Routinen und stiller Stärke, dass der Samen eines einschüchternden Gedankens Wurzeln schlug. "Ich kann nicht bleiben", flüsterte sie eines Nachts zu ihrem Spiegelbild. "Hier ist nichts mehr für mich. Es ist Zeit, das Versprechen eines neuen Morgens zu suchen."

Mit einem Entschluss, der ihr inneres Aufruhr verleugnete, umarmte Sofia die Möglichkeit von Amerika - ein Land, von vielen als Leuchtfeuer der Hoffnung und Chance gesprochen.

Den Weg der Auswanderung zu navigieren, war ein herkulisches Unterfangen - ein Zeugnis von Sofias unnachgiebigem Geist. Sie trennte sich von den wenigen Besitztümern, die sie an eine Vergangenheit banden, die nun in Trauer begraben war, und sammelte die bescheidenen Mittel, die für die Reise benötigt wurden.

Der Tag der Abreise war von einem Gefühl surrealer Endgültigkeit durchdrungen. An der Kante des weiten Ozeans, auf dem Schiff, das ihr zur Arche ins Unbekannte werden sollte, warf Sofia einen letzten Blick zurück auf die sich entfernende Küstenlinie. Erinnerungen, süß und bitter, fluteten heran - das Leben, das sie einst kannte, die Familie, die sie liebte, alles nun Schatten hinter ihr.

Als das Schiff auf die azurblaue Weite hinausfuhr, Sofia spürte das Aufkeimen einer zerbrechlichen Hoffnung. Mit den Augen fest auf den Horizont gerichtet, stellte sie sich das neue Leben vor, das sie erwartete, seine Herausforderungen, sein Potenzial. In der stillen Gemeinschaft mit dem Meer erkannte sie das Gedächtnis ihrer verlorenen Familie, die gemachten Opfer, die geteilte Liebe.

"Ein neuer Morgen", flüsterte sie zum Wind, ein Mantra für die Reise ihrer Seele. Ein Lächeln, gehärtet von vergangenem Schmerz, aber widerstandsfähig mit neu gefundenem Zweck, zierte ihre Lippen. Sofia, inmitten der Wellen des Wandels, steuerte sich auf die Umarmung einer neuen Welt zu, ihr Herz schlug im Rhythmus von Anfängen, die sich noch entfalten sollten.

Marokko und Iran

Im 19. Jahrhundert erlebten die jüdischen Gemeinden in Marokko und Iran eine der dunkelsten Phasen ihrer Geschichte. Während dieser Zeit durchlebten sie zahlreiche Pogrome, Verfolgungen und Diskriminierungen, die tiefgreifende Auswirkungen auf ihr tägliches Leben und ihr kulturelles Erbe hatten.

In Marokko, besonders in Städten wie Marrakesch und Tetouan, befanden sich die Juden in einer ständigen Position der Minderheit. Trotz ihrer langjährigen Anwesenheit in der Region und ihres Beitrags zur örtlichen Kultur und Wirtschaft, wurden sie oft als Außenseiter betrachtet. Diese Ausgrenzung war nicht nur sozialer Natur, sondern manifestierte sich auch in physischer Gewalt. Pogrome, oft spontane und ungeplante Angriffe auf die jüdische Gemeinde, waren brutal und hinterließen viele Tote und Verletzte. Sie waren geprägt von Zerstörung jüdischer Geschäfte, Häuser und Synagogen. Viele dieser Angriffe wurden durch Gerüchte oder falsche Anschuldigungen ausgelöst und waren ein direktes Ergebnis des vorherrschenden Antisemitismus in der Gesellschaft.

Iran, insbesondere die Stadt Shiraz, war ebenfalls Zeuge ähnlicher Gräueltaten gegen die jüdische Bevölkerung. Hier, wie in Marokko, waren die Juden eine historisch etablierte, aber dennoch marginalisierte Gemeinschaft. Sie litten unter diskriminierenden Gesetzen, die ihre Bewegungsfreiheit, Berufswahl und sogar ihre Kleidung einschränkten. Die physische Gewalt, die sie erlebten, war oft das Ergebnis tief verwurzelter Vorurteile und Missverständnisse über die jüdische Kultur und Religion.

Zusammengefasst war das 19. Jahrhundert für die jüdischen Gemeinden in Marokko und Iran eine Zeit des Leidens, der Angst und des Verlusts. Die ständige Bedrohung und die realen Angriffe, die sie erlebten, haben tiefe Narben in ihrem kollektiven Gedächtnis hinterlassen. Diese traumatischen Erlebnisse prägten ihre Geschichte und sind ein Zeugnis für den Schrecken, den Diskriminierung und Hass verursachen können.

Schatten über Marrakesch

1. Friedliche Tage in Marrakesch

In den engen, lebhaften Gassen von Marrakesch, wo der Duft von Gewürzen und das geschäftige Treiben des Marktes die Luft erfüllten, lebte David, ein junger jüdischer Kaufmann. Sein kleines Geschäft, ein Erbstück seines Vaters, war bekannt für feine Stoffe und Gewürze. David, mit seinen scharfen Augen und dem freundlichen Lächeln, war bei den Einheimischen und den wenigen Reisenden, die seinen Laden besuchten, gleichermaßen beliebt.

Die jüdische Gemeinde in Marrakesch war eine Welt für sich. Geprägt von tiefen Traditionen und einem starken Gemeinschaftsgefühl, lebten sie in relativer Harmonie mit ihren muslimischen Nachbarn. Davids Familie war tief verwurzelt in dieser Gemeinschaft. Seine Mutter, Sarah, eine resolute Frau mit einer sanften Stimme, kümmerte sich liebevoll um das familiäre Heim und nahm aktiv am Gemeindeleben teil. Sein Vater, Samuel, war ein angesehener Mann, der oft in der Synagoge für seine Weisheit und seinen Rat gesucht wurde.

Trotz der scheinbaren Ruhe gab es unter der Oberfläche der Gemeinschaft eine unausgesprochene Spannung. Gerüchte über Unruhen und eine wachsende Feindseligkeit gegenüber den Juden machten David Sorgen. Eines Tages, als er gerade dabei war, sein Geschäft zu schließen, trat sein Freund Youssef, ein muslimischer Händler, ein. „David, hast du von den Gerüchten in der Stadt gehört?", fragte er besorgt.

„Ja, Youssef, es beunruhigt mich", antwortete David. „Aber ich hoffe, dass es nur Gerüchte sind. Wir haben hier seit Generationen in Frieden gelebt."

„Ich hoffe es auch, mein Freund. Aber die Zeiten ändern sich. Es gibt Leute, die Unruhe stiften wollen", sagte Youssef nachdenklich.

Die Tage vergingen, und die Spannungen in Marrakesch nahmen zu. David versuchte, sein normales Leben weiterzuführen, doch die Sorge um seine Familie und die Gemeinschaft ließ ihn nicht los. Er bemerkte, wie sich die Blicke seiner nichtjüdischen Kunden veränderten – von freundlichem Interesse zu misstrauischer Distanz.

Eines Abends, als er durch die Straßen nach Hause ging, hörte er aufgebrachte Stimmen. Eine Gruppe Männer diskutierte hitzig über die „jüdische Frage". Einer von ihnen, ein Mann mit lauter Stimme und wilden Gesten, rief: „Sie kontrollieren den Handel! Sie nehmen uns die Arbeit weg! Wir müssen etwas dagegen tun!"

David beschleunigte seine Schritte und eilte nach Hause. Sein Herz schlug schneller. Die Angst, die er bisher nur am Rande gespürt hatte, wurde nun zur erdrückenden Realität. Zu Hause angekommen, fand er seine Mutter in der Küche vor. „David, was ist los? Du siehst so besorgt aus", fragte sie.

„Mutter, ich glaube, die Zeiten werden schwer für uns", sagte David ernst. „Ich habe Männer reden hören. Es gibt Leute, die uns nicht hier haben wollen."

Sarahs Gesicht verhärtete sich. „Wir haben schon Schlimmeres überstanden, mein Sohn. Wir werden auch das überstehen", sagte sie mit einer Stimme, die sowohl Zuversicht als auch tiefe Sorge verriet.

In den folgenden Tagen versuchte David, sein Leben wie gewohnt fortzusetzen, doch die Atmosphäre in Marrakesch hatte sich verändert. Die Straßen, einst gefüllt mit Gelächter und Geschäftigkeit, waren nun von einer spürbaren Anspannung erfüllt. Die jüdische Gemeinde zog sich immer mehr zurück, und die Synagoge wurde zu einem Treffpunkt für besorgte Gespräche und Pläne für die ungewisse Zukunft.

Eines Abends, als David gerade das Geschäft schließen wollte, betrat ein alter Bekannter, Rachid, den Laden. Rachids Gesicht war ernst, und in seinen Augen lag ein Ausdruck von Sorge und Mitgefühl. „David, du musst vorsichtig sein. Es gibt Pläne für Angriffe auf die jüdischen Viertel. Ihr seid in Gefahr", warnte er.

Diese Worte trafen David wie ein Schlag. Die drohenden Gerüchte hatten sich zu einer greifbaren Bedrohung gewandelt. Er dankte Rachid für die Warnung und eilte nach Hause, um seine

Familie zu informieren. Sie mussten Entscheidungen treffen, und zwar schnell.

Die Nacht brach herein, und in den Herzen von David und seiner Familie herrschte tiefe Unruhe. Sie wussten, dass die kommenden Tage ihre Welt für immer verändern könnten. Das friedliche Leben, das sie kannten, stand am Rande eines Abgrunds, und die Dunkelheit der bevorstehenden Ereignisse warf ihre Schatten voraus.

2. Der Ausbruch des Unheils

In den frühen Morgenstunden, als die ersten Sonnenstrahlen die Spitzen der Moscheen von Marrakesch golden färbten, war die Stadt noch in tiefem Schlaf versunken. Doch in Davids Haus herrschte bereits reges Treiben. Die Warnung seines Freundes Rachid hatte die Familie in Alarmbereitschaft versetzt. David, seine Eltern und seine jüngere Schwester Leah, die mit ihren großen, ängstlichen Augen von einem zum anderen blickte, diskutierten fieberhaft über das weitere Vorgehen.

„Wir müssen hier weg, und zwar schnell", sagte Samuel, sein Gesicht angespannt vor Sorge. „Ich habe von einem sicheren Ort gehört, außerhalb der Stadt, wo wir Unterschlupf finden könnten."

Sarah nickte zustimmend, packte einige Lebensmittel und Kleidungsstücke in einen Beutel. „Aber was ist mit unserem Haus? Unserem Laden? Wir können nicht einfach alles zurücklassen", gab sie zu bedenken.

„Unser Leben ist wichtiger als Besitz", entgegnete Samuel mit fester Stimme.

Während sie hastig ihre wenigen Habseligkeiten zusammenrafften, hörten sie plötzlich laute Rufe und das Geräusch von zerbrechendem Glas von draußen. David eilte zum Fenster und blickte hinaus. Eine aufgebrachte Menge hatte sich versammelt, und Steine flogen durch die Luft. „Sie sind hier!", rief er entsetzt.

Die Familie eilte zur Hintertür. Draußen war das Chaos bereits ausgebrochen. Überall waren Schreie zu hören, und Rauchsäulen stiegen in den Himmel. Als sie durch die engen Gassen hasteten, sahen sie, wie ihre Nachbarn misshandelt wurden. Männer wurden geschlagen, Frauen geschubst und Kinder schrien vor Angst.

In einer Seitengasse stießen sie auf einen alten Mann, der am Boden lag, umgeben von einer Gruppe junger Männer, die ihn verhöhnten und traten. David wollte eingreifen, doch sein Vater hielt ihn zurück. „Wir können ihm nicht helfen, Sohn. Wir müssen uns selbst retten", sagte er mit tränenerstickter Stimme.

Sie rannten weiter, vorbei an brennenden Häusern und Geschäften, deren Flammen den Himmel rot färbten. Der Gestank von Rauch und die Schreie der Verzweiflung erfüllten die Luft. Die Szenerie war apokalyptisch, wie aus einem schrecklichen Albtraum.

Endlich erreichten sie das Stadttor. Hinter sich ließen sie das Chaos und die Zerstörung zurück, doch die Angst begleitete sie weiterhin. Sie wussten, dass das Leben, das sie kannten, ein für alle Mal vorbei war. Ihre Heimat, ihre Gemeinschaft, ihre Träume – alles war in wenigen Stunden zerstört worden.

Auf ihrer Flucht begegneten sie anderen Juden, die ähnlich verzweifelt und ängstlich waren. Jeder trug die Spuren der Gewalt und des Schreckens auf seinem Gesicht. Einige hatten Verletzungen, andere weinten um verlorene Angehörige. Sie alle teilten das gleiche Schicksal – vertrieben, gehetzt und verfolgt.

Nach Stunden der erschöpfenden Wanderung, unterbrochen von versteckten Pausen, um der Entdeckung zu entgehen, erreichten sie einen abgelegenen Bauernhof. Der Besitzer, ein alter Bekannter von Samuels, gewährte ihnen Unterschlupf in seiner Scheune.

„Ihr seid sicher hier", sagte der Bauer mit einem bedrückten Blick. „Aber ich weiß nicht, wie lange ich euch verstecken kann. Die Stimmung im Land ist gegen euch."

In der Scheune, umgeben von Stroh und dem Geruch von Vieh, saß die Familie zusammen, eng aneinander gekuschelt. Sie waren erschöpft, verängstigt und unsicher über ihre Zukunft.

„Was wird jetzt aus uns werden?", flüsterte Leah mit Tränen in den Augen.

„Wir werden weiterziehen müssen", sagte David nachdenklich. „Vielleicht in ein anderes Land, wo wir in Frieden leben können."

„Aber wir werden wieder aufstehen", fügte Sarah hinzu, ihre Stimme zitternd, aber entschlossen. „Wir sind ein starkes Volk. Wir haben schon viele Stürme überstanden."

Die Nacht war lang und unruhig. Jedes Geräusch ließ sie aufschrecken, in ständiger Angst vor Entdeckung. In diesen dunklen Stunden der Verzweiflung hielt die Familie eng zusammen, getragen von der Hoffnung auf ein besseres Morgen, doch geplagt von den Narben einer Nacht voller Schrecken und Trauer.

Dies war nur der Anfang einer langen, schmerzhaften Reise, die sie noch vor sich hatten. Doch inmitten der Dunkelheit gab es immer noch einen Funken Hoffnung, der in ihren Herzen lebte – die Hoffnung auf Freiheit, auf Sicherheit und auf ein neues Zuhause, fernab von Hass und Verfolgung.

3. Tage des Schreckens

Die Sonne war gerade aufgegangen, als David und seine Familie aus der Scheune des freundlichen Bauern stolperten. Ihre Gesichter zeugten von einer durchwachten Nacht, die Augen rot und geschwollen, die Körper gezeichnet von Müdigkeit und Angst. Sie hatten kaum ein Auge zugetan, denn die Erinnerungen an die Gräueltaten des vorherigen Tages verfolgten sie auch im Schlaf.

„Wir können hier nicht länger bleiben", murmelte Samuel leise. „Es ist nur eine Frage der Zeit, bis sie uns finden." Er blickte in die ängstlichen Gesichter seiner Familie. „Wir müssen weiter. Es gibt Gerüchte über ein Lager weiter im Süden, wo wir Zuflucht finden könnten."

Sarah nickte zustimmend, obwohl die Sorge in ihren Augen zu lesen war. „Wo immer es sicherer ist als hier", stimmte sie zu.

Die kleine Gruppe machte sich auf den Weg, verlassen und verloren in einem Land, das einst ihr Zuhause gewesen war. Auf ihrem Weg kamen sie durch Dörfer und Städte, deren Bewohner sie feindselig anstarrten oder sie gar nicht erst beachteten. Manchmal stießen sie auf andere flüchtende Juden, die ähnlich verängstigt und verzweifelt aussahen. Die Geschichten, die sie hörten, waren erschütternd: von Familien, die auseinandergerissen wurden, von Kindern, die ihre Eltern verloren hatten, von brutaler Gewalt und unvorstellbarem Leid.

An einem späten Nachmittag erreichten sie ein kleines Dorf, wo sie auf eine Gruppe Juden trafen, die sich in einer verlassenen Scheune versteckt hielten. Die Anspannung und Angst in der Luft waren fast greifbar, als sie ihre Geschichten austauschten.

„Sie haben mein ganzes Geschäft zerstört", erzählte ein alter Mann, dessen Hände zitterten, als er sprach. „Alles, was ich mein Leben lang aufgebaut habe, ist in einer Nacht in Flammen aufgegangen."

Eine junge Frau hielt ein kleines Kind im Arm, das still und teilnahmslos wirkte. „Mein Mann... sie haben ihn vor meinen Augen getötet", flüsterte sie mit Tränen in den Augen. „Ich weiß nicht, wie es weitergehen soll."

David fühlte, wie sein Herz bei diesen Worten schwer wurde. Der Schmerz und die Verzweiflung dieser Menschen spiegelten seine eigenen Ängste wider. Er dachte an sein Zuhause, an sein bisheriges Leben in Marrakesch, das jetzt in Trümmern lag.

Die Nacht brach herein, und die Gruppe versammelte sich, um zu beraten, was als Nächstes zu tun sei. „Wir können nicht hierbleiben", sagte Samuel entschlossen. „Wir müssen weiter nach Süden, in die Berge. Dort sind wir sicherer."

„Aber der Weg dorthin ist gefährlich", warf ein anderer Mann ein. „Die Straßen sind voller Banditen und Soldaten. Sie jagen uns."

„Es ist unsere einzige Chance", sagte David. „Wir können nicht aufgeben. Nicht jetzt."

Am nächsten Morgen brachen sie auf, eine lange Kolonne von Männern, Frauen und Kindern, die alles hinter sich gelassen hatten. Der Marsch war beschwerlich und gefährlich. Sie mussten ständig auf der Hut sein, um nicht entdeckt zu werden. Sie überquerten Berge und durchwateten Flüsse, immer getrieben von der Hoffnung, irgendwo ein sicheres Versteck zu finden.

Eines Tages, als sie gerade durch ein dicht bewachsenes Gebiet marschierten, wurden sie plötzlich von einer Gruppe bewaffneter Männer überfallen. „Räuber!", schrie jemand, und Panik brach aus. Die Menschen rannten in alle Richtungen, schrien und stolperten übereinander. David sah, wie ein Mann niedergeschlagen wurde, wie eine Frau verzweifelt versuchte, ihre Kinder zu schützen. Er selbst wurde zu Boden geworfen und spürte, wie jemand nach seinem Beutel griff.

Als die Räuber verschwunden waren, hinterließen sie ein Bild der Verwüstung. Einige der Flüchtenden waren verletzt, andere lagen reglos am Boden. David erhob sich langsam, sein Körper schmerzte, und er fühlte sich hilflos und wütend zugleich.

„Wir müssen weiter", sagte Samuel mit müder Stimme. „Wir haben keine andere Wahl."

Sie setzten ihren Weg fort, gezeichnet von der Brutalität und dem Verlust, den sie erfahren hatten. Doch inmitten all dieser Dunkelheit gab es immer noch einen Funken Hoffnung, der in ihren Herzen lebte – die Hoffnung auf Freiheit, auf Sicherheit und auf ein neues Zuhause, fernab von Hass und Verfolgung.

4. Suche nach Zuflucht

Die Morgendämmerung brach an, als David und seine Familie die ersten Schritte ihrer gefahrvollen Reise antraten. Marrakesch, einst ein Ort des Friedens und der Gemeinschaft, war nun nur noch eine ferne Erinnerung, eingehüllt in Rauch und Schmerz. Sie wussten nicht, was vor ihnen lag, doch der Gedanke an das, was sie hinter sich ließen, trieb sie vorwärts.

Die Gruppe, bestehend aus David, seiner Familie und einigen anderen Überlebenden, machte sich auf den mühsamen Weg durch unebenes Gelände, über Berge und durch Wälder. Sie vermieden die großen Straßen und Städte aus Angst vor weiteren Angriffen und der brutalen Gewalt, die sie bereits erlebt hatten. Ihre Nahrung war knapp, und sie lebten von dem, was sie auf dem Weg finden konnten.

„Wir werden es schaffen", sagte David eines Abends, als sie sich um ein kleines Feuer versammelten. „Wir müssen nur zusammenhalten."

Seine Worte waren ein schwacher Trost für die müden und erschöpften Reisenden, doch sie klammerten sich an jeden Funken Hoffnung.

In den nächsten Tagen begegneten sie anderen Flüchtlingen – Juden, die ähnliche Schicksale erlitten hatten. Sie tauschten Geschichten aus, Geschichten von Verlust und Leid, aber auch von Mut und Entschlossenheit.

Eines Tages trafen sie auf eine ältere Frau namens Esther, die allein reiste. „Sie haben mein Dorf zerstört", erzählte sie mit tränenerfüllten Augen. „Meine ganze Familie ist fort. Ich weiß nicht, wo sie sind oder ob sie noch leben."

Ihre Worte rührten die Herzen aller Anwesenden. Jeder von ihnen trug seine eigenen Wunden, doch in diesem Moment fühlten sie sich einander näher als je zuvor.

Die Reise ging weiter, Tag für Tag, Woche für Woche. Sie überquerten trockene Flussbetten und karge Landschaften, immer in der Hoffnung, ein sicheres Ziel zu erreichen. Doch die Unsicherheit und die ständige Angst begleiteten sie auf Schritt und Tritt.

Eines Nachts, als sie in einer verlassenen Hütte Schutz suchten, hörten sie das ferne Heulen von Wölfen – ein unheilvolles Zeichen, das ihre Ängste nur noch verstärkte.

„Was werden wir tun, wenn wir nirgendwo Zuflucht finden?", fragte Davids jüngere Schwester Lea leise.

„Wir müssen weiter nach Süden ziehen", antwortete David entschlossen. „Es gibt Gerüchte über ein Lager, ein Zufluchtsort für Juden wie uns. Wir müssen nur stark bleiben und weitergehen."

Seine Worte gaben ihnen neue Kraft, und am nächsten Morgen brachen sie erneut auf, getrieben von der Hoffnung auf ein besseres Leben.

Während ihrer Reise begegneten sie anderen Reisenden, manche freundlich, manche feindselig. Sie erlebten Momente der Güte, als fremde Dorfbewohner ihnen Essen und Wasser gaben, aber auch Momente der Verzweiflung, als sie von bewaffneten Banden bedroht wurden.

Eines Tages, als sie einen steinigen Pass überquerten, wurden sie von einer Gruppe bewaffneter Männer überrascht. „Räuber!", schrie jemand, und im Handumdrehen brach Chaos aus. David und die anderen verteidigten sich so gut sie konnten, aber die Angreifer waren zu stark.

Als die Räuber verschwanden, lagen zwei der Ihren reglos am Boden. Tränen und Schmerzensschreie erfüllten die Luft, als sie die Toten begruben. Der Verlust war ein weiterer schwerer Schlag für ihre gebrochenen Herzen.

„Wir dürfen die Hoffnung nicht aufgeben", sagte David, seine Stimme zitternd vor Emotionen. „Für sie und für alle, die wir verloren haben, müssen wir weitermachen."

In den folgenden Wochen erreichten sie schließlich das langersehnte Lager. Es war ein Ort der Zuflucht, voller Zelte und provisorischer Unterkünfte, umgeben von anderen Juden, die ähnliche Schicksale erlitten hatten.

Obwohl das Lager arm und überfüllt war, war es ein Ort der Sicherheit und Gemeinschaft. Hier fanden sie Trost in ihren Glauben und in der Nähe zu anderen, die ihr Leid teilten.

David und seine Familie richteten sich in einem kleinen Zelt ein, dankbar für die Zuflucht, die sie gefunden hatten. Trotz der harten Bedingungen fühlten sie sich sicherer als auf der Straße.

„Hier können wir neu anfangen", sagte David eines Abends zu seiner Familie. „Wir haben viel verloren, aber wir sind am Leben. Und solange wir atmen, gibt es Hoffnung."

Seine Worte hallten in den Herzen seiner Familie wider. Sie wussten, dass der Weg noch lang und beschwerlich sein würde, aber sie waren bereit, ihn gemeinsam zu gehen, getragen von der Hoffnung auf ein besseres Morgen.

5. Ein neuer Anfang in der Fremde

Nach Monaten der Entbehrung und des Leidens, begleitet von einer ungewissen Reise, erreichten David und seine Familie schließlich ein sicheres Land. Sie waren weit entfernt von der Heimat, umgeben von fremden Gesichtern und unbekannten Sprachen. Doch in ihren Herzen trugen sie eine unauslöschliche Hoffnung, ein neues Leben auf den Ruinen des alten zu errichten.

Sie kamen in einer kleinen Stadt an, die für ihre Aufnahmebereitschaft von Flüchtlingen bekannt war. Die Gebäude waren anders als in Marrakesch, die Straßen voller unbekannter Gerüche und Geräusche. Es war ein Ort, der gleichzeitig faszinierend und einschüchternd wirkte.

„Es wird Zeit brauchen, sich hier einzuleben", sagte Davids Vater, während sie durch die engen Gassen der Stadt gingen. „Aber wir werden es schaffen. Wir haben schon Schlimmeres überstanden."

Die ersten Tage waren eine Herausforderung. Alles war neu und ungewohnt – die Sprache, das Essen, die Sitten. David und seine Familie bemühten sich, sich anzupassen, doch oft fühlten sie sich verloren und isoliert.

David fand Arbeit in einer kleinen Werkstatt, wo er handwerkliche Fähigkeiten erlernte. Die Arbeit war hart und die Bezahlung gering, aber er war dankbar für jede Möglichkeit, seiner Familie zu helfen. Seine Mutter und Schwester fanden Beschäftigung in einem lokalen Gemeindezentrum, das sich um andere Flüchtlinge kümmerte.

Abends kamen sie erschöpft, aber zufrieden nach Hause, erfreut über die kleinen Fortschritte, die sie jeden Tag machten.

In der Stadt begegneten sie anderen Juden, die ähnliche Schicksale erlebt hatten. Sie tauschten Geschichten aus und fanden Trost in der Gemeinschaft. Am Sabbat versammelten sie sich in einer kleinen Synagoge, die sie an das Leben erinnerte, das sie hinter sich gelassen hatten.

„Hier können wir unsere Traditionen weiterführen", sagte ein älterer Mann namens Benjamin, der zu einer wichtigen Stütze in der Gemeinde wurde. „Unsere Kultur und unser Glaube sind das, was uns zusammenhält, auch in diesen schweren Zeiten."

David lernte die Sprache des neuen Landes und begann, sich mehr und mehr wie ein Teil der Gemeinschaft zu fühlen. Er half anderen Flüchtlingen, sich niederzulassen, und fand Freude daran, anderen zu helfen, so wie ihm geholfen worden war.

Mit der Zeit begannen die Wunden der Vergangenheit langsam zu heilen. Die Erinnerungen an die Verluste und das Leid waren immer noch präsent, aber sie wurden begleitet von neuen Hoffnungen und Träumen.

David und seine Familie richteten sich ein kleines Zuhause ein, bescheiden, aber voller Liebe und Wärme. Sie lernten neue Freunde kennen und fanden Freude an kleinen Dingen – einem gemeinsamen Abendessen, einem Spaziergang durch den Park, einem Lachen unter Freunden.

„Sieh nur, wie weit wir gekommen sind", sagte Davids Schwester Lea eines Tages, als sie zusammen auf dem Marktplatz der Stadt saßen. „Wir haben so viel verloren, aber hier haben wir auch etwas gefunden – ein neues Leben, eine neue Hoffnung."

David nickte. „Ja, wir haben einen langen Weg hinter uns. Aber ich glaube, das Schlimmste haben wir überstanden. Jetzt beginnt ein neuer Abschnitt in unserem Leben."

Sie blickten auf die lebhaften Straßen, auf die Menschen, die an ihnen vorbeigingen, jeder mit seiner eigenen Geschichte. Sie fühlten sich nicht mehr so verloren, nicht mehr so fremd. In diesem

Moment, mitten im Gewimmel einer unbekannten Stadt, fühlten sie sich endlich wieder wie zu Hause.

Die Jahre vergingen, und David und seine Familie bauten sich ein neues Leben auf. Sie überstanden Schwierigkeiten und Herausforderungen, aber ihre Entschlossenheit und ihr Glaube blieben ungebrochen.

David wurde ein angesehener Mitglied der Gemeinschaft, bekannt für seine Freundlichkeit und Hilfsbereitschaft. Seine Familie wuchs, und sie brachten ihre Kinder in den Traditionen und Werten auf, die ihnen so wichtig waren.

In den stillen Momenten, wenn David allein war, dachte er oft an die Vergangenheit zurück – an die Straßen von Marrakesch, an die Freunde und Verwandten, die sie verloren hatten. Doch diese Erinnerungen waren nicht mehr nur von Schmerz und Trauer geprägt. Sie waren auch ein Zeichen der Stärke und des Mutes, der sie durch die dunkelsten Zeiten ihres Lebens geführt hatte.

„Wir haben so viel durchgemacht", sagte er eines Abends zu seiner Familie. „Aber wir haben es geschafft. Wir haben ein neues Leben aufgebaut, ein Leben voller Hoffnung und Liebe. Und dafür bin ich dankbar."

Und so lebten David und seine Familie, umgeben von neuen Freunden und Erinnerungen, gestärkt durch die Erfahrungen, die sie geprägt hatten. In einer Welt, die ihnen einst so fremd erschien, fanden sie einen Platz, den sie ihr Zuhause nennen konnten. Ein neuer Anfang, geformt durch die Vergangenheit, aber mit Blick in eine hoffnungsvolle Zukunft.

Im Osmanischen Reich

Im späten 19. und frühen 20. Jahrhundert befand sich das Osmanische Reich in einer Phase des Umbruchs und der Modernisierung. Obwohl das Reich traditionell für seine relative religiöse Toleranz bekannt war, erlebten die jüdischen Gemeinschaften in dieser Zeit dennoch Phasen der Diskriminierung und des Terrors.

Dhimmi-Status: Juden, wie auch Christen, wurden im Osmanischen Reich als „Dhimmis" klassifiziert – eine Bezeichnung für Nicht-Muslime unter islamischer Herrschaft. Dieser Status gewährte ihnen zwar bestimmte Schutzrechte, bedeutete aber auch zahlreiche Einschränkungen und eine untergeordnete soziale Stellung. Sie mussten spezielle Steuern zahlen und hatten eingeschränkte rechtliche Rechte im Vergleich zu muslimischen Bürgern.

Diskriminierung: Trotz der im Vergleich zu Europa oft toleranteren Haltung, waren Juden im Osmanischen Reich regelmäßig Diskriminierungen ausgesetzt. Dies reichte von Beschränkungen im Berufsleben bis hin zu willkürlichen Steuerforderungen. Sie lebten häufig in eigenen Vierteln, die sowohl Schutz als auch soziale Isolation bedeuteten.

Ausbruch von Gewalt: In Zeiten politischer und wirtschaftlicher Instabilität kam es vermehrt zu Gewaltausbrüchen gegen jüdische Gemeinden. Diese Pogrome waren oft spontan, brutal und führten zu Verlust von Menschenleben, Zerstörung von Eigentum und tiefer Verunsicherung innerhalb der jüdischen Gemeinschaften.

Folgen: Die Erfahrungen der Diskriminierung und Gewalt führten oft zu Migration oder dem Wunsch, in sicherere Gebiete umzusiedeln. Dies prägte die Geschichten vieler jüdischer Familien, die ihre Heimat verlassen mussten und sich an neuen Orten eine Existenz aufbauen mussten.

Ein Schattenleben

1. Die Dhimmis

Hannahs Welt war eine kleine, osmanische Stadt, eingebettet in sanfte Hügel, durchzogen von schmalen Gassen, in denen das Leben in einem ruhigen, nahezu rhythmischen Tempo dahinfloss. Hier, wo sich das tiefe Blau des Himmels mit den warmen Farben der Erde vermischte, wuchs Hannah, ein jüdisches Mädchen mit lebhaften Augen und einem herzlichen Lächeln, auf. Ihre Kindheit war geprägt von den Klängen des multikulturellen Miteinanders – dem Ruf des Muezzins, der sich mit den hebräischen Gebeten ihrer Familie vermischte.

Ihr Vater, Levi, war ein angesehener Händler, bekannt für seine Weisheit und Gerechtigkeit. Ihre Mutter, Esther, eine sanfte Seele, sorgte liebevoll für die Familie und führte das Haus mit einer ruhigen Hand. Hannah hatte zwei Brüder, Samuel und Joseph, die beide in der Synagoge und in der Schule herausragten.

In Hannahs Welt lebten Muslime, Christen und Juden Tür an Tür, ein Zeugnis der osmanischen Toleranz. Die Kinder spielten zusammen auf den Straßen, unabhängig von ihrer Religion. Geschäfte wurden zwischen Menschen verschiedener Glaubensrichtungen abgeschlossen, und es schien, als würde die Gemeinschaft in Harmonie leben.

Doch die Welt außerhalb ihrer kleinen Stadt veränderte sich. Politische Unruhen griffen um sich, und die Nachrichten, die ihren Weg in die Gassen und Märkte fanden, sprachen von Spannungen und Konflikten. Levi, der normalerweise ein Mann der Ruhe war, zeigte sich zunehmend besorgt. Oft hörte Hannah ihn nachts mit Esther sprechen, ihre Stimmen gedämpft, aber voller Sorge.

Eines Tages, als Hannah mit ihren Brüdern auf dem Marktplatz spielte, spürte sie eine Veränderung in der Luft. Die gewohnten freundlichen Gespräche der Markthändler schienen gedämpft, und es lag eine Spannung in der Luft, die sie nicht verstehen konnte. Ihr Vater kam früher als gewöhnlich vom Markt zurück, sein Gesicht ernst und nachdenklich.

„Was ist los, Vater?", fragte Hannah, als sie zu Hause ankamen.

„Nichts, was dich beunruhigen sollte, mein Kind", antwortete Levi, doch seine Augen verrieten seine Sorge.

In den folgenden Wochen häuften sich die Gerüchte. Es wurde geflüstert, dass jüdische Geschäfte geplündert und Synagogen in anderen Teilen des Reiches angegriffen worden waren. Levi versuchte, seine Familie zu beruhigen, aber die Angst war nun ein stiller Gast in ihrem Heim.

Eines Morgens, als die Sonne gerade die Dächer der Stadt küsste, kam Samuel atemlos nach Hause gerannt. „Vater, Mutter, die Soldaten sind in der Stadt!", rief er aus.

Die Familie eilte hinaus auf die Straße. Sie sahen, wie osmanische Soldaten durch die Gassen marschierten, ihre Gesichter hart und undurchdringlich. Die sonst so lebendige Straße war nun still, als ob die Stadt den Atem anhielt.

„Sie sagen, es gäbe Unruhen und dass sie hier sind, um Ordnung zu schaffen", erklärte ein Nachbar leise.

In den darauffolgenden Tagen spitzte sich die Situation weiter zu. Die Präsenz der Soldaten wurde immer drückender, und das Misstrauen in der Gemeinde wuchs. Die harmonische Koexistenz, die einst in den Straßen herrschte, verwandelte sich in ein Klima der Angst und des Misstrauens. Die jüdische Gemeinde, einst Teil des bunten Mosaiks der Stadt, fühlte sich nun isoliert und gefährdet.

Hannah, die einst die Straßen mit einer Unbeschwertheit durchquert hatte, spürte nun ein Zögern in ihren Schritten. Ihre Eltern sprachen oft leise und ernst, und auch wenn sie versuchten, ihre Sorgen zu verbergen, konnte Hannah die Angst in ihren Augen lesen.

Eines Abends, als sie mit ihrer Familie beim Abendessen saß, klopfte es plötzlich an der Tür. Levi stand auf, seine Hände zitterten leicht. Draußen standen zwei Soldaten, ihre Blicke kalt und durchdringend.

„Wir müssen Ihr Haus durchsuchen", sagte einer der Soldaten barsch. „Es gibt Gerüchte über verbotene Aktivitäten."

Levi nickte, seine Kehle zu eng, um zu sprechen. Die Familie saß still und voller Angst, während die Soldaten jedes Zimmer durchsuchten. Nichts wurde gefunden, aber das Gefühl der Verletzung und des Misstrauens blieb.

In dieser Nacht konnte Hannah nicht schlafen. Sie hörte ihre Eltern sprechen, ihre Stimmen gedämpft und verzweifelt. Sie sprachen über Flucht, über einen sicheren Ort, weit weg von der Angst und dem Schrecken, der ihr Leben umhüllt hatte.

Diese Nacht markierte das Ende von Hannahs Kindheit, das Ende der Unschuld und des Glaubens an eine Welt, in der Menschen unterschiedlicher Religionen in Frieden zusammenleben konnten. Es war der Beginn eines neuen Kapitels, eines geprägt von Unsicherheit und der Suche nach Sicherheit in einer Welt, die plötzlich feindlich und unerbittlich geworden war.

2. Das Aufkommen der Angst

In den darauffolgenden Wochen breitete sich in Hannahs Stadt eine spürbare Dunkelheit aus, die weit mehr als nur die Abenddämmerung bedeutete. Die einst so lebhaften Straßen waren nun von einer bedrückenden Stille erfüllt. Die Spannungen in der osmanischen Gesellschaft hatten sich wie ein unsichtbares Netz über das alltägliche Leben gelegt, und in diesem Netz verfingen sich vor allem die jüdischen Gemeinden.

Die antisemitischen Stimmungen nahmen zu. Gerüchte über Verfolgungen und Übergriffe auf Juden in anderen Städten erreichten Hannahs Ohren und ließen sie nachts wach liegen. Jeder Schatten schien eine drohende Gefahr zu verbergen, jedes Flüstern ein Vorzeichen von Unheil.

Hannahs Vater, Levi, dessen einst stolze Haltung nun von Sorge gebeugt war, versuchte, seine Handelsgeschäfte aufrechtzuerhalten. Doch viele seiner muslimischen und christlichen Kunden mieden jetzt seinen Laden, getrieben von

Angst und Misstrauen. „Die Zeiten haben sich geändert", seufzte
er eines Abends. „Wir sind nicht mehr Teil dieser Gemeinschaft,
wie es einmal war. Wir sind jetzt Außenseiter."

Hannahs Mutter, Esther, versuchte trotz allem, ein Gefühl von
Normalität im Haus aufrechtzuerhalten. Aber selbst ihre warmen
Augen konnten die zunehmende Angst nicht verbergen. „Wir
müssen stark bleiben", sagte sie, während sie das Abendessen
vorbereitete, ihre Hände zitterten jedoch bei jedem Schnitt.

Die Synagoge, einst ein Ort des friedvollen Gebets und der
Zusammenkunft, hatte sich in einen Ort des stillen
Beisammenseins verwandelt. Die Gebete waren nun leise, fast
flüsternd, als ob man fürchtete, Aufmerksamkeit zu erregen. Der
Rabbi sprach von Geduld und Hoffnung, aber seine Worte schienen
in der dicken Luft der Angst zu verhallen.

Eines Nachmittags, als Hannah durch die Stadt ging, um Vorräte
zu besorgen, bemerkte sie, wie sich die Blicke der anderen auf ihr
ruhten – misstrauisch, ablehnend, manchmal sogar hasserfüllt. Sie
zog ihren Schal enger um sich und senkte den Blick, doch sie
konnte das Brennen dieser Blicke auf ihrem Rücken spüren. Als sie
an einer Gruppe von Männern vorbeiging, hörte sie das Wort
„Jüdin" geflüstert, gefolgt von einem hässlichen Lachen. Ihr Herz
begann zu rasen, und sie beschleunigte ihre Schritte, bis sie sicher
zu Hause war.

Die Lage verschlechterte sich weiter, als eines Tages
Nachrichten die Stadt erreichten, dass ein jüdischer Junge in einem
nahegelegenen Dorf wegen angeblicher Gotteslästerung gelyncht
worden war. Die Nachricht verbreitete sich wie ein Lauffeuer, und
die Angst in der Gemeinde wuchs ins Unermessliche.

„Wir müssen von hier fort", sagte Levi in einer
Familienversammlung. „Es ist nicht mehr sicher. Ich habe von
einem Ort gehört, weit weg von hier, wo wir in Frieden leben
können."

Aber die Frage des Wohin war ebenso quälend wie die des Ob.
Wohin konnten sie gehen, in einer Welt, die ihnen so feindlich

gesinnt schien? Und wie konnten sie reisen, ohne das wenige, das sie besaßen, zu verlieren?

In der Nacht hörte Hannah ihre Eltern diskutieren. „Wie können wir alles aufgeben, was wir hier aufgebaut haben?", fragte Esther, ihre Stimme gebrochen von Verzweiflung.

„Was wir aufgebaut haben, wird uns hier genommen", antwortete Levi, seine Stimme fest, aber erschöpft. „Unser Leben, unsere Sicherheit, das ist es, was jetzt zählt."

Die Entscheidung, zu gehen, wurde in einer Nacht der Tränen und des stillen Gebets getroffen. Sie würden ihre Heimat, ihre Freunde, ihr Leben hinter sich lassen, in der Hoffnung auf eine sicherere Zukunft.

In den nächsten Tagen packte die Familie in aller Stille ihre Habseligkeiten. Jedes Stück, das in die Koffer gelegt wurde, war ein Abschied – von Erinnerungen, von Träumen, von einer Welt, die sie einst als sicher betrachtet hatten.

Der Tag ihrer Abreise war ein kalter, grauer Morgen. Sie verließen ihr Haus, ihr Viertel, ihre Stadt – ein letzter Blick zurück, gefüllt mit Schmerz und Ungewissheit.

Als sie auf dem Wagen saßen, der sie fortbringen sollte, hielt Hannah die Hand ihrer Mutter fest. Sie wusste nicht, was vor ihnen lag, aber sie wusste, dass das Leben, wie sie es kannten, nun vorbei war. Es war der Beginn einer Reise ins Unbekannte, geprägt von Angst, aber auch von der Hoffnung auf ein neues Leben, frei von Hass und Verfolgung.

3. Ein Tag des Schreckens

Der Tag, der das Leben von Hannah und ihrer Familie unwiderruflich verändern sollte, begann wie jeder andere. Die Morgensonne brach zaghaft durch die Wolken, die Straßen der kleinen osmanischen Stadt erwachten langsam zum Leben. Doch unter der Oberfläche des Alltäglichen brodelte eine unterschwellige Spannung, ein Gefühl der Unruhe, das sich wie ein dunkler Schatten über die Gemeinde legte.

Hannah, die früh aufgestanden war, um ihrer Mutter in der Küche zu helfen, spürte diese Anspannung. Es war ein Gefühl, als ob die Luft vor elektrischer Ladung vibrierte. „Mutter, glaubst du, es wird heute wieder ruhig bleiben?", fragte sie, während sie Brot schnitt.

Esther sah ihre Tochter mit einem besorgten Blick an. „Ich bete dafür, Hannah. Aber wir müssen wachsam bleiben."

Plötzlich durchbrach das Geräusch von lauten Stimmen und schnellen Schritten die Stille des Morgens. Hannah lief zum Fenster und sah, wie eine aufgebrachte Menschenmenge durch die Straßen zog. Ihr Herz begann zu rasen. „Mutter, da draußen ist etwas im Gange", rief sie ängstlich.

Levi, der die Unruhe hörte, kam hastig herein. „Bleibt im Haus", befahl er. „Ich werde nachsehen, was los ist."

Draußen auf der Straße eskalierte die Situation rasch. Eine Gruppe aufgebrachter Männer, angetrieben von Hass und fanatischen Reden, hatte sich zusammengefunden. Sie schrien Parolen, warfen Steine und zündeten Häuser an. Es war ein Pogrom – ein gezielter Angriff auf die jüdische Gemeinschaft.

Levi, der versuchte, die Situation zu verstehen, sah mit Entsetzen, wie die Menge näher kam. „Zurück!", schrie er und eilte zurück ins Haus.

„Wir müssen uns verstecken", rief er, als er ins Haus stürmte. Panisch sammelten sie einige wenige Habseligkeiten und versteckten sich im Keller, dem einzigen Ort, der ihnen einen Hauch von Sicherheit zu bieten schien.

Die Geräusche von außen wurden lauter, Schreie, das Zerbrechen von Glas, das Krachen brennender Holzstrukturen. Hannah, fest an ihre Mutter geschmiegt, versuchte, ihre Angst zu unterdrücken, während Tränen über ihre Wangen liefen.

Dann, plötzlich, ein lauter Knall – die Tür ihres Hauses wurde aufgebrochen. Sie hörten, wie die Männer das Haus durchsuchten, Sachen zerstörten, fluchten. Jedes Geräusch ließ Hannahs Herz schneller schlagen. Sie betete stumm, dass sie nicht gefunden würden.

Schließlich, nach Stunden, die wie eine Ewigkeit erschienen, verstummten die Geräusche. Vorsichtig, von Levi angeführt, verließen sie ihr Versteck. Das, was sie oben vorfanden, war ein Bild des Grauens. Ihr Zuhause, einst ein Ort der Liebe und des Lachens, war nun ein Trümmerhaufen. Alles war zerstört, ihre Möbel, ihre Erinnerungen, ihr Leben.

Die Straßen der Stadt waren nicht wiederzuerkennen. Überall waren Zeichen der Zerstörung, verbrannte Häuser, zerbrochene Fenster, auf den Straßen verstreute persönliche Gegenstände. Die Luft war erfüllt vom Geruch von Rauch und Asche.

Hannahs Familie stand unter Schock. „Was haben wir getan, um das zu verdienen?", flüsterte Hannah, während sie die Trümmer ihres Hauses betrachtete.

„Nichts, mein Kind", antwortete Esther, Tränen in den Augen. „Wir haben nichts getan."

Die nächsten Tage waren ein Kampf ums Überleben. Sie suchten nach Essen, Wasser, einem sicheren Schlafplatz. Überall in der Stadt waren ähnliche Szenen zu beobachten. Die jüdische Gemeinde war dezimiert, ihre Mitglieder verängstigt, traumatisiert, einige verschwunden oder tot.

Levi, der versuchte, seine Familie zusammenzuhalten, wirkte mit jedem Tag älter. Die Last der Verantwortung und des Verlusts drückte schwer auf ihm. „Wir können hier nicht länger bleiben", entschied er schließlich. „Wir müssen weg, irgendwohin, wo wir in Frieden leben können."

So begann ihre Reise, eine Reise weg von den Trümmern ihrer Vergangenheit, hin zu einer ungewissen Zukunft. Doch inmitten all der Verzweiflung und des Schreckens gab es auch Momente der Menschlichkeit – Nachbarn, die halfen, Fremde, die ihr Mitgefühl zeigten.

Diese kleinen Gesten der Güte waren wie Lichtstrahlen in der Dunkelheit, die ihnen halfen, die Hoffnung nicht zu verlieren. Sie wussten, dass der Weg schwer sein würde, aber sie waren entschlossen, zu überleben, für all jene, die es nicht geschafft hatten, und für eine Zukunft, in der Hass und Gewalt keinen Platz mehr hatten.

4. Flüstern im Dunkeln

In den Tagen nach dem Pogrom lag ein schwerer Schleier über der kleinen Stadt. Die Straßen, einst voller Leben und Geschäftigkeit, waren nun still, als würden sie die Trauer der Bewohner widerspiegeln. Überall waren Spuren der Verwüstung zu sehen, eine ständige, schmerzhafte Erinnerung an das, was geschehen war. Hannah und ihre Familie hatten Unterschlupf in einer verlassenen Scheune am Rand der Stadt gefunden, ein provisorisches Zuhause, das wenig Schutz bot, aber zumindest ein Dach über dem Kopf.

Hannah lag oft wach, starrte in die Dunkelheit und lauschte dem leisen Flüstern des Windes. Die Bilder jenes schrecklichen Tages verfolgten sie. Sie sah immer wieder die Flammen, hörte die Schreie, fühlte die Angst. Sie versuchte, sich auf andere Dinge zu konzentrieren, auf ihre Familie, auf die Notwendigkeit, stark zu sein, aber die Erinnerungen waren überwältigend.

„Wir werden das überstehen", flüsterte ihre Mutter eines Nachts, als sie spürte, wie Hannah zitterte. „Wir sind zusammen, und das ist das Wichtigste."

Aber Hannah wusste, dass nichts mehr so sein würde wie früher. Ihre Gemeinde war zerrissen, viele ihrer Freunde und Verwandten waren geflohen, verschwunden oder tot. Es war, als hätte ein dunkler Schatten sich über ihr Leben gelegt.

Tagsüber half sie, wo sie konnte, sammelte Essen, half bei der Instandsetzung der Scheune, versuchte, ein wenig Normalität in ihr Leben zu bringen. Doch die Angst war allgegenwärtig, ein ständiger Begleiter, der sie nicht losließ.

„Warum hassen sie uns so sehr?", fragte sie eines Abends ihren Vater, als sie um ein kleines Feuer saßen und das karge Abendessen aßen.

Levi sah seine Tochter traurig an. „Ich weiß es nicht, Hannah. Vielleicht aus Unwissenheit, vielleicht aus Neid. Aber es gibt keinen Grund, der diesen Hass rechtfertigt."

In diesen dunklen Zeiten gab es aber auch Lichtblicke. Einige Nachbarn, die sich trotz der Gefahr dazu entschlossen hatten, der jüdischen Gemeinde zu helfen. Sie brachten Essen, Medizin und manchmal Nachrichten aus der Stadt. Diese kleinen Akte der Menschlichkeit waren für Hannah und ihre Familie ein Funke Hoffnung in einer Welt, die so düster schien.

„Es gibt immer noch gute Menschen", sagte Hannah eines Tages zu ihrer Mutter. „Das zeigt mir, dass nicht alles verloren ist."

Esther lächelte schwach. „Ja, mein Kind. Das Gute im Menschen kann niemals vollständig ausgelöscht werden."

Die Trauer um das, was verloren gegangen war, blieb jedoch ein ständiger Begleiter. Sie trauerten um ihre verlorenen Freunde, ihre zerstörte Gemeinde, ihr altes Leben. Die Frage nach dem „Warum" blieb unbeantwortet, ein schmerzhafter Stachel in ihren Herzen.

Eines Abends, als die Familie zusammen im Schein einer kleinen Kerze saß, brach Hannah das Schweigen. „Wir müssen daran denken, was wir noch haben. Unsere Familie, unseren Glauben, unsere Hoffnungen. Das kann uns niemand nehmen."

Ihre Worte hatten etwas Tröstliches, und für einen Moment fühlte sich die Familie weniger allein, weniger verloren. Sie erzählten sich Geschichten, sangen Lieder und erinnerten sich an bessere Zeiten. Es war ein kleiner Akt des Widerstands, ein Weg, sich gegen die Dunkelheit zu stellen.

Als die Nacht fortschritt und die Kerze niederbrannte, legten sich Hannah und ihre Familie zum Schlafen nieder. In dieser Nacht träumte Hannah von einem Leben ohne Angst, ohne Hass. Ein Leben, in dem sie frei sein konnte, in dem ihre Familie sicher war.

Es war ein schöner Traum, und als sie erwachte, fühlte sie eine neue Entschlossenheit in sich.

„Eines Tages wird es besser", flüsterte sie, während sie in die Morgendämmerung blickte. „Eines Tages."

Mit jedem Tag, der verging, wuchs in Hannah und ihrer Familie die Entschlossenheit, weiterzumachen, zu überleben und die Hoffnung nicht aufzugeben. Sie wussten, dass der Weg schwer sein würde, aber sie waren bereit, ihn zu gehen, getragen von ihrem unerschütterlichen Glauben und der Liebe zueinander.

In dieser Zeit des Leids und der Dunkelheit waren es diese kleinen Momente des Zusammenhalts, der Menschlichkeit und der Hoffnung, die ihnen die Kraft gaben, weiterzumachen. Sie hatten viel verloren, aber sie hatten auch viel gewonnen – eine unerschütterliche Bindung zueinander, eine tiefe Wertschätzung für das Leben und eine unbezwingbare Hoffnung auf bessere Tage.

Und so endet die Geschichte von Hannah und ihrer Familie, eine Geschichte des Leidens, aber auch des Überlebens und der Hoffnung. Es ist eine Geschichte, die erzählt wird, um zu erinnern, um zu mahnen und um die Hoffnung auf eine Welt zu nähren, in der Hass und Gewalt keinen Platz mehr haben.

Die Nationalsozialisten

Die Geschichte des Judentums in Europa ist von tiefer Tragik und unbeschreiblichem Leid geprägt. Vor dem Hintergrund des Nationalsozialismus und der damit verbundenen Judenverfolgung wird dies besonders deutlich.

Bereits vor der Machtergreifung Hitlers im Jahr 1933 waren antisemitische Einstellungen in Teilen der europäischen Gesellschaft verbreitet. Doch mit dem Aufstieg der Nationalsozialisten in Deutschland nahm die Diskriminierung der jüdischen Bevölkerung neue, erschreckende Formen an. Die Nazis sahen in den Juden „Untermenschen" und eine Bedrohung für das „arische" Volk.

Die Ausgrenzung begann zunächst mit der Stigmatisierung im öffentlichen Leben. Juden wurden aus Beamtenstellen entfernt, jüdische Geschäfte und Ärzte boykottiert. Mit den Nürnberger Gesetzen von 1935 wurden Juden die Bürgerrechte entzogen. Sie galten nun offiziell als Bürger zweiter Klasse. Diese Gesetze legten unter anderem fest, dass Ehen zwischen Juden und Nichtjuden verboten waren. Jüdische Kinder wurden schrittweise aus den Schulen genommen - nach den Novemberpogromen (auch bekannt als Kristallnacht) im Jahr 1938 erließ das Nazi-Regime eine Verordnung, die jüdische Kinder endgültig von deutschen öffentlichen Schulen ausschloss -, und Juden durften keine öffentlichen Einrichtungen mehr benutzen.

Die Nacht des 9. November 1938, bekannt als Kristallnacht oder Reichspogromnacht, markierte einen Wendepunkt in der Judenverfolgung. Unter dem Vorwand einer Vergeltung für die Ermordung eines deutschen Diplomaten in Paris durch einen jüdischen Jugendlichen, führten die Nazis koordinierte Angriffe auf jüdische Einrichtungen durch. Synagogen wurden in Brand gesetzt, Geschäfte zerstört, Wohnungen verwüstet und tausende Juden wurden verhaftet und in Konzentrationslager gebracht.

Diese Nacht des Terrors war nicht nur ein Akt physischer Zerstörung, sondern auch ein symbolischer Angriff auf die Identität und Existenz der jüdischen Gemeinschaft in Deutschland. Sie stand für den Übergang von diskriminierenden Politiken zu systematischer staatlicher Gewalt und der späteren systematischen Vernichtung der Juden in Europa.

Das Leid der jüdischen Bevölkerung während des Holocaust ist unvorstellbar. Millionen von Juden wurden in Konzentrations- und Vernichtungslagern ermordet. Diejenigen, die überlebten, mussten mit den Traumata und Verlusten eines unfassbaren Genozids leben. Die Geschichten dieser Zeit sind nicht nur von Entsetzen und Schrecken geprägt, sondern auch von bemerkenswertem Mut, Widerstand und der unerschütterlichen Kraft des menschlichen Geistes.

Die Scherben

1. Die Ruhe vor dem Sturm

Ich erinnere mich noch genau an den Herbst des Jahres 1938. Damals war ich ein junges Mädchen, das im jüdischen Viertel Berlins lebte. Mein Name ist Sarah, und diese Erzählung ist die Geschichte meiner Familie, meiner Gemeinschaft und der Ereignisse, die unsere Welt für immer verändern sollten.

Wir wohnten in einer bescheidenen Wohnung, die zwar eng, aber immer voller Leben und Liebe war. Meine Eltern, Jakob und Miriam, führten ein kleines Textilgeschäft, während ich und mein jüngerer Bruder Daniel unsere Schulbildung genossen. Unsere Wohnung war ein Treffpunkt für Familie und Freunde, wo immer lebhafte Gespräche stattfanden, oft begleitet von den Klängen meines Vaters, der Violine spielte.

Das jüdische Viertel war wie eine eigene kleine Welt innerhalb der großen Stadt Berlin. Wir hatten unsere eigenen Läden, Synagogen und Schulen. Es gab ein Gefühl der Gemeinschaft, das uns durch die schwierigen Zeiten trug.

Doch bereits in diesem Herbst spürten wir die Veränderungen, die in der Luft lagen. Die Politik der Nazis hatte das Klima in Deutschland vergiftet. Überall in Berlin sah man Plakate und Graffitis, die zum Boykott jüdischer Geschäfte aufriefen. Unsere

Nachbarn, mit denen wir zuvor in Frieden gelebt hatten, begannen uns mit Misstrauen und Furcht zu begegnen.

In der Schule wurden die Veränderungen besonders deutlich. Ich erinnere mich an einen Tag, als ich an meinem Tisch saß und bemerkte, wie die anderen Kinder Abstand zu mir hielten. Selbst meine früheren Freundinnen flüsterten und warfen mir verstohlene Blicke zu. Die Lehrer, die einst freundlich gewesen waren, behandelten mich plötzlich kühl und distanziert.

Mein Vater versuchte uns zu beruhigen. „Es sind schwierige Zeiten, aber wir müssen stark bleiben", sagte er. Doch die Sorgenfalten auf seiner Stirn verrieten seine wahren Gefühle.

An den Abenden saßen wir oft zusammen und lauschten den Nachrichten im Radio, die selten Gutes verhießen. Die Rede war von neuen Gesetzen, die uns das Leben noch schwerer machten. Meine Mutter umarmte mich und Daniel dann besonders fest.

„Wir sind zusammen, und das ist das Wichtigste", flüsterte sie uns zu.

Trotz der wachsenden Angst und Unsicherheit versuchten wir, unser Leben so normal wie möglich weiterzuführen. Doch in unseren Herzen wussten wir, dass eine dunkle Wolke über uns schwebte. Wir hatten von den Konzentrationslagern gehört, von Menschen, die über Nacht verschwanden. Die Angst war ständig präsent, ein dunkler Schatten, der über jedem Lachen und jeder Freude lag.

Eines Abends, als wir gerade beim Abendessen saßen, hörten wir ein lautes Klopfen an der Tür. Mein Vater stand auf, um nachzusehen, und wir hörten, wie er mit gedämpfter Stimme sprach. Als er zurückkam, war sein Gesicht aschfahl.

„Es sind Gerüchte im Umlauf", sagte er leise. „Man sagt, dass etwas Großes bevorsteht. Etwas Schreckliches."

Meine Mutter ergriff seine Hand. „Was sollen wir tun, Jakob?"

Er sah uns alle an, seine Augen voller Sorge. „Wir müssen zusammenhalten", sagte er. „Mehr können wir im Moment nicht tun."

In dieser Nacht fand ich keinen Schlaf. Ich lag wach, lauschte den Geräuschen der Stadt und fragte mich, was uns bevorstand. Die Ruhe vor dem Sturm war fast greifbar, ein erdrückendes Gefühl der Angst und Unsicherheit.

Doch nichts hätte uns auf das vorbereiten können, was kommen sollte.

2. Die sich verdichtenden Schatten

Die Wochen vergingen, und mit jedem Tag schien das Netz der Einschränkungen, das die Nazis über uns Juden warfen, enger zu werden. Unser Alltag, der einst so vertraut und sicher war, verwandelte sich in einen Spießrutenlauf des Überlebens.

Eines Morgens hing ein neues Plakat an unserem Haus. „Kauft nicht bei Juden", stand in großen, schwarzen Buchstaben darauf. Mein Vater riss es wütend herunter, aber seine Augen verrieten die tiefe Verzweiflung, die er empfand.

Unser kleines Textilgeschäft litt schwer unter den neuen Gesetzen. Die Kunden blieben aus, und die wenigen, die kamen, blickten uns mit einem Gemisch aus Mitleid und Furcht an. Mein Vater versuchte, optimistisch zu bleiben, aber ich sah, wie er abends erschöpft und niedergeschlagen nach Hause kam.

Die Schule wurde zu einem Ort des Grauens für mich. Jeden Tag gab es neue Demütigungen und Schikanen. Eines Tages wurden wir jüdischen Kinder in eine Ecke des Klassenzimmers verbannt, getrennt von den anderen. Die Lehrer ignorierten uns, als wären wir Luft. Ich fühlte mich so isoliert, so unerwünscht.

Das schlimmste Ereignis ereignete sich jedoch an einem kühlen Oktobermorgen. Ich war auf dem Weg zum Bäcker, als ich sah, wie die Gestapo Herrn Baum, unseren Nachbarn, aus seinem Haus zerrte. Seine Frau stand weinend in der Tür, während ihre beiden kleinen Kinder ängstlich an ihrem Rock zogen.

„Papa, Papa!", schrien sie, aber die Männer schubsten Herrn Baum brutal in ein Auto. Die Nachbarn standen schweigend da, niemand wagte einzugreifen.

Ich rannte nach Hause, Tränen in den Augen, und erzählte meinen Eltern, was passiert war. Meine Mutter umarmte mich fest, während mein Vater stumm zum Fenster hinausstarrte.

„Warum tun sie das?", fragte ich schluchzend.

„Es gibt keinen Grund, Sarah", sagte mein Vater leise. „Nur Hass."

Die Nachricht von der Verhaftung Herrn Baums verbreitete sich wie ein Lauffeuer im Viertel. Angst und Unsicherheit breiteten sich aus. Wenn es Herrn Baum treffen konnte, einen respektierten und friedliebenden Mann, dann konnte es jeden von uns treffen.

Die Geschäfte im Viertel begannen zu schließen. Eines nach dem anderen wurden die Schaufenster mit Brettern vernagelt, die Inhaber gezwungen, ihre Lebenswerke aufzugeben. Das einst so lebhafte Viertel verwandelte sich in eine Geisterstadt.

Mein Bruder Daniel, der sonst immer ein Strahlen in den Augen hatte, wurde still und in sich gekehrt. Oft fand ich ihn nachts, wie er am Fenster stand und hinaus in die dunklen Straßen starrte.

„Wird alles wieder gut, Sarah?", fragte er mich eines Abends.

Ich umarmte ihn und flüsterte: „Wir müssen nur stark bleiben, Daniel. Irgendwann wird es wieder gut."

Doch in meinem Herzen wusste ich nicht, ob ich das wirklich glaubte.

Meine Mutter versuchte, ein Gefühl der Normalität aufrechtzuerhalten. Sie backte Kuchen, als gäbe es keine Rationierungen, und sang Lieder, um unsere Stimmung zu heben. Doch ihre Augen verrieten die tiefe Sorge, die sie empfand.

An den Sabbaten versammelten wir uns in unserer kleinen Synagoge, um gemeinsam zu beten. Doch die Gottesdienste waren von einer düsteren Stimmung geprägt. Jedes Mal, wenn die Tür aufging, zuckten alle zusammen, in der Furcht, es könnten die Nazis sein.

„Wir dürfen den Glauben nicht verlieren", sagte der Rabbiner während einer Predigt. „Unser Glaube wird uns durch diese dunklen Zeiten tragen."

Aber der Glaube allein konnte die Realität nicht ändern. Jeden Tag erreichten uns Nachrichten von Freunden und Bekannten, die geflohen waren, verhaftet wurden oder einfach verschwanden. Die Welt, die wir kannten, löste sich vor unseren Augen auf.

Das Schlimmste war die Ungewissheit. Wir wussten nicht, was der nächste Tag bringen würde. Jeder Abschied konnte der letzte sein. Jedes Lachen war getränkt mit Tränen.

In diesen dunklen Tagen klammerten wir uns aneinander, suchten Trost in der Gemeinschaft und hofften gegen jede Hoffnung, dass das Unheil an uns vorübergehen würde. Doch tief in unseren Herzen wussten wir, dass die Schatten, die sich über uns legten, nur der Anfang waren.

3. Die Kristallnacht

Der 9. November 1938 brach an wie jeder andere Tag, doch bevor er zu Ende ging, sollte er sich in unser kollektives Gedächtnis einbrennen – als eine Nacht unvorstellbarer Zerstörung und Angst. Es war die Nacht, in der unsere Welt endgültig in Stücke zerbrach.

Es begann am späten Nachmittag. Ich hörte zuerst das ferne Grollen von Menschenmassen und das Klirren von zerbrechendem Glas. Angst breitete sich in meiner Brust aus, kalt und erdrückend. Ich rannte zu meinen Eltern, die bereits am Fenster standen und auf die Straße hinausblickten.

„Was passiert da draußen?", fragte ich, meine Stimme zitterte vor Angst.

„Bleib weg vom Fenster, Sarah", sagte mein Vater, während er die Vorhänge zuzog. Seine Hände zitterten. „Es ist nicht sicher."

Das Klirren und Krachen wurde lauter. Schreie hallten durch die Straßen, gefolgt von dem entsetzlichen Geräusch von zertrümmernden Schaufenstern. Wir blieben regungslos stehen, lauschten dem Crescendo des Chaos und der Zerstörung.

„Sie kommen", flüsterte meine Mutter, und ich spürte, wie ihr Griff um meine Hand sich verstärkte.

Mein Vater schloss hastig alle Türen ab und zog uns in die hinterste Ecke der Wohnung. Wir hockten uns hin, eng aneinander gekuschelt, umgeben von Dunkelheit und unserer eigenen Angst.

Wir hörten, wie die Mob außerhalb wütete, wie Glas zerbrach und Menschen schrien. Es war, als würde die Welt um uns herum zusammenbrechen. Mein Herz schlug heftig vor Angst, und ich versuchte, meine Tränen zurückzuhalten.

Plötzlich hörten wir ein anderes Geräusch – das Rauschen eines Feuers. Der Schein von Flammen erleuchtete den Himmel. „Die Synagoge", hauchte mein Vater. „Sie brennen die Synagoge nieder."

Meine Mutter begann zu weinen, leise, damit niemand uns hören konnte. „Gott, beschütze uns", flüsterte sie immer wieder.

Ich konnte nicht verstehen, warum dies geschah. Warum hassten sie uns so sehr? Was hatten wir ihnen angetan? Die Tränen liefen mir über die Wangen, während ich versuchte, die Angst und das Unverständnis zu verarbeiten.

Die Stunden vergingen, und das Chaos draußen ließ nicht nach. Wir hörten, wie die Nazis von Haus zu Haus gingen, Türen eintraten und jüdische Familien misshandelten. Jedes Mal, wenn ich Schritte im Treppenhaus hörte, hielt ich den Atem an, in der Hoffnung, dass sie an unserer Tür vorbeigehen würden.

Endlich, irgendwann in den frühen Morgenstunden, kehrte Stille ein. Wir wagten es kaum zu atmen, lauschten in die Dunkelheit, ob die Gefahr vorüber war.

Als die Sonne aufging, schlichen wir uns zum Fenster. Die Straßen waren übersät mit Scherben, Rauch stieg von zerstörten Geschäften und der ausgebrannten Synagoge auf. Es war, als hätten wir die Nacht in einem Albtraum verbracht, aber die zerstörte Welt vor unseren Augen war erschreckend real.

Wir verließen unser Versteck und betraten vorsichtig die Straßen. Überall sahen wir Zeichen der Verwüstung. Geschäfte, die einst volle Regale hatten, waren nun leergeplündert und zerstört. Die Synagoge, in der wir so oft gebetet hatten, war nur noch ein rauchender Trümmerhaufen.

Mein Vater, sonst ein Fels in der Brandung, hatte Tränen in den Augen, als er die Reste unserer heiligen Stätte betrachtete. „Wie können Menschen einander so etwas antun?", fragte er, mehr zu sich selbst als zu uns.

„Was wird jetzt aus uns?", fragte mein Bruder leise.

Ich wollte ihn trösten, ihm sagen, dass alles gut werden würde, aber die Worte blieben mir im Hals stecken. Ich wusste die Antwort nicht.

In dieser Nacht des zerbrochenen Glases wurde uns endgültig klar, dass unser Leben in Deutschland, wie wir es kannten, vorbei war. Unsere Sicherheit, unser Glaube, unsere Existenz – alles war in Gefahr. Wir waren zu Gejagten geworden, gefangen in einem Land, das uns nicht mehr als seine Kinder ansah.

Von da an lebten wir jeden Tag im Schatten der Angst, uns bewusst, dass das nächste Mal, wenn die Scherben klirren, es unsere Tür sein könnte, die sie eintreten.

4. Nachwirkungen und Ungewisse Zukunft

In den Tagen nach der Kristallnacht war unser Viertel ein Schatten seiner selbst. Die Straßen, einst belebt und voller Geschäftigkeit, lagen jetzt still, übersät mit den Trümmern unserer zerstörten Leben. Rauch lag in der Luft, ein ständiger, bitterer Begleiter der Zerstörung.

Unsere Wohnung fühlte sich nicht mehr wie ein Zuhause an, sondern wie ein Gefängnis, in dem wir uns versteckten, zu ängstlich, um nach draußen zu treten. Wir saßen oft zusammen, sprachen leise und diskutierten unsere Optionen – Optionen, die so begrenzt und doch so dringend waren.

„Wir müssen Deutschland verlassen", sagte mein Vater eines Abends. Seine Stimme klang müde, aber entschlossen. „Es gibt hier keine Zukunft mehr für uns."

„Aber wohin können wir gehen? Wer wird uns aufnehmen?", fragte meine Mutter. Ihre Augen waren gerötet und müde vom ständigen Weinen.

„Vielleicht Amerika oder Palästina", murmelte mein Vater. „Irgendwo, wo wir frei leben können."

Die Idee, unser Zuhause zu verlassen, alles hinter uns zu lassen, was wir kannten und liebten, war beängstigend. Doch die Angst vor dem, was kommen würde, wenn wir blieben, war noch größer.

Die jüdische Gemeinde unseres Viertels sammelte sich in stiller Trauer. Wir trafen uns nicht in der Synagoge – die war ja nicht mehr – sondern in versteckten Wohnungen, flüsterten Gebete und sprachen über diejenigen, die verloren gegangen waren. So viele waren verhaftet worden, so viele Familien zerrissen. Die Verzweiflung lag schwer in der Luft.

Ich erinnere mich an ein Gespräch, das ich mit Herrn Levi, einem älteren Mann aus unserer Gemeinde, führte. Seine Hände zitterten, als er sprach: „Sie haben alles genommen, Sarah. Unsere Geschäfte, unsere Häuser, unsere Würde. Was bleibt uns jetzt noch?"

Ich wusste keine Antwort. In seinen Augen sah ich die tiefe Traurigkeit, die auch mich erfüllte.

In den folgenden Tagen und Wochen versuchten wir, Informationen über mögliche Fluchtwege zu sammeln. Jede Konversation war geprägt von Angst und dem Bewusstsein, dass jedes Wort, das wir sprachen, unser letztes sein könnte. Das Misstrauen gegenüber unseren einstigen Freunden und Nachbarn war groß. Viele hatten sich von uns abgewandt, entweder aus Angst vor Repressalien oder weil sie die Propaganda der Nazis glaubten.

„Wie konnten sie uns das antun?", fragte ich eines Abends, als wir zusammen im Wohnzimmer saßen. „Wir haben doch nichts falsch gemacht."

„Es geht nicht um Recht oder Unrecht, Sarah", sagte mein Vater. „Es geht um Hass und Angst. Und wenn Menschen Angst haben, tun sie schreckliche Dinge."

Die Worte meines Vaters hallten in mir nach. Ich dachte an all die schönen Erinnerungen, die ich an Berlin hatte – an das Lachen, die Freunde, die Schule. All das war jetzt mit einer Dunkelheit überzogen, die ich nie für möglich gehalten hätte.

Eines Morgens kam ein Brief von einem entfernten Cousin aus England. Er bot an, uns zu helfen, aus Deutschland zu fliehen. Mein Vater las den Brief mehrmals durch, Tränen der Erleichterung in seinen Augen.

„Vielleicht gibt es doch noch Hoffnung", sagte er leise.

Wir begannen, unsere wenigen verbliebenen Besitztümer zu packen, bereit, alles zurückzulassen. Jeder Gegenstand, jedes Kleidungsstück, das wir in unsere Koffer legten, fühlte sich schwer an – beladen mit Erinnerungen und dem Gewicht unserer bald verlorenen Vergangenheit.

In den Nächten vor unserer geplanten Abreise schlief ich kaum. Ich lag wach, lauschte den Geräuschen der Stadt, die einmal mein Zuhause war, und dachte über die Ungewissheit nach, die vor uns lag. Würden wir es schaffen? Würden wir jemals zurückkehren?

Als der Tag unserer Abreise kam, fühlte ich mich wie in einem Traum. Wir verließen unsere Wohnung, gingen durch die Straßen Berlins, die jetzt so fremd und feindselig wirkten. Der Blick zurück war schmerzhaft – ein letzter Abschied von einem Leben, das nie wieder sein würde.

Im Zug saß ich am Fenster, blickte hinaus auf die vorbeiziehende Landschaft und dachte über alles nach, was wir zurückließen. Doch inmitten der Trauer und der Angst gab es auch ein Funken Hoffnung – die Hoffnung auf ein neues Leben, irgendwo fernab dieser Schrecken.

„Wir werden überleben, Sarah", sagte meine Mutter und nahm meine Hand. „Wir müssen einfach weitermachen."

Ihre Worte gaben mir Kraft, und ich hielt ihre Hand fest. Egal was kommen würde, wir hatten einander, und in dieser Dunkelheit war das unser größtes Licht.

Diskriminierung und Terror gegen Juden

Die Geschichte der Juden in Europa ist tief verwurzelt in einer langen Tradition von Anwesenheit, Beitrag und leider auch Verfolgung. Vor der Machtergreifung der Nationalsozialisten lebten Juden als integraler Bestandteil vieler europäischer Gesellschaften, auch in Deutschland. Sie waren in Kunst, Kultur, Wissenschaft und Wirtschaft aktiv und trugen wesentlich zur Entwicklung der modernen Gesellschaft bei.

Mit dem Aufstieg des Nationalsozialismus unter Adolf Hitler ab 1933 begann eine dunkle und schreckliche Ära für die Juden in Deutschland und in den besetzten Gebieten. Die Nationalsozialisten, getrieben von einer ideologischen Mischung aus Antisemitismus, Rassentheorien und autoritärer Staatsauffassung, begannen systematisch, Juden aus dem gesellschaftlichen Leben auszugrenzen. Diese Diskriminierung nahm vielfältige Formen an:

1. **Gesetzliche Diskriminierung:** Mit den Nürnberger Gesetzen von 1935 wurden Juden rechtlich zu Bürgern zweiter Klasse degradiert. Diese Gesetze definierten 'Jüdischsein' auf rassistischer Basis und verboten Ehen zwischen Juden und Nichtjuden.

2. **Wirtschaftliche Ausgrenzung:** Jüdische Geschäfte und Unternehmen wurden boykottiert, später arisiert, das heißt, zwangsweise in nichtjüdische Hände übergeben oder geschlossen.

3. **Öffentliche Demütigungen und Gewalt:** Juden wurden öffentlich gedemütigt, ihre Geschäfte wurden beschmiert, Fensterscheiben zerbrochen, und sie wurden körperlichen Angriffen ausgesetzt.

4. **Kristallnacht:** Diese Pogromnacht vom 9. auf den 10. November 1938 markierte einen Wendepunkt in der Verfolgung. Synagogen wurden in Brand gesteckt, Geschäfte zerstört, Tausende Juden verhaftet und viele getötet.

5. **Deportationen und der Holocaust:** Mit dem Beginn des Zweiten Weltkriegs eskalierte die Verfolgung in den systematischen Mord an etwa sechs Millionen Juden, bekannt als der Holocaust. Juden wurden in Ghettos gepfercht, deportiert und in Konzentrations- und Vernichtungslagern ermordet.

Diese Zeit war geprägt von unvorstellbarem Leid und brutaler Unterdrückung. Die nationalsozialistische Ideologie entmenschlichte die jüdische Bevölkerung und rechtfertigte so die unmenschlichsten Handlungen gegen sie. Der Terror und die Diskriminierung hatten nicht nur physische, sondern auch tiefe psychologische Auswirkungen auf die Opfer und ihre Nachkommen.

Das letzte Licht des Kinos

1. Friedlichere Tage

Im Herzen von Hamburg, versteckt in einer belebten Straße, lag ein kleines Kino, das mehr als nur ein Ort der Unterhaltung war. Es war ein Treffpunkt, ein lebendiges Symbol der Gemeinschaft. Die Familie Rosenbaum, die das Kino besaß, war tief in das soziale Gefüge der Stadt eingebunden. Jakob, der Patriarch, ein Mann mit freundlichem Lächeln und einer Liebe zum Film, führte das Kino mit Stolz. Seine Frau Esther, eine elegante Frau mit einer Wärme, die jedem Herzen Wärme schenkte, kümmerte sich um das Tagesgeschäft.

Ihr Kino war bekannt für seine exklusive Auswahl an Filmen. Von Hollywood-Klassikern bis hin zu deutschen Produktionen, es war ein Ort, an dem Fantasie und Realität sich trafen. An Wochenenden sammelten sich die Menschen, um die neuesten

Filme zu sehen, zu lachen, zu weinen und für einige Stunden die Härten des Lebens zu vergessen.

Die Kinder der Rosenbaums, David und Miriam, waren in dieser Welt des Kinos aufgewachsen. David, ein aufgeweckter junger Mann, träumte davon, eines Tages selbst Filme zu machen. Miriam, ein ruhiges, nachdenkliches Mädchen, liebte es, den Geschichten auf der Leinwand zu lauschen und sie in ihren eigenen Zeichnungen festzuhalten.

Doch im Schatten dieser friedlichen Tage zeichneten sich dunkle Wolken ab. Mit der Machtübernahme der Nationalsozialisten 1933 begannen sich die Dinge zu ändern. Die anfänglichen Anzeichen waren subtil, fast unmerklich. Ein verlorenes Lächeln eines langjährigen Kunden, ein flüchtiger Blick voller Misstrauen, das leise Flüstern, das sich durch die Straßen zog.

Eines Tages, als Jakob durch die Stadt ging, spürte er, wie sich die Atmosphäre verändert hatte. Die Plakate an den Wänden schrien mit ihren hetzerischen Botschaften, und die Hakenkreuzfahnen, die überall wehten, waren ein deutliches Zeichen einer neuen Ära. Er spürte eine wachsende Kälte in den Blicken der Menschen, die ihm begegneten.

Zuhause sprach Jakob mit Esther über seine Befürchtungen. „Die Zeiten ändern sich", sagte er leise. „Ich spüre es in der Luft, in den Straßen. Ich mache mir Sorgen um die Kinder, um unser Kino." Esther legte ihre Hand auf seine. „Wir haben Stürme überstanden, Jakob. Wir werden auch das überstehen", sagte sie mit einer Zuversicht, die sie selbst kaum spürte.

In den folgenden Wochen begannen die Veränderungen greifbarer zu werden. Plakate mit antisemitischen Botschaften tauchten in der Stadt auf. Freunde und Nachbarn, die einst regelmäßige Besucher des Kinos waren, begannen, seltener zu kommen. Einige blickten weg, wenn sie der Familie Rosenbaum begegneten.

Eines Abends, als David das Kino schloss, sah er, wie einige Jugendliche Steine auf das Schaufenster eines jüdischen Geschäfts warfen. Er eilte zurück ins Kino, sein Herz raste vor Angst. „Vater, ich habe gerade gesehen, wie...", begann er, aber Jakob unterbrach ihn. „Ich weiß, mein Sohn. Es sind schreckliche Dinge, die geschehen."

Im Kino sammelten sich die Mitglieder der jüdischen Gemeinschaft, um Trost und Unterstützung zu finden. Sie sprachen über die zunehmende Isolation und die Angst, die sich in ihren Alltag einschlich. Das Kino wurde ein Zufluchtsort, ein Ort des Zusammenhalts inmitten der wachsenden Dunkelheit.

In diesen Gesprächen tauchte immer wieder ein Name auf: Adolf Hitler. Seine Reden, gefüllt mit Hass und Versprechen einer 'besseren' Zukunft, durchdrangen das tägliche Leben. Die Propaganda des Regimes ließ den Antisemitismus in der Gesellschaft aufblühen, und mit jedem Tag wurde es für die Familie Rosenbaum und die jüdische Gemeinde schwerer, ein normales Leben zu führen.

Als Sarah, eine gute Freundin der Familie, das Kino besuchte, brachte sie Nachrichten, die die Familie tief erschütterten. „Sie haben die Synagoge geschlossen", flüsterte sie. „Sie sagen, es ist nur vorübergehend, aber ich... ich fürchte das Schlimmste."

Die Rosenbaums saßen zusammen, das Licht des Projektors flackerte im leeren Kino. In ihren Herzen wuchs die Erkenntnis, dass die friedlicheren Tage vorüber waren. Was als eine Zeit der Hoffnung und des Traumes begonnen hatte, verwandelte sich langsam in einen Albtraum, aus dem es kein Erwachen gab.

So endete das Kapitel des friedlichen Lebens der Familie Rosenbaum. Was als ein Traum begann, wurde zu einem Kampf ums Überleben, geprägt von Angst, Unsicherheit und dem drohenden Schatten eines unbarmherzigen Regimes.

2. Der Schatten des Krieges

Der Krieg warf seine düsteren Schatten über Hamburg. In den Straßen, einst erfüllt von Leben und Lachen, herrschte nun eine bedrückende Stille. Für die Familie Rosenbaum wurde der Alltag zu einem Spießrutenlauf, der von Furcht und Misstrauen geprägt war. Die nationalsozialistische Propaganda hatte eine Atmosphäre der Feindseligkeit geschaffen, die sich wie ein giftiger Nebel über die Stadt legte.

Die Repressionen gegen die Juden nahmen zu. Es begann mit kleinen Einschränkungen, die sich schnell zu einem Netz aus Verboten und Gesetzen ausweiteten, welches das Leben der Familie immer weiter einengte. Eines Morgens fanden sie das Kino geschlossen vor, versiegelt mit einem großen Plakat: „Jüdisches Geschäft!". Jakob stand davor, sein Gesichtsausdruck ein Spiegelbild der Verzweiflung, die ihn und seine Familie erfasste. „Unser Kino... unser Leben", flüsterte er.

Die Familie versammelte sich in ihrem Wohnzimmer, ein Raum, der einst voller Wärme und Gelächter war, jetzt aber von einer schweren Stille erfüllt wurde. „Wir müssen einen Weg finden, zu überleben", sagte Esther mit zitternder Stimme. „Aber wie? Wohin können wir gehen?", fragte Miriam, ihre Augen weit aufgerissen vor Angst.

Die Nachrichten von Deportationen wurden immer häufiger. Eines Nachts wurden sie brutal Wirklichkeit. Lautstarkes Klopfen an ihrer Tür riss sie aus dem Schlaf. Vor ihnen standen Soldaten, ihre Gesichter kalt und unbarmherzig. „Raus! Schnell!", schrie einer von ihnen. Die Familie wurde auseinandergerissen. Jakob und David wurden in eine Richtung geführt, Esther und Miriam in eine andere. Ihre Proteste und Flehen verhallten ungehört.

Die Reise nach Jozefow war lang und entbehrungsreich. In einem überfüllten, stickigen Zug wurden sie zusammengepfercht, umgeben von anderen Juden, deren Gesichter ebenso von Furcht und Verzweiflung gezeichnet waren. Die Fahrt schien endlos, eine quälende Mischung aus Angst, Hunger und Kälte.

Als sie in Jozefow ankamen, wurden sie von deutschen Soldaten empfangen, deren Blicke voller Verachtung und Hass waren. Die Familie Rosenbaum, einst stolze Kinobesitzer, wurde nun wie Vieh behandelt, getrieben und geschubst, ohne jegliche Menschlichkeit.

Inmitten dieses Chaos begegnete Miriam einem jungen deutschen Soldaten, dessen Gesichtszüge von Konflikt und Unsicherheit geprägt waren. Er starrte sie an, als würde er in ihrem Gesicht nach etwas suchen. „Ich kenne euch...", murmelte er. „Das Kino... in Hamburg. Ich war dort, viele Male." Seine Stimme war ein Flüstern, fast erstickt von der Schwerfälligkeit der Situation.

Miriam blickte ihn an, Tränen in den Augen. „Ja, das war unser Kino", sagte sie leise. „Wir haben vielen Menschen Freude bereitet. Warum tut ihr uns das an?"

Der Soldat senkte den Blick, unfähig, ihr direkt in die Augen zu sehen. „Ich... ich weiß es nicht", gestand er. „Ich muss Befehle befolgen. Es tut mir leid."

Aber seine Worte waren ein schwacher Trost inmitten des Grauens, das sich um sie entfaltete. Um sie herum hörte man Schreie, das Weinen von Kindern, das verzweifelte Flehen der Älteren. Es war ein Alptraum, eine Szene aus der tiefsten Hölle.

In Jozefow wurden die Juden in einem provisorischen Lager untergebracht, ein Ort ohne Hoffnung, wo der Tod ein ständiger Begleiter war. Die Rosenbaums versuchten, zusammenzuhalten, sich gegenseitig Trost und Kraft zu spenden, aber die Dunkelheit, die sie umgab, war erdrückend.

Jakob, der einst so stolz sein Kino geführt hatte, saß jetzt gebrochen und still da, sein Blick leer und verloren. Esther hielt seine Hand fest, versuchte ihm etwas von ihrer Stärke zu geben, aber auch ihre Kraft begann zu schwinden.

David und Miriam, die Kinder, die in einer Welt des Kinos und der Träume aufgewachsen waren, fanden sich nun in einer Welt wieder, in der Alpträume Realität waren. Sie hielten einander fest, flüsterten Worte des Trostes, obwohl in ihren Herzen die Hoffnung zu sterben begann.

Die Schatten des Krieges hatten sie erreicht, hatten ihr Leben, ihre Träume, ihre Hoffnungen verschlungen. Was übrig blieb, war nur der Kampf ums nackte Überleben, eine ständige Konfrontation mit dem Unfassbaren, dem Abscheulichen. In Jozefow, fern von ihrem geliebten Hamburg, warteten die Rosenbaums auf ihr unbekanntes Schicksal, verloren in einem Meer aus Angst und Verzweiflung.

3. Die Ankunft des Bataillons

Das Lager in Jozefow, ein Ort der Verzweiflung und Angst, wurde von einer bedrückenden Stille erfüllt, die nur durch das ferne Klirren von Waffen und das gedämpfte Murmeln der Wachen durchbrochen wurde. Die Sonne ging auf, doch ihr Licht brachte keine Wärme für die verängstigten Seelen, die hinter Stacheldraht gefangen waren.

An diesem Morgen erreichte das Reserve-Polizeibataillon 101 das Lager. Die Soldaten, viele von ihnen älter und aus Hamburg, traten mit einer Mischung aus Unsicherheit und Pflichtgefühl auf. Unter ihnen war auch der junge Polizist, der Miriam im Zug erkannt hatte. Sein Name war Andreas. Er war in seinem früheren Leben ein einfacher Büroangestellter gewesen, nun aber in dieser unwirklichen Rolle eines Soldaten.

Die Vorbereitungen für die bevorstehenden Erschießungen begannen. Die Befehle wurden erteilt, und obwohl der Kommandeur des Bataillons seinen Männern die Möglichkeit gab, sich zu entziehen, blieben die meisten. Das Gewicht der Gruppendynamik und des Gehorsams lastete schwer auf ihren Schultern.

Inmitten dieser Vorbereitungen bemerkte Andreas wieder die Familie Rosenbaum. Er konnte nicht glauben, dass das Schicksal ihn hierher, zu den Menschen gebracht hatte, deren Kino er einst so geliebt hatte. Ihr Gesicht war ihm in Erinnerung geblieben - die Freude, die ihr Kino verbreitet hatte, stand in starkem Kontrast zu dem Grauen, das nun bevorstand.

Während die anderen Soldaten sich bereit machten, näherte sich Andreas zögerlich der Familie. „Ich erinnere mich an Ihr Kino", sagte er leise zu Jakob. „Es war ein magischer Ort für mich. Ich habe dort so viele glückliche Stunden verbracht."

Jakobs Blick, der zuvor leer und gebrochen war, füllte sich nun mit einer Mischung aus Überraschung und tiefem Schmerz. „Dieses Kino war unser Leben", erwiderte er mit brüchiger Stimme. „Wir wollten Freude bringen. Und jetzt..." Seine Worte erstarben, erstickt von der Erkenntnis des Schreckens, der vor ihnen lag.

Andreas spürte, wie seine eigene Kehle sich zusammenzog. „Ich bin nur ein einfacher Mann, gezwungen zu gehorchen", stammelte er. „Ich wünschte, ich könnte etwas ändern."

Die Familie sah ihn an, ein Blick, der mehr von Verwirrung als von Hass geprägt war. Sie waren konfrontiert mit der Unmenschlichkeit der Situation, aber auch mit der Menschlichkeit eines einzelnen Soldaten, der in einem Konflikt mit sich selbst und seinen Befehlen gefangen war.

Als die Zeit für die Erschießungen näher rückte, breitete sich eine beklemmende Stille über das Lager aus. Die Juden wurden in Reihen aufgestellt, ihre Gesichter geprägt von unvorstellbarer Furcht. Die Soldaten, darunter auch Andreas, richteten ihre Waffen auf die unschuldigen Menschen.

In diesem Moment erlebte Andreas einen inneren Kampf, der sein ganzes Wesen erschütterte. Er dachte an die vielen Abende im Kino, an das Lachen und die Freude, die jetzt von dem kalten Griff seiner Waffe erstickt wurden. Seine Hand zitterte, sein Herz raste.

Jakob, der nun vor ihm stand, blickte ihm direkt in die Augen. „Sie waren Teil unserer Erinnerungen", sagte er leise. „Und jetzt sind Sie Teil unseres Schicksals."

Diese Worte trafen Andreas wie ein Schlag. In einer plötzlichen Bewegung senkte er sein Gewehr und trat zurück, seine Augen voller Tränen. „Ich kann das nicht", flüsterte er, mehr zu sich selbst als zu jemand anderem.

Aber sein Akt der Verweigerung war nur ein kleiner Moment des Widerstands in einer Welle von Grausamkeiten. Um ihn herum dröhnten die Schüsse, das Echo des Todes erfüllte die Luft. Das Bataillon führte seinen mörderischen Befehl aus, und das Leben von unzähligen unschuldigen Menschen wurde in einer brutalen und sinnlosen Tat ausgelöscht.

Für die Familie Rosenbaum war es das Ende eines Lebensweges, der einst von Hoffnung und Träumen geprägt war. Der letzte Blick, den sie austauschten, war einer des Abschieds, ein stilles Zeugnis der Liebe und des Zusammenhalts, die selbst in den dunkelsten Momenten nicht zerstört werden konnten.

Und für Andreas, der nun allein stand, umgeben von den Schreien und dem Chaos, war es ein Moment der tiefen Selbstkonfrontation. Er hatte sich gegen den Befehl gestellt, doch der Preis war die Erkenntnis, dass die Menschlichkeit in einer Welt voller Grausamkeiten ein fragiles, leicht zerstörbares Gut war.

4. Die Erschießungen

Das Morgengrauen in Jozefow war nicht wie jeder andere Tagesbeginn. Es brachte nicht die Hoffnung eines neuen Tages, sondern die düstere Gewissheit des bevorstehenden Grauens. Das Reserve-Polizeibataillon 101, bestehend aus Männern, die zuvor nie an vorderster Front gekämpft hatten, bereitete sich auf einen Befehl vor, der jede menschliche Vorstellungskraft überstieg – die Erschießung von unschuldigen Menschen, nur weil sie Juden waren.

Die Atmosphäre war geprägt von einer schweren, erdrückenden Stille, die nur durch das Knistern der Uniformen und das gelegentliche Klicken von Waffensicherungen unterbrochen wurde. Unter den Soldaten war Andreas, der junge Polizist, dessen Gesicht nun eine Maske der Qual trug. Er erinnerte sich an die Worte Jakobs, den er aus dem Kino kannte, die ihm jetzt wie ein Vorwurf in den Ohren hallten.

Als die Juden aus dem Lager geführt wurden, wurden sie in Gruppen aufgeteilt. Männer, Frauen und Kinder, alle standen sie nun an der Kante eines vorbereiteten Massengrabes. Ihre Augen spiegelten eine Mischung aus Angst, Verzweiflung und ungläubigem Entsetzen wider. Unter ihnen war auch die Familie Rosenbaum, die einst in Hamburg ein Kino besessen hatte.

Jakob Rosenbaum hielt seine Frau und seine zwei Kinder fest an sich gedrückt. Seine Frau, Esther, flüsterte leise Gebete, während ihre Kinder, die das Ausmaß des Geschehens nicht vollständig erfassen konnten, sich an sie klammerten. Ihre Augen suchten in der Menge nach einem Anzeichen von Menschlichkeit, nach einem Funken Hoffnung in dieser ausweglosen Situation.

Andreas, dessen Hand um das Gewehr zitterte, kämpfte mit sich selbst. Er hatte in seinem Leben noch nie jemanden verletzt und konnte sich nicht vorstellen, jetzt einen Menschen zu töten. Aber hier stand er, konfrontiert mit dem unaussprechlichen. „Ich kann das nicht tun", murmelte er, doch seine Stimme ging in den lauten Befehlen seiner Vorgesetzten unter.

Plötzlich durchbrach das erste Schuss die Stille. Ein ohrenbetäubendes Geräusch, das den Beginn des Massakers markierte. Ein nach dem anderen fielen die Körper zu Boden, manche sofort tot, manche wimmerten noch in ihren letzten Momenten. Das Schießen war nicht nur das Geräusch des Todes, es war ein Symphonie des Grauens, das jedem Anwesenden ins Gedächtnis gebrannt wurde.

In diesem Chaos suchte Andreas nach einem Ausweg, irgendeinem Weg, um nicht selbst zum Mörder zu werden. Er zögerte, hielt inne und senkte schließlich sein Gewehr. Tränen füllten seine Augen, als er die schreckliche Realität dessen erkannte, was um ihn herum geschah. „Ich kann nicht...", flüsterte er immer wieder.

Jakob Rosenbaum, der die letzten Momente seines Lebens mit seiner Familie verbrachte, schaute ein letztes Mal in den Himmel. „Gott, bewahre unsere Seelen", flüsterte er. Dann umarmte er seine Familie fester, als wolle er sie vor dem Unausweichlichen schützen. Ein letzter Akt der Liebe und des Mutes inmitten des unaussprechlichen Schreckens.

Die Schüsse dauerten an, unerbittlich und gnadenlos. Jeder einzelne Schuss zerriss nicht nur das Fleisch, sondern auch die letzten Reste von Menschlichkeit, die in diesem Wald verblieben waren. Die Soldaten des Bataillons, getrieben von Befehl und

Gruppendruck, führten ihre Aufgabe aus, die meisten ohne zu zögern, manche mit einem Ausdruck der Qual in den Augen.

Als das Schießen endlich verstummte, lag eine Gruppe von Körpern regungslos am Boden. Die Familie Rosenbaum, einst glücklich und voller Träume in Hamburg, war nun Teil dieser tragischen Landschaft. Ihr Leben, das so viel Freude und Licht gebracht hatte, war in einem Akt unvorstellbarer Dunkelheit erloschen.

Jozefow war nun ein Ort des Todes, ein Mahnmal der Grausamkeit, die Menschen fähig sind. Das Massaker hinterließ nicht nur die Leichen unschuldiger Menschen, sondern auch die gebrochenen Seelen derjenigen, die gezwungen waren, teilzunehmen. Es war ein Zeugnis der dunkelsten Seiten der Menschheit, ein Echo des Schreckens, das noch lange in den Herzen und Gedanken der Überlebenden und der Nachwelt widerhallen würde.

Das faschistische Italien

Vor dem Zweiten Weltkrieg lebten Juden in Italien größtenteils in friedlicher Koexistenz mit ihren nichtjüdischen Nachbarn. Italien, unter der Führung von Benito Mussolini, hatte zwar faschistische Regierungsformen angenommen, aber die antisemitische Rhetorik und Politik, die in Nazi-Deutschland vorherrschten, waren in Italien lange Zeit nicht so ausgeprägt. Die jüdische Gemeinschaft war in die italienische Gesellschaft integriert und trug in vielerlei Hinsicht zu Kultur, Wissenschaft und Wirtschaft des Landes bei.

Diese relative Normalität und Sicherheit änderte sich jedoch drastisch im Verlauf des Zweiten Weltkriegs. 1938, im Zuge der Annäherung Italiens an Nazi-Deutschland, wurden die ersten antisemitischen Gesetze eingeführt. Diese Gesetze, bekannt als die „Rassengesetze", begannen mit dem Ausschluss der Juden aus dem öffentlichen Leben und führten zu einem langsamen, aber stetigen Anstieg der Diskriminierung und Ausgrenzung. Trotzdem blieb die direkte Verfolgung in Italien im Vergleich zu den von Deutschland besetzten Gebieten milder.

Die wirkliche Wende für die Juden in Italien kam mit dem Sturz Mussolinis im Juli 1943 und der anschließenden Besetzung Italiens durch die Deutschen. Nach der Kapitulation Italiens und dem Waffenstillstand mit den Alliierten im September 1943 übernahmen die Nazis die Kontrolle in großen Teilen Italiens. Mit dieser neuen Herrschaftsphase verschärfte sich die Situation für die jüdische Bevölkerung dramatisch.

Die Deutschen führten rasch die systematische Verfolgung und Deportation der italienischen Juden ein, ähnlich wie in anderen Teilen Europas. Juden wurden aus ihren Häusern geholt, in Sammellager gebracht und von dort in Konzentrations- und Vernichtungslager im Osten deportiert. Die meisten von ihnen landeten in Auschwitz, einem der berüchtigtsten Lager des Holocausts.

Diese plötzliche und brutale Veränderung bedeutete für die italienischen Juden einen Schock. Sie, die einst ein integraler Bestandteil der italienischen Gesellschaft waren, fanden sich plötzlich in einer Realität wieder, in der sie um ihr bloßes Überleben kämpfen mussten. Der Holocaust in Italien zeugt von der weitreichenden Natur der Nazi-Verfolgung und stellt ein tragisches Kapitel in der Geschichte des Landes dar, das bis heute als Mahnung an die Gefahren von Intoleranz und Hass dient.

Die Faschisten tun uns nichts

1. Friedliche Tage in Italien

In den frühen 1940er Jahren, bevor die Schatten des Krieges und die Brutalität des Holocaust Italien erreichten, erlebte die Familie Levi in Florenz ein Leben in relativer Ruhe und Sicherheit. Ihre Wohnung, ein geräumiges Domizil im Herzen der Stadt, war erfüllt von der Wärme eines liebevollen Zuhauses, den Gerüchen köstlicher, hausgemachter Speisen und den Klängen klassischer Musik, die oft aus dem alten Grammophon im Wohnzimmer erklangen.

Vater Samuel, ein angesehener Professor für Philosophie, war bekannt für seine Gelehrsamkeit und seinen witzigen Charme. Er liebte es, Geschichten aus der jüdischen Geschichte und Kultur zu erzählen, welche die Identität seiner Familie prägten. Seine Frau, Rachel, eine talentierte Violinistin, gab ihrer Leidenschaft für Musik in den Räumen ihrer Wohnung Ausdruck und verzauberte damit ihre Familie und Freunde. Ihre beiden Kinder, David und Miriam, wuchsen in einer Umgebung auf, die von Bildung, Kunst und einem tiefen Sinn für familiäre Bindungen geprägt war.

Das Leben der Levis war ein Spiegelbild der gut integrierten jüdischen Gemeinschaft in Italien. Sie waren Teil des gesellschaftlichen Lebens, besuchten das Theater, genossen die florentinische Küche in lokalen Restaurants und nahmen aktiv am kulturellen Austausch der Stadt teil. Ihre nichtjüdischen Freunde waren oft zu Gast in ihrem Haus, und die Gespräche am Esstisch waren lebhaft und voller gegenseitigem Respekt.

Trotz des aufkeimenden Krieges in anderen Teilen Europas und der wachsenden Besorgnis in der Gemeinschaft, fühlten sich die

Levis in Italien sicher. Die Nachrichten über die aggressiven Aktionen Deutschlands und die Verfolgung der Juden in anderen Ländern erreichten zwar auch Florenz, wurden aber wie ein entferntes Donnergrollen wahrgenommen, das die Stadtmauern nicht zu durchdringen schien.

„Sie werden hier nicht kommen, Italien ist anders", versicherte Samuel eines Abends seiner Familie, als sie nach dem Abendessen zusammenkamen. „Mussolini mag ein Autokrat sein, aber er ist kein Hitler. Unsere Wurzeln sind tief in diesem Land, und unsere Nachbarn stehen zu uns."

Rachel nickte, aber in ihren Augen lag eine Spur von Sorge. Sie hatte von den Rassengesetzen gehört, die eingeführt wurden, und obwohl sie nicht annähernd so brutal waren wie die Nürnberger Gesetze, waren sie ein Zeichen dafür, dass auch Italien sich wandelte.

David, ein junger Mann mit lebhaften Augen und einem scharfen Verstand, war politisch interessierter als sein jüngerer Schwester Miriam. „Aber Vater, haben Sie nicht die Nachrichten gehört? Über die Lager... und was sie mit den Juden in Deutschland und Polen machen?"

„Das ist dort, David, nicht hier. Wir haben Freunde, auch in der Regierung. Vertraue mir, unser Leben hier wird sich nicht ändern", antwortete Samuel, obwohl eine leise Unsicherheit in seiner Stimme mitschwang.

Die Zeit verging, und das Leben der Levi-Familie ging seinen gewohnten Gang, doch die Nachrichten aus dem Ausland wurden düsterer. Die Gespräche unter Freunden wurden leiser, die Sorgen größer. Die Straßen von Florenz, einst so lebendig und farbenfroh, begannen, eine Spannung zu tragen, die nicht zu übersehen war.

Eines Morgens, als Samuel gerade zur Universität gehen wollte, hielt ihn sein Nachbar, Signor Bianchi, an. „Samuel, ich hörte, dass Mussolini verhaftet wurde", flüsterte er.

Samuel spürte, wie sein Herz einen Schlag aussetzte. „Was? Wie...?"

„Die Alliierten sind in Sizilien gelandet. Es gibt Gerüchte, dass die Deutschen jetzt kommen werden", erklärte Bianchi ernst.

In diesem Moment wusste Samuel, dass sich alles ändern würde. Die Sicherheit und Friedlichkeit, die sie so lange genossen hatten, waren bedroht. Er eilte nach Hause, die Worte seines Nachbarn hallten in seinem Kopf wider. Zu Hause angekommen, sah er in die besorgten Gesichter seiner Familie und wusste, dass er ihnen nicht mehr die gleiche Zuversicht wie früher bieten konnte.

In den folgenden Wochen veränderte sich das Leben in Florenz rapide. Deutsche Truppen marschierten in die Stadt ein, und die Atmosphäre war von Angst und Unsicherheit geprägt. Die jüdische Gemeinde, einst so lebhaft und integriert, zog sich zurück, und die Levis fanden sich in einer Welt wieder, die sie nicht mehr wiedererkannten.

Es war der Beginn einer dunklen Zeit, einer Zeit, in der die Levi-Familie – wie so viele andere jüdische Familien in Italien – sich den Herausforderungen und Schrecken stellen musste, die sie nie für möglich gehalten hätten.

2. Die Wende

Das Leben der Familie Levi in Florenz war einst von kultureller Bereicherung und friedlicher Koexistenz geprägt. Doch mit der Kapitulation Italiens im September 1943 und dem darauffolgenden Einmarsch der Nazis brach eine Welt zusammen, die Samuel und Rachel für ihre Kinder bewahren wollten. Der Alptraum begann mit der Ankunft der deutschen Truppen in Florenz, die ein Regime der Angst und Unterdrückung mit sich brachten.

An einem kühlen Herbstmorgen, kurz nach der Kapitulation, fand sich die Familie Levi, umgeben von Nachbarn und Freunden, in einer hastig einberufenen Versammlung im Gemeindezentrum wieder. Die Nachricht, dass jüdische Einwohner sich zu registrieren hätten, hatte sich wie ein Lauffeuer verbreitet. „Das ist nur vorübergehend", flüsterte Rachel, während sie Davids Hand festhielt, der neben ihr stand. Miriam, sichtlich ängstlich, klammerte sich an ihren Vater.

In den folgenden Wochen verschlechterte sich die Situation dramatisch. Das Leben in Florenz, einst so lebendig und farbenfroh, war nun von ständiger Angst und Unsicherheit überschattet. Jüdische Geschäfte wurden geschlossen, ihre Besitzer verhaftet, und das öffentliche Leben, das die Levis so genossen hatten, war nun von Misstrauen und Furcht geprägt.

„Wir müssen hier weg", sagte Samuel eines Abends, nachdem er heimlich mit einigen anderen Gemeindemitgliedern gesprochen hatte. „Es gibt Gerüchte über Lager... und was sie mit den Juden machen."

Aber bevor sie Pläne schmieden konnten, geschah das Unfassbare. Früh am Morgen wurden sie von schweren Schritten und lauten Stimmen vor ihrer Tür geweckt. Deutsche Soldaten standen vor ihnen, kalt und unerbittlich. „Sie kommen mit uns. Sofort!" befahl einer der Soldaten. Die Familie Levi, die einst so sicher in ihrem Zuhause war, wurde verhaftet und auf LKWs verladen.

Die Fahrt war lang und qualvoll. Sie wurden zu einem Sammellager außerhalb der Stadt gebracht, wo sie auf Hunderte anderer Juden aus der Region trafen, die ebenfalls verhaftet worden waren. Dort warteten sie tagelang, in Ungewissheit und Angst, während die Gerüchte über Deportationen immer lauter wurden.

Dann, eines Morgens, wurde ihre schlimmste Befürchtung zur Realität. Sie wurden in Viehwaggons gepfercht, ohne Essen, Wasser oder sanitäre Anlagen. Die Reise, die folgte, war eine der entsetzlichsten Erfahrungen, die die Familie Levi je durchgemacht hatte. Eng zusammengepfercht, gequält von Hunger, Durst und Verzweiflung, verloren viele Menschen ihre Hoffnung und ihren Verstand.

Als der Zug schließlich in Auschwitz ankam, wurden sie mit der brutalen Realität des Konzentrationslagers konfrontiert. Die Szenen, die sich vor ihnen entfalteten, waren jenseits jeder Vorstellungskraft – Schreie, Schüsse, das unaufhörliche Bellen der Hunde und die ständige Präsenz des Todes.

3. Ankunft in Auschwitz

Als der Zug, der die Familie Levi und Hunderte andere Juden transportierte, endlich in Auschwitz zum Stehen kam, war es, als würde sich ein Tor zur Hölle öffnen. Die Türen der Viehwaggons wurden aufgerissen, und sofort schlug ihnen eine Welle von Schreien, Befehlen und dem stechenden Geruch von Rauch und Verwesung entgegen.

„Raus! Schnell!" schrien die SS-Wachen, während sie mit ihren Gewehrkolben auf die erschöpften Gefangenen einschlugen. Samuel und Rachel hielten ihre Kinder fest an der Hand, als sie aus dem Waggon stolperten, umringt von Chaos und Verzweiflung.

Die Familie Levi sah sich schnell der brutalen Realität des Lagerlebens gegenübergestellt. Innerhalb weniger Minuten wurden sie getrennt – Männer auf die eine, Frauen und Kinder auf die andere Seite. Samuel umarmte Rachel, Miriam und David fest, als wäre es das letzte Mal. „Pass auf euch auf", flüsterte er, Tränen in den Augen. „Wir finden uns wieder, ich verspreche es."

Als Samuel und David zur Männergruppe geführt wurden, sahen sie Rachel und Miriam in eine andere Richtung gehen, begleitet von Schreien und dem unaufhörlichen Bellen der Hunde. Sie wussten nicht, dass dies das letzte Mal sein würde, dass sie ihre Liebsten sahen.

In der Männergruppe angekommen, mussten Samuel und David sich entkleiden und ihre gesamten Besitztümer abgeben. Sie wurden rasiert, desinfiziert und in gestreifte Häftlingskleidung gezwängt. Das Gefühl der Entmenschlichung war überwältigend. Um sie herum herrschte ein ständiges Stimmengewirr – manche beteten, andere weinten, einige standen nur still da, starr vor Schock.

In der Zwischenzeit wurden Rachel und Miriam mit anderen Frauen und Kindern zu einem separaten Bereich des Lagers geführt. Sie hatten Gerüchte über Gaskammern gehört, konnten aber nicht glauben, dass solche Grausamkeiten wirklich existierten. Als sie jedoch an einem Gebäude ankamen, aus dessen

Schornsteinen dichter Rauch aufstieg, erkannten sie mit entsetzlicher Klarheit, was ihr Schicksal sein würde.

Rachel hielt Miriam fest an sich gedrückt, flüsterte ihr tröstende Worte zu und versuchte, ihr so viel Liebe und Wärme wie möglich zu geben in ihren letzten Momenten. „Gott wird bei uns sein", flüsterte sie, während Tränen ihre Wangen hinabflossen. Sie alle gingen eine Treppe hinab in einen großen Raum. Sie mussten ihre Kleidung ablegen und wurden rasch in den nächsten Raum gedrängt. Die Türen schlossen sich hinter ihnen. In der Decke des überfüllten Raumes öffnete sich plötzlich eine kleine Luke und etwas seltsames kam herab. Schreie gellten durch den Raum und die Menschen röchelten mit angsterfüllten Augen nach Luft. Minuten später waren sie alle tot.

Zurück bei den Männern führten die SS-Wachen Samuel und David zu einer Baracke, die sie mit Dutzenden anderer Häftlinge teilen sollten. – Zu dieser Zeit warfen gerade andere Häftlinge die Körper von Rachel und Miriam in das Feuer des Krematoriums. – Die Bedingungen waren erbärmlich – dicht gedrängt, mit kaum Platz zum Atmen, auf Holzpritschen schlafend, die weder Matratzen noch Decken hatten. Der Gestank war überwältigend, und die Atmosphäre war erfüllt von Angst und Trauer.

In den folgenden Tagen lernten Samuel und David schnell die brutale Routine des Lagerlebens kennen. Sie wurden gezwungen, unmenschliche Arbeit zu verrichten, während sie kaum Nahrung erhielten und ständig unter der Drohung von Gewalt und willkürlichen Bestrafungen standen.

Samuel, einst ein Gelehrter, fand sich in einer Welt wieder, in der körperliche Kraft das einzige war, was zählte. Jeden Tag sah er, wie Männer um ihn herum zusammenbrachen, entweder erschöpft von der Arbeit oder ermordet von den Wachen. Der Verlust seiner Frau und Tochter quälte ihn, und die Ungewissheit über ihr Schicksal war fast unerträglich.

David hingegen, dessen Jugend und Stärke ihm halfen, die Strapazen zu überstehen, versuchte verzweifelt, Hoffnung zu bewahren. In den langen Nächten, wenn die Baracke in Dunkelheit getaucht war, flüsterte er seinem Vater Geschichten und

Erinnerungen zu, ein schwacher Versuch, ihren Geist am Leben zu erhalten.

Das Leben in Auschwitz war ein täglicher Kampf ums nackte Überleben. Die ständige Präsenz des Todes, die Brutalität der Wachen und die unvorstellbare Grausamkeit, die sie umgab, hinterließen bei Samuel und David tiefe seelische Narben. Inmitten dieser Hölle auf Erden kämpften sie darum, ihre Menschlichkeit zu bewahren und den Glauben an eine Zukunft, in der sie frei sein würden, nicht zu verlieren.

4. Überlebenskampf

In den Schatten von Auschwitz war jeder Tag ein Kampf gegen den Tod. David, der älteste Sohn der Familie Levi, hatte sich in diesem Albtraum einen Überlebensinstinkt angeeignet. Er, der einst ein junger Mann voller Träume und Hoffnungen war, wurde jetzt jeden Tag zur Arbeit getrieben, in einer Welt, wo Gnade ein fremdes Wort war.

Die Sonne war noch nicht aufgegangen, als die Wachen die Gefangenen mit lauten Rufen und Schlägen weckten. David und sein Vater Samuel, deren Körper bereits durch den ständigen Hunger und die erschöpfende Arbeit gezeichnet waren, erhoben sich von ihren harten Pritschen. Um sie herum husteten und keuchten die anderen Häftlinge, jeder gefangen in seinem eigenen Elend.

Das Frühstück, wenn man es so nennen konnte, bestand aus einer dünnen Wassersuppe, die kaum den Hunger stillte. Danach wurden sie zum Appellplatz geführt, wo sie stundenlang in der Kälte stehen mussten, zählend und wiederzählend, bis die SS-Offiziere zufrieden waren.

David wurde zusammen mit anderen jungen und kräftigen Männern für die Arbeit in einer der Fabriken ausgewählt, die Kriegsmaterial für die Nazis produzierte. Jeden Tag wurde er Zeuge, wie Männer um ihn herum zusammenbrachen, unfähig, die unmenschlichen Anforderungen zu erfüllen. Doch David hielt durch, getrieben von der schwindenden Hoffnung, dass er und sein Vater eines Tages befreit werden könnten.

Die Arbeit war unerbittlich. Die Wachen überwachten jede ihrer Bewegungen, und der kleinste Fehler konnte mit brutaler Bestrafung geahndet werden. David erinnerte sich an die Geschichten seines Vaters über die italienische Renaissance, ein scharfer Kontrast zu der Dunkelheit, die ihn jetzt umgab. Er träumte davon, wieder frei zu sein, durch die Straßen von Florenz zu wandern, ein Leben zu führen, das von Kultur und Schönheit erfüllt war, nicht von Grausamkeit und Tod.

Die Brutalität im Lager war allgegenwärtig. Es gab Tage, an denen öffentliche Hinrichtungen stattfanden, um den Gefangenen eine Lektion in Angst und Unterwerfung zu erteilen. David zwang sich, wegzusehen, aber die Schreie der Opfer verfolgten ihn bis in seine Träume.

Auch die medizinischen Experimente, die von den Nazis an einigen Häftlingen durchgeführt wurden, waren ein grausamer Beweis für die Entmenschlichung, die in Auschwitz herrschte. David hörte Geschichten von schrecklichen Operationen, die ohne Betäubung durchgeführt wurden, und von Menschen, die für sinnlose wissenschaftliche Studien missbraucht wurden.

In dieser Hölle fand David Trost bei seinem Vater. Samuel, der jeden Tag schwächer wurde, klammerte sich an die Liebe zu seinem Sohn als letzte Kraftquelle. In den seltenen Momenten der Ruhe erzählten sie sich Geschichten aus ihrem früheren Leben, hielten die Erinnerungen an ihre Familie und ihr Zuhause am Leben. Diese Momente, so flüchtig sie auch waren, gaben ihnen die Kraft, weiterzukämpfen.

Die Nächte in Auschwitz waren von den Schreien der Gequälten und dem ständigen Wachen vor weiteren Misshandlungen geprägt. Schlaf war ein seltener Luxus, und wenn er kam, war er oft von Albträumen heimgesucht. David lag oft wach, starrte in die Dunkelheit und dachte über sein Leben nach, über das, was gewesen war und was noch kommen könnte.

Trotz all der Grausamkeiten, denen er ausgesetzt war, verlor David nie ganz die Hoffnung. In den tiefsten Momenten seiner Verzweiflung erinnerte er sich an die Worte seiner Mutter: „Glaube ist das Licht, das in der Dunkelheit leuchtet." Diese Worte waren wie ein Leuchtturm für ihn, ein Funken Hoffnung in einer Welt voller Schrecken.

Doch mit jedem Tag, der in Auschwitz verging, wurde der Kampf ums Überleben härter. Die Unmenschlichkeit, die David und Samuel umgab, drohte, ihren Geist und ihren Körper zu brechen. Aber sie kämpften weiter, getrieben von der Erinnerung an ihre geliebten Menschen und der Hoffnung auf Freiheit, die in ihren Herzen nie ganz erlosch.

5. Das Ende naht

Die Tage in Auschwitz schienen sich endlos hinzuziehen, jeder länger und dunkler als der vorherige. Doch im Lager verbreitete sich ein Gerücht, das einen kleinen Funken Hoffnung entzündete: Die Alliierten rückten näher. David und sein Vater Samuel, beide nur noch Schatten ihrer selbst, wagten es kaum, daran zu glauben. Aber als das Dröhnen ferner Geschütze immer lauter wurde, wuchs ihre Hoffnung.

In den letzten Monaten des Krieges war die Stimmung im Lager geprägt von einer Mischung aus Angst und erwartungsvoller Spannung. Unter den Nazis war die Brutalität noch einmal gestiegen, als wären sie entschlossen, so viele Gefangene wie möglich mit sich in den Untergang zu reißen. Die Lebensbedingungen verschlechterten sich rapide. Die ohnehin schon knappen Nahrungsmittelrationen wurden noch weiter reduziert, und Krankheiten breiteten sich unaufhaltsam aus.

Eines Morgens wurden David, Samuel und Hunderte anderer Gefangener zusammengetrieben. Die Nachricht kam wie ein Blitz: Das Lager sollte evakuiert werden. Die Alliierten waren näher, als die Nazis zugeben wollten. Mit letzter Kraft begaben sich Vater und Sohn auf den Weg, der als einer der berüchtigten Todesmärsche in die Geschichte eingehen sollte.

Der Marsch nach Bergen-Belsen war ein unvorstellbares Martyrium. Getrieben von der Peitsche und dem Gewehrkolben, mussten sie stundenlang durch Schnee und Kälte laufen. Wer nicht mithalten konnte, wurde gnadenlos zurückgelassen oder erschossen. David unterstützte seinen Vater so gut er konnte, aber auch seine Kräfte schwanden zusehends.

Die Ankunft in Bergen-Belsen war ein weiterer Schlag für die ohnehin schon gebrochenen Menschen. Das Lager war überfüllt, die Zustände noch entsetzlicher als in Auschwitz. Hunger, Krankheit und Tod waren allgegenwärtig. Die Leichen lagen oft tagelang herum, bevor sie weggeräumt wurden. In dieser apokalyptischen Landschaft kämpften David und Samuel ums nackte Überleben.

Trotz der furchtbaren Umstände versuchten sie, sich gegenseitig zu stärken. Ihre Gespräche, einst voller Erinnerungen an bessere Zeiten, wurden nun von der schlichten Notwendigkeit geprägt, einander Mut zu machen. Samuel, dessen Körper und Geist von den Strapazen gezeichnet waren, flüsterte eines Nachts zu David: „Du musst durchhalten, mein Sohn. Für uns alle, die wir verloren haben."

Die letzten Monate des Krieges waren ein zermürbender Kampf gegen die Zeit. Jeder Tag könnte der letzte sein, jede Stunde könnte die Nachricht von der Befreiung bringen. Aber der Tod war allgegenwärtig, und mit jeder Minute, die verstrich, schwand die Hoffnung ein Stück mehr.

Inmitten dieses Chaos ereignete sich ein kleines Wunder. Eines Tages hörte David Gerüchte, dass britische Truppen in der Nähe seien. Das Lager wurde unruhig, und unter den Nazis brach Panik aus. Dann, am frühen Morgen, drangen ferne Stimmen und Motorengeräusche durch den Nebel. Die Tore von Bergen-Belsen öffneten sich, und britische Soldaten betraten das Lager.

Die Befreiung von Bergen-Belsen war kein Moment der Freude, sondern einer der erschütternden Realität. Die britischen Soldaten, konfrontiert mit dem Ausmaß des Grauens, waren fassungslos. Überall lagen Leichen, die Überlebenden waren wandelnde Skelette, gezeichnet von Hunger und Krankheit.

6. Befreiung und Neuanfang

Die Morgensonne warf ihre ersten Strahlen über das Lager Bergen-Belsen, als die britischen Truppen eintrafen. David und sein Vater Samuel, die beiden gebrochenen Seelen, konnten es kaum fassen. Sie waren frei. Doch ihre Freiheit war von Schmerz und Verlust überschattet. Um sie herum lagen die Zeugen der Gräueltaten: Berge von Leichen, die stummen Schreie derer, die es nicht geschafft hatten.

Die britischen Soldaten, konfrontiert mit diesem Bild des Grauens, waren erschüttert. Nie zuvor hatten sie etwas Vergleichbares gesehen. Unter ihnen war auch Sergeant John Miller, ein junger Mann aus Manchester, der mit seinen Kameraden durch das Lager ging. Sein Blick traf auf David und Samuel. In ihren Augen las er eine Mischung aus Traurigkeit und Erleichterung, eine stille Bitte um Hilfe.

Die ersten Tage nach der Befreiung waren ein Wirrwarr aus Aktivitäten. Ärzte und Sanitäter arbeiteten unermüdlich, um die Überlebenden zu versorgen. David und Samuel, die kaum noch gehen konnten, wurden in ein provisorisches Feldlazarett gebracht. Dort erhielten sie die dringend benötigte medizinische Hilfe. Es war ein langer Weg zur Genesung, physisch wie psychisch.

In den folgenden Wochen begannen David und Samuel, sich vorsichtig den Fragen der Zukunft zu widmen. Wo waren die anderen Familienmitglieder? Gab es noch jemanden, der überlebt hatte? Die Suche nach Antworten führte sie durch verschiedene Lager und Krankenhäuser. Sie hörten viele Geschichten, Geschichten von Verlust, aber auch von unglaublicher Stärke und Hoffnung. Doch von ihrer eigenen Familie fanden sie keine Spur.

Sergeant Miller, der die beiden nicht aus seinen Gedanken streichen konnte, besuchte sie regelmäßig. Zwischen ihnen entwickelte sich eine stille Freundschaft. Er hörte ihnen zu, teilte ihre Sorgen und half, wo er konnte. Eines Tages brachte er Nachrichten: Einige jüdische Organisationen hatten begonnen, Überlebende zu unterstützen und Familien wieder zusammenzuführen. Vielleicht gab es noch Hoffnung.

Die Monate vergingen, und mit jedem Tag wuchs die Stärke von David und Samuel. Sie lernten wieder zu lachen, auch wenn das Lachen oft von Tränen begleitet wurde. Das Lager Bergen-Belsen wurde geschlossen, und die Überlebenden wurden in Übergangslagern untergebracht. Dort trafen sie auf andere Überlebende, hörten ihre Geschichten und begannen, langsam den Gedanken an ein neues Leben zu formen.

Sergeant Miller, der inzwischen zu einem treuen Freund geworden war, unterstützte sie bei ihren Plänen. Er erzählte ihnen von England, von der Möglichkeit, dort ein neues Leben zu beginnen. Die Idee, in einem Land zu leben, das ihnen die Freiheit schenkte, fühlte sich wie ein ferner Traum an.

Schließlich, nach vielen Überlegungen, entschieden David und Samuel, das Angebot anzunehmen. Mit der Unterstützung der jüdischen Organisationen und der britischen Armee begannen sie ihre Reise nach England. Es war ein Neuanfang, ein Schritt in eine ungewisse Zukunft, aber sie waren bereit, ihn zu gehen.

Die Ankunft in England war überwältigend. Alles war so anders, so fremd, und doch spürten sie eine tiefe Dankbarkeit für diese neue Chance. Sergeant Miller und seine Familie nahmen sie herzlich auf, halfen ihnen, sich einzuleben, und zeigten ihnen ein Land, das trotz der Narben des Krieges Hoffnung und Frieden ausstrahlte.

In den folgenden Jahren bauten David und Samuel ein neues Leben auf. Sie fanden Arbeit, lernten die Sprache und integrierten sich in die Gemeinschaft. Aber die Vergangenheit ließen sie nie ganz hinter sich. Sie sprachen oft über ihre Erlebnisse, hielten Vorträge und engagierten sich in der Aufklärung über den Holocaust. Sie wollten sicherstellen, dass die Welt nie vergaß, was geschehen war.

Ihre Geschichte war eine von vielen, jede einzigartig, jede geprägt von Schmerz und Verlust. Aber es war auch eine Geschichte von unzerbrechlichem menschlichem Geist, von der Fähigkeit, trotz aller Widrigkeiten Hoffnung zu bewahren. David und Samuel hatten das Unvorstellbare überlebt und einen Weg gefunden, neu anzufangen.

Jüdische Präsenz in Palästina

Nach dem Zweiten Weltkrieg und der Gründung Israels im Jahre 1948 wurden Juden in vielen arabischen Ländern Ziel von Verfolgung und Diskriminierung. Diese Entwicklung war jedoch nicht nur eine Reaktion auf die Schaffung des israelischen Staates, sondern auch ein Resultat jahrhundertealter Spannungen. Jüdische Gemeinschaften hatten bereits seit langem in diesen Regionen existiert, und ihre Geschichte war geprägt von wechselnden Perioden der Toleranz und Unterdrückung.

Die jüdische Einwanderung nach Palästina vor dem Zweiten Weltkrieg und die Gründung des Staates Israel erfolgten größtenteils legal und waren oft durch den Kauf von Land gekennzeichnet.

Die jüdische Einwanderung nach Palästina in dieser Zeit fand im Rahmen des internationalen Rechts statt. Während der britischen Mandatszeit in Palästina, die durch den Völkerbund nach dem Ersten Weltkrieg legitimiert wurde, gab es rechtliche Rahmenbedingungen für die Einwanderung und den Landkauf.

Ein wesentlicher Aspekt der jüdischen Siedlungstätigkeit war der Erwerb von Land. Viele Juden kauften Land von arabischen Grundbesitzern, oft in Gebieten, die zu dieser Zeit dünn besiedelt oder landwirtschaftlich untergenutzt waren. Diese Transaktionen waren in der Regel legal und erfolgten durch finanzielle Abmachungen zwischen Käufern und Verkäufern. Organisationen wie der Jüdische Nationalfonds spielten eine Schlüsselrolle beim Kauf und der Entwicklung des Landes.

Die jüdischen Einwanderer brachten Kapital, Fachwissen und einen starken Willen zur landwirtschaftlichen und wirtschaftlichen Entwicklung mit. Durch ihre Bemühungen wurden Brachflächen kultiviert, Industrien aufgebaut und Infrastrukturen entwickelt. Diese Aktivitäten trugen zur wirtschaftlichen Belebung der Region bei.

Es ist jedoch zu beachten, dass die britische Mandatsregierung in den 1930er Jahren mit den sogenannten „Weißbüchern” Einwanderungsbeschränkungen für Juden einführte. Diese

Maßnahmen, die teilweise als Reaktion auf arabische Opposition erfolgten, begrenzten die Möglichkeiten zur legalen Einwanderung, gerade zu einem Zeitpunkt, als die Verfolgung von Juden in Europa zunahm.

Zusammenfassend lässt sich sagen, dass die jüdische Präsenz in Palästina vor 1948 durch eine Kombination aus rechtlicher Einwanderung, Landkauf und dem Aufbau einer nachhaltigen Gemeinschaft gekennzeichnet war. Diese historische Realität ist wichtig für das Verständnis des komplexen Hintergrunds der späteren Gründung des Staates Israel und der damit verbundenen regionalen Konflikte.

In den späten 1940er Jahren, insbesondere nach der Gründung des Staates Israel im Jahr 1948, erlebten Juden in vielen arabischen Ländern eine dramatische Zunahme an Diskriminierung, Gewalt und Terror. Diese Periode markierte eine deutliche Verschlechterung der bereits angespannten Beziehungen zwischen jüdischen Gemeinschaften und ihren arabischen Nachbarn.

Vor 1948

Vor der Staatsgründung Israels hatten Juden in verschiedenen arabischen Ländern unterschiedliche Erfahrungen gemacht. In einigen Gebieten, wie Marokko und Ägypten, lebten sie über Jahrhunderte relativ friedlich, wenn auch mit verschiedenen Einschränkungen und Diskriminierungen. In anderen Gebieten, besonders im Irak, erlebten sie bereits vor 1948 gewaltsame Pogrome, wie das Farhud-Massaker in Bagdad 1941.

Die Teilung Palästinas und die anschließende Unabhängigkeitserklärung Israels lösten eine Welle der Empörung in der arabischen Welt aus. In vielen Ländern wurden Juden als Sündenböcke gesehen und mit Israel in Verbindung gebracht, obwohl viele von ihnen keine direkten Verbindungen zu den politischen Ereignissen hatten.

Jüdische Gemeinschaften erlebten zunehmend staatlich geförderte Diskriminierung, einschließlich der Beschlagnahme von Eigentum, Berufsverboten und Reisebeschränkungen. In einigen Ländern wurden spezielle „Judensteuern" eingeführt und Juden wurden aus dem öffentlichen Dienst und aus akademischen Berufen entfernt.

Die Spannungen führten zu gewaltsamen Ausschreitungen gegen Juden. Diese Pogrome waren oft spontan und brutal, mit Übergriffen auf Menschen, Geschäfte und Synagogen. Viele Juden wurden getötet oder schwer verletzt, und es gab umfangreiche Zerstörungen an Eigentum.

Infolge dieser Ereignisse sahen sich viele Juden gezwungen, ihre Heimatländer zu verlassen. Sie flüchteten meistens nach Israel, Europa oder Nordamerika. Für viele bedeutete dies, ihr gesamtes Leben zurückzulassen, einschließlich ihrer Häuser, Geschäfte und der Grabstätten ihrer Vorfahren.

Die Vertreibung und Verfolgung der Juden aus arabischen Ländern ist ein oft übersehenes Kapitel in der Geschichte des Nahen Ostens. Die jüdischen Gemeinden, die einst in diesen Ländern blühten, existieren heute kaum noch. Die Erlebnisse dieser Zeit hinterließen tiefe Narben bei den Überlebenden und ihren Nachkommen.

Diese Ereignisse bilden den Hintergrund für unsere Geschichte und zeigen eine tragische Periode auf, in der Tausende von Menschen wegen ihres Glaubens leiden und ihre Heimat verlassen mussten.

Zurück in die neue, alte Heimat

1. Das Leben vor dem Sturm

In den gewundenen Gassen von Bagdad, umgeben von der Wärme des Nahen Ostens und dem Duft von frischem Fladenbrot und Gewürzen, lebte David, ein junger jüdischer Mann. Sein Leben war eingebettet in die bunte und lebendige jüdische Gemeinde der Stadt.

David war ein bekanntes Gesicht in der Synagoge und ein fleißiger Händler auf dem lokalen Markt. Sein Tagesablauf war geprägt von Frömmigkeit, Arbeit und den tiefen Beziehungen innerhalb seiner Gemeinschaft. Seine Familie war ein Mosaik aus Generationen, die unter einem Dach lebten: seine weisen Großeltern, seine Eltern, die die Familiengeschäfte führten, und seine jüngeren Geschwister, die in den Straßen von Bagdad spielten.

Die jüdische Gemeinde in Bagdad war ein Kaleidoskop aus Traditionen und modernem Einfluss. Während die Älteren oft an den althergebrachten Bräuchen festhielten, waren die Jüngeren, wie David, offen für die Einflüsse der sich verändernden Welt. Sie trafen sich in Cafés, diskutierten über Literatur, Politik und die neuesten Nachrichten. Trotz des zunehmenden Drucks von außen, fühlten sich viele in der Gemeinde sicher in ihrem fest verwobenen Netz aus Familienbanden und Freundschaften.

Davids Familie war ein Spiegelbild dieser vielfältigen und eng verbundenen Gemeinschaft. Seine Mutter bereitete traditionelle jüdische Gerichte zu, während sein Vater Geschichten aus der Torah mit modernen Weisheiten verband. Die Abende waren gefüllt mit Lachen, Gesprächen und dem gemeinsamen Singen von Liedern, die von Generation zu Generation weitergegeben wurden.

Aber die Idylle war trügerisch. Die Nachrichten über die Teilung Palästinas im Jahr 1947 und die darauffolgenden politischen Unruhen brachten eine spürbare Anspannung in die Gemeinde. David erinnerte sich an die Gespräche seines Vaters mit anderen Männern der Gemeinde. Ihre Stimmen, einst gefüllt mit der Wärme von Anekdoten und Handelsgeschichten, waren nun gedämpft und ernst, belastet von Sorge und Angst.

In den Straßen Bagdads begann sich die Stimmung zu ändern. Arabische Nachbarn, mit denen man einst freundschaftlich umging, wurden zurückhaltend, manchmal sogar feindselig. Gerüchte über Zusammenstöße und Verfolgungen in anderen arabischen Ländern verstärkten die Angst. David spürte, wie die vertrauten Gassen seiner Kindheit ihre Unschuld verloren.

Eines Tages, als er durch den Markt ging, begegnete David einem alten Freund, Karim, einem Muslim, mit dem er seit Kindertagen befreundet war. „David, hast du die Nachrichten gehört?", fragte Karim besorgt. „Ich mache mir Sorgen um dich und deine Familie. Die Dinge verändern sich... und ich fürchte, sie werden nicht zum Guten sein.”

Diese Worte trafen David wie ein Schlag. Die Realität, die bisher nur ein dunkler Schatten am Horizont war, wurde nun zur unausweichlichen Wahrheit. Er spürte, wie die Fäden des Vertrauens und der Freundschaft, die seine Gemeinde so lange zusammengehalten hatten, zu zerreißen begannen.

Zu Hause angekommen, setzte sich David mit seiner Familie zusammen. Sein Vater, ein Mann von Stärke und Ruhe, sah in die besorgten Gesichter seiner Liebsten. „Wir haben schon viele Stürme überstanden”, sagte er mit einer Mischung aus Hoffnung und Besorgnis in seiner Stimme. „Und auch diesen werden wir überstehen. Unsere Wurzeln hier sind tief, und unsere Gemeinschaft ist stark. Aber wir müssen wachsam sein und dürfen die Zeichen der Zeit nicht ignorieren.”

In dieser Nacht lag David lange wach, das Mondlicht spielte auf den Wänden seines Zimmers. Die Gespräche des Tages hallten in seinen Gedanken nach. Er dachte an seine Kindheit, an die Straßen, die er so gut kannte, und an die Menschen, die er als seine Nachbarn und Freunde betrachtete. Eine tiefe Traurigkeit erfüllte ihn bei dem Gedanken, dass all dies vielleicht bald der Vergangenheit angehören könnte.

Das Kapitel schließt mit einer Szene, in der David und seine Familie in der Synagoge beten. Ihre Stimmen vereinen sich in einem alten Gebet, ein Flehen um Schutz und Frieden in einer Welt, die immer unberechenbarer zu werden scheint. Es ist ein Moment der Gemeinschaft und des Glaubens, ein stilles Zeugnis ihrer Resilienz und Hoffnung inmitten der aufziehenden Dunkelheit.

2. Der Wind des Wandels

Die Nachrichten von Gewaltausbrüchen und Ausschreitungen gegen Juden in anderen arabischen Ländern erreichten wie dunkle Wolken die Gemeinde in Bagdad. Jeden Tag brachten die Zeitungen neue Berichte über Angriffe und Verfolgungen. Die

Atmosphäre in der Stadt veränderte sich merklich. Misstrauen und Angst lagen in der Luft, eine giftige Mischung, die den Alltag der jüdischen Gemeinde zu vergiften begann.

David spürte, wie sich seine Welt um ihn herum veränderte. Der Markt, einst ein Ort des Handels und der Begegnung, wirkte nun bedrohlich. Die Blicke der Menschen waren anders, voller Misstrauen und versteckter Anklagen. Als eines Morgens die Nachricht kam, dass in einer Nachbarstadt jüdische Geschäfte geplündert worden waren, fühlte David, wie ein eisiger Schauer seinen Rücken hinunterlief. Er sah, wie sein Vater die Nachrichten las, die Falten auf seiner Stirn vertieften sich, und seine sonst so ruhige Hand zitterte leicht.

„Was sollen wir tun, Vater?", fragte David eines Abends, als die Familie nach dem Abendessen zusammenkam. Die Stille im Raum war drückend. Seine Mutter schaute zu Boden, während sein Vater nach Worten suchte. „Wir können nicht einfach wegsehen", sagte er schließlich. „Wir müssen zusammenhalten, stärker denn je. Aber wir müssen auch vorsichtig sein. Das, was in anderen Städten passiert ist, könnte auch hier geschehen."

Die Tage vergingen, und die Spannungen in Bagdad eskalierten. David hörte von ersten Übergriffen auf jüdische Geschäfte in der Nähe. Die Fenster eines Buchladens, den er gut kannte, waren eingeschlagen worden, und die Bücher lagen zerstreut und zerrissen auf der Straße. Als er die Trümmer sah, spürte er, wie Wut und Ohnmacht in ihm aufstiegen. Es war, als würde ein Teil seiner eigenen Identität angegriffen.

In Davids Familie begann eine hitzige Debatte. „Wir müssen hier weg", sagte seine ältere Schwester Sarah, deren Augen voller Angst waren. „Wir sind hier nicht mehr sicher. Ich habe Angst um die Kinder." Ihre Stimme zitterte vor Sorge. Ihr Mann, ein ruhiger Mann, der selten seine Gefühle zeigte, nickte stumm. Er hatte die Nachrichten aus anderen Ländern verfolgt und wusste, dass die Gefahr real war.

David wollte nicht glauben, dass es keine andere Wahl gab. „Das hier ist unser Zuhause", sagte er, seine Stimme fest, aber voller Emotionen. „Wir können nicht einfach alles aufgeben, was wir kennen und lieben. Wie können wir unseren Glauben, unsere Traditionen, unsere Geschichte verlassen?"

Aber als die Nachrichten von weiteren Angriffen kamen, als Freunde und Nachbarn von Schlägereien und willkürlichen Verhaftungen berichteten, begann auch David zu zweifeln. Die Welt, die er kannte, schien auseinanderzubrechen. Die Straßen, die einst Sicherheit und Vertrautheit geboten hatten, wurden nun zu Orten des Misstrauens und der Angst.

Eines Abends kam sein Freund Karim zu ihm. „David, es tut mir so leid, was hier passiert", sagte er, seine Stimme voller Trauer. „Ich wünschte, ich könnte etwas tun, um es zu stoppen." David sah in Karims Augen, die voller echter Sorge waren, und spürte, wie seine eigene Trauer und Enttäuschung durchbrachen.

„Ich weiß nicht, was wir tun sollen, Karim", gestand David. „Meine Familie ist zerrissen zwischen dem Wunsch zu bleiben und der Angst zu gehen. Aber es sieht so aus, als hätten wir bald keine Wahl mehr."

Die folgenden Tage waren ein Wirbel aus Gesprächen und Entscheidungen. Davids Familie saß oft bis spät in die Nacht zusammen, diskutierte und plante. Letztendlich war die Entscheidung unausweichlich. Die Berichte von Gewalt und Hass, die unaufhörlich über sie hereinbrachen, ließen keinen anderen Ausweg zu.

Mit schwerem Herzen bereiteten sie sich auf die Abreise vor. Jeder Gegenstand, den sie einpackten, jedes Buch, jedes Kleidungsstück, war ein Stück ihrer Vergangenheit, ein Teil ihrer Identität. David sah seine Mutter, wie sie ein altes Fotoalbum durchblätterte, Tränen in ihren Augen. „So viele Erinnerungen", flüsterte sie. „So viel, was wir zurücklassen müssen."

Der Tag ihrer Abreise war ein Tag voller Abschiede. Freunde und Nachbarn kamen, um ihnen Lebewohl zu sagen, viele mit Tränen in den Augen. Als David zum letzten Mal durch die Straßen von Bagdad ging, fühlte er, wie ein Teil seines Herzens hier zurückblieb. Er wusste, dass nichts mehr so sein würde wie früher.

In der letzten Szene des Kapitels sehen wir David und seine Familie, wie sie in einem alten Auto sitzen, das mit ihrem wenigen verbliebenen Besitz beladen ist. Sie werfen einen letzten Blick zurück auf die Stadt, die einst ihr Zuhause war, während sie sich auf eine unsichere Zukunft zubewegen, geprägt von der Hoffnung auf ein neues Leben, fern von der Gewalt und dem Hass, der ihr altes Leben zerstört hat.

3. Die Nacht der langen Schatten

In den frühen Morgenstunden, als der Himmel über Bagdad noch dunkel war, begannen die Unruhen. Ein ohrenbetäubender Lärm riss David aus seinem unruhigen Schlaf. Schreie, das Klirren von zerbrochenem Glas, und das ferne Wummern von Explosionen durchdrangen die Stille der Nacht. Sein Herz begann wild zu schlagen, während er aus dem Fenster blickte und sah, wie Flammen den Himmel erleuchteten.

„Schnell, wir müssen hier weg!", rief Davids Vater, während er hastig einige Sachen in eine Tasche stopfte. Die Familie versammelte sich im Wohnzimmer, ihre Gesichter blass vor Angst. Draußen hörten sie das wütende Geschrei der Menschenmenge, das näher kam.

„Aber wohin sollen wir gehen?", fragte Davids Mutter mit zitternder Stimme. Ihr Mann schaute sie fest an. „Zu Onkel Ahmed. Er wird uns helfen."

Als sie das Haus verließen, fühlte David, wie die Hitze der nahegelegenen Brände sein Gesicht versengte. Sie schlichen durch dunkle Gassen, vermieden die Hauptstraßen, wo die Schreie und das Chaos lauter wurden. Überall um sie herum hörten sie das Geräusch von zersplitternden Fenstern, das Knacken von brennendem Holz und den metallischen Klang von Waffen.

Sie erreichten das Haus von Onkel Ahmed kurz vor Sonnenaufgang. Der alte Mann empfing sie mit Tränen in den Augen. „Es ist furchtbar, was geschieht", sagte er, während er sie ins Haus führte. „Die ganze Stadt steht in Aufruhr. Sie greifen jeden an, der jüdisch ist."

Im Inneren des Hauses versammelten sich die Familienmitglieder im Wohnzimmer. Die Kinder, verwirrt und verängstigt, klammerten sich an ihre Eltern. David sah in die Augen seiner Mutter und erkannte eine tiefe, unaussprechliche Traurigkeit.

„Wir müssen Bagdad verlassen", sagte sein Vater entschieden. „Es ist nicht mehr sicher für uns hier. Wir haben keine andere Wahl."

Die Entscheidung, ihre Heimat zu verlassen, war herzzerreißend. Jeder im Raum wusste, dass das, was sie zurückließen, mehr war als nur ihr Zuhause. Es war ihre Geschichte, ihre Kultur, ihre Erinnerungen. David fühlte sich wie in einem bösen Traum, unfähig zu begreifen, dass dies die letzte Nacht in seiner Stadt sein könnte.

Sie verbrachten den Tag bei Onkel Ahmed, während draußen der Lärm und das Chaos weitergingen. David ging zum Fenster und sah hinaus auf die Straßen, wo Rauchwolken in den Himmel aufstiegen. Er dachte an seine Freunde, seine Nachbarn, und fragte sich, wie viele von ihnen in Sicherheit waren.

Als die Nacht hereinbrach, begannen sie mit den Vorbereitungen zur Flucht. Sie konnten nur das Nötigste mitnehmen – ein paar Kleidungsstücke, etwas Essen, und ein paar wichtige Dokumente. Alles andere, ihr Zuhause, ihre Besitztümer, mussten sie zurücklassen.

Der Abschied von Onkel Ahmed war tränenreich. „Seid vorsichtig", sagte er, während er jeden von ihnen umarmte. „Möge Gott euch beschützen."

Die Reise war gefährlich. Sie bewegten sich in der Dunkelheit, vermieden Hauptstraßen und hielten sich von Menschenansammlungen fern. Überall um sie herum war das Geräusch von Chaos und Zerstörung. Sie hörten Schüsse in der Ferne, das Weinen von Kindern, das Stöhnen von Verletzten.

In einem verlassenen Lagerhaus am Stadtrand machten sie eine Pause. David saß da, umgeben von seiner Familie, und fühlte eine tiefe Erschöpfung. Er dachte an die vielen Nächte, die er in Bagdad verbracht hatte, an die Gesichter der Menschen, die er kannte, die Straßen, die er geliebt hatte. All das war nun verloren, zerrissen von Hass und Gewalt.

In den frühen Morgenstunden setzten sie ihre Reise fort. Als sie die letzten Häuser von Bagdad hinter sich ließen, drehte David sich noch einmal um und blickte zurück auf die Stadt, die einst sein Zuhause war. Er sah die Flammen, die noch immer in der Ferne loderten, und spürte eine tiefe Traurigkeit in seinem Herzen.

Sie reisten tagelang, meist nachts, um Entdeckung zu vermeiden. Jeden Tag wurde die Reise beschwerlicher, die Unsicherheit größer. Aber es gab kein Zurück mehr. Ihre alte Welt gab es nicht mehr; sie war in den Flammen der Nacht der langen Schatten untergegangen.

Als sie schließlich die Grenze erreichten, war es, als hätten sie eine unsichtbare Schwelle überschritten. Hinter ihnen lag ihre Vergangenheit, vor ihnen eine ungewisse Zukunft. Aber sie hatten überlebt, hatten es geschafft, der Dunkelheit zu entfliehen. Doch der Preis, den sie dafür bezahlt hatten, war hoch: das Zuhause, die Gemeinschaft, die sie kannten und liebten, war für immer verloren.

4. Neue Ufer, alte Narben

Als David und seine Familie nach einer langen und beschwerlichen Reise das Land ihrer Hoffnung, Israel, erreichten, war das Gefühl, das sie umgab, eine merkwürdige Mischung aus Erleichterung und Verunsicherung. Das Land, das ihnen als neues Zuhause dienen sollte, war gleichzeitig fremd und vertraut – ein Ort, der in den Erzählungen ihrer Vorfahren lebendig war, aber den sie selbst nie zuvor betreten hatten.

Die Ankunft war geprägt von einer erschöpfenden Bürokratie. Sie wurden in ein Auffanglager gebracht, wo Hunderte andere Flüchtlinge auf ihre Einreise warteten. Die Hitze war erdrückend, und die provisorischen Unterkünfte boten kaum Schutz vor der sengenden Sonne.

„Es ist so anders, als ich es mir vorgestellt habe", flüsterte Davids Schwester Sarah, während sie auf die Zelte und Baracken blickte, die sich vor ihnen ausbreiteten. David nickte stumm. Er hatte sich Israel als ein Land vorgestellt, das von Milch und Honig fließt, aber die Realität war hart und unerbittlich.

In den ersten Wochen versuchten sie, sich in ihrem neuen Leben zurechtzufinden. David fand Arbeit in einer Orangenplantage. Die körperliche Arbeit war hart, aber sie half ihm, seine Gedanken von den Schrecken der Vergangenheit abzulenken. Seine Eltern und Geschwister fanden ebenfalls kleine Jobs, mit denen sie zum Lebensunterhalt beitrugen.

Doch das Trauma, das sie erlebt hatten, ließ sich nicht so leicht abschütteln. Nachts plagten David Albträume, in denen die Schreie und das Chaos von Bagdad wieder lebendig wurden. Er wachte oft schweißgebadet auf, das Herz schlagend vor Angst. Er wusste, dass auch seine Familie litt, auch wenn sie selten darüber sprachen.

Die Gemeinschaft der Flüchtlinge im Lager war eine Mischung aus verschiedenen Kulturen und Traditionen. David fühlte sich oft zwischen den Welten gefangen – nicht mehr ganz irakisch, aber auch noch nicht ganz israelisch. Es gab Momente, in denen er sich fragte, ob er jemals irgendwo wirklich dazugehören würde.

Mit der Zeit begannen sie jedoch, sich ein neues Leben aufzubauen. Sie lernten Hebräisch, knüpften Kontakte zu anderen Einwanderern und begannen, sich an die neue Umgebung anzupassen. Es gab Momente des Glücks, kleine Siege des Alltags, die ihnen Hoffnung gaben.

Doch die Narben der Vergangenheit waren tief. Oft traf David auf Unverständnis und Vorurteile, sowohl von israelischen Bürgern als auch von anderen Einwanderern. Die Geschichte ihrer Flucht und der Verlust ihrer Heimat schien vielen unvorstellbar. David fühlte sich oft einsam und unverstanden, gefangen in seiner eigenen Geschichte.

In diesen Momenten fand er Trost in den Briefen, die er an einen alten Freund in Bagdad schrieb, auch wenn er wusste, dass sie ihn wahrscheinlich nie erreichen würden. Er schrieb von seinen

Hoffnungen und Ängsten, von dem Schmerz des Verlustes und der Sehnsucht nach einem Ort, an dem er sich wirklich zu Hause fühlen konnte.

Eines Tages erhielt die Familie die Nachricht, dass sie in eine permanente Unterkunft umziehen durften. Es war ein kleines Haus in einem neu gegründeten Kibbuz. Das Haus war bescheiden, aber es war ein Ort, den sie ihr Eigen nennen konnten.

Als sie ihre wenigen Besitztümer in das neue Zuhause trugen, fühlte David eine tiefe Dankbarkeit. Sie hatten so viel durchgemacht, so viel verloren, aber sie waren immer noch zusammen. Er sah, wie seine Mutter die Küche einrichtete, sein Vater im Garten arbeitete und seine Geschwister im Hof spielten, und erkannte, dass dies der Beginn von etwas Neuem war.

In den folgenden Jahren arbeitete David hart, um sich und seiner Familie ein besseres Leben zu ermöglichen. Er heiratete, bekam Kinder und sah, wie seine eigenen Kinder in einem Land aufwuchsen, das sie als ihre Heimat betrachteten.

Doch die Schatten der Vergangenheit blieben. In stillen Momenten, wenn er auf die Hügel Israels blickte, dachte er an Bagdad, an die Straßen seiner Kindheit, an die Menschen, die er zurückgelassen hatte. Diese Erinnerungen waren wie alte Narben – schmerzhaft, aber ein Teil von ihm.

David wusste, dass er niemals vergessen würde, was er verloren hatte. Aber er wusste auch, dass er nach vorne blicken musste, um für sich und seine Familie eine Zukunft aufzubauen. Inmitten der alten Narben keimte Hoffnung, zart und zerbrechlich, aber unaufhaltsam.

Antisemitismus bis heute

Leider hat Antisemitismus, der offene oder verdeckte Hass gegen Juden, nicht mit dem Holocaust geendet, sondern ist auch nach dem Krieg in verschiedenen Formen weiter gegangen.

Antisemitismus in sozialistischen Ländern

Der Antisemitismus in sozialistischen Staaten, insbesondere in der Sowjetunion, Osteuropa und China, zeigte sich in verschiedenen Formen und wurde oft von staatlichen Kampagnen und Ideologien angetrieben. Dieser Artikel bietet einen Überblick über die verschiedenen Facetten dieses Phänomens.

Sowjetunion

1. **Anti-Religiöse Kampagnen**: Unter der kommunistischen Ideologie, die den Atheismus förderte, wurden religiöse Praktiken unterdrückt. Dies betraf auch das jüdische religiöse Leben. Synagogen und Jeschiwot wurden geschlossen, und Rabbiner sowie jüdische religiöse Führer wurden verhaftet.

2. **Stalins Regime**: Unter Josef Stalin wurde der Antisemitismus besonders aggressiv. Ende der 1940er- und Anfang der 1950er-Jahre sah man die „Anti-Kosmopolitismus"-Kampagnen, die im Grunde antisemitisch waren und sich gegen Juden in Kultur und Wissenschaft richteten.

3. **Ärzteverschwörung**: 1952-1953 inszenierte Stalin die „Ärzteverschwörung", eine fabrizierte Verschwörung, die jüdische Ärzte beschuldigte, Attentate auf sowjetische Führer zu planen. Dies führte zur Verhaftung und Folter vieler Juden und sollte angeblich einer größeren Säuberung oder Deportation vorausgehen, die durch Stalins Tod 1953 gestoppt wurde.

4. **Kulturelle und sprachliche Unterdrückung**: Die jüdische Kultur und Sprachen wie Jiddisch wurden unterdrückt. Jüdische Schulen, Theater und Veröffentlichungen wurden häufig geschlossen.

5. **Zionismus als Feindideologie**: Nach der Gründung Israels und besonders während des Kalten Krieges stellte die sowjetische Propaganda den Zionismus oft mit Faschismus und Imperialismus gleich, was zu weitverbreiteten antisemitischen Kampagnen und Diskriminierungen führte.

6. **Verweigerung der Ausreise**: Juden, die auswandern wollten, insbesondere nach Israel, wurde oft die Ausreisegenehmigung verweigert. Dies führte zur „Refusenik"-Bewegung. Antragsteller erlebten häufig Schikanen, Verlust ihrer Jobs und manchmal Inhaftierung.

Osteuropa

1. **Nachkriegsantisemitismus**: Trotz der Schrecken des Holocausts blieben antisemitische Stimmungen und Handlungen in einigen kommunistisch regierten osteuropäischen Ländern bestehen.

2. **Polens Anti-Zionistische Kampagne**: 1968 erlebte Polen eine staatlich geförderte „anti-zionistische" Kampagne, die im Grunde eine antisemitische Säuberung war und zur Zwangsauswanderung Tausender Juden führte.

3. **Diskriminierung in anderen Ländern**: Auch in anderen Ländern des Ostblocks wie der Tschechoslowakei, Ungarn und Rumänien erlebten Juden verschiedene Formen der Diskriminierung und Unterdrückung ihres religiösen und kulturellen Lebens.

4. **Zensur und Propaganda**: In diesen Ländern zensierten kommunistische Regime häufig die jüdische Geschichte und Kultur und förderten manchmal unter dem Deckmantel des Anti-Zionismus antisemitische Propaganda.

China

- **Kulturrevolution**: Während der Kulturrevolution in China, obwohl Juden eine sehr kleine Minderheit waren, wurden jüdische Praktiken zusammen mit anderen religiösen Aktivitäten unterdrückt. Synagogen wurden geschlossen, und religiöse Beobachtungen waren verboten.

Diese Übersicht zeigt, dass der Antisemitismus in sozialistischen Ländern ein komplexes und vielschichtiges Phänomen war, das von politischen, ideologischen und sozialen Faktoren beeinflusst wurde.

Antisemitismus in arabischen Ländern und dessen Auswirkungen auf Israel

Der Antisemitismus in arabischen Ländern hat eine lange und komplexe Geschichte, die eng mit dem Konflikt um Israel verbunden ist. Diese Feindseligkeiten haben zu zahlreichen Angriffen und Kriegen gegen Israel geführt und prägen bis heute die Beziehungen in der Region.

Der Antisemitismus in arabischen Ländern hat tief verwurzelte historische und politische Ursachen. Er verstärkte sich insbesondere nach der Gründung des Staates Israel im Jahr 1948. Dieses Ereignis wurde von vielen arabischen Staaten als unmittelbare Bedrohung ihrer Souveränität und als illegitime Einrichtung eines „fremden" Staates in der Region angesehen.

Mit der Entstehung Israels erlebten Juden in arabischen Ländern eine Zunahme von Feindseligkeiten. Es kam zu Pogromen, Enteignungen und Vertreibungen, was zu einer massiven jüdischen Migration, hauptsächlich nach Israel und in westliche Länder, führte. Die jüdischen Gemeinschaften, die einst in Ländern wie Irak, Ägypten und Marokko florierten, wurden nahezu aufgelöst.

Die Geschichte der militärischen Auseinandersetzungen zwischen Israel und seinen arabischen Nachbarn ist geprägt von einer Reihe bedeutender Kriege, die entscheidend zur Formung der politischen Landschaft des Nahen Ostens beigetragen haben.

1. **Der Krieg von 1948 (Israelischer Unabhängigkeitskrieg):** Unmittelbar nach der Erklärung der Unabhängigkeit Israels am 14. Mai 1948 griffen mehrere arabische Staaten – Ägypten, Syrien, Jordanien, Libanon und Irak – das neue Land an. Dieser Krieg, ausgelöst durch die Ablehnung des UN-Teilungsplans für Palästina durch die arabischen Staaten, führte zu

erheblichen territorialen Veränderungen und zur Schaffung des Flüchtlingsproblems.

2. **Der Sechstagekrieg von 1967:** Ausgelöst durch die Eskalation von Spannungen, die Blockade des Roten Meeres durch Ägypten und die Mobilisierung arabischer Streitkräfte entlang der israelischen Grenzen, führte Israel präventive Schläge gegen Ägypten und später gegen Syrien und Jordanien durch. Israel gewann erhebliche Gebiete, darunter die Sinai-Halbinsel, die Golanhöhen, das Westjordanland und Ostjerusalem.

3. **Der Jom-Kippur-Krieg von 1973:** Am Jom-Kippur, dem höchsten jüdischen Feiertag, starteten Ägypten und Syrien einen koordinierten Überraschungsangriff gegen Israel, um die im Sechstagekrieg verlorenen Gebiete zurückzuerobern. Trotz anfänglicher Erfolge der Angreifer konnte Israel die Angriffe abwehren und letztlich einen Waffenstillstand aushandeln.

Diese Kriege hatten weitreichende Folgen für die Region und trugen zur Verhärtung der Fronten bei. Sie verursachten große menschliche, militärische und wirtschaftliche Verluste auf allen Seiten und verschärften das palästinensische Flüchtlingsproblem, zum Teil auch, weil arabische Staaten sich bis heute weigern arabische Palästinenser bei sich aufzunehmen, im Gegensatz zu Israel, das die jüdischen Flüchtlinge aus arabischen Ländern aufnahm.

Die Konflikte waren auch durch internationale Einflüsse geprägt, da die Großmächte, insbesondere die USA und die Sowjetunion, unterschiedliche Seiten unterstützten. Die anhaltende militärische Konfrontation trug dazu bei, den Nahen Osten zu einem Brennpunkt des Kalten Krieges zu machen.

Zusammenfassend lässt sich sagen, dass diese Kriege das Ergebnis einer tief verwurzelten und komplexen Mischung aus territorialen, politischen, religiösen und historischen Konflikten waren, die bis heute den Nahen Osten prägen. Ihre Auswirkungen sind in der anhaltenden politischen Instabilität der Region und im fortgesetzten israelisch-palästinensischen Konflikt deutlich sichtbar.

Antisemitische Propaganda und Rhetorik wurden in vielen arabischen Ländern genutzt, um öffentliche Meinung und Politik gegen Israel zu mobilisieren. Diese Propaganda ist oft mit Verschwörungstheorien und historischen Falschdarstellungen durchsetzt, und hat oft zum Ziel nicht nur den Staat Israel auszulöschen, sondern Juden insgesamt zu vernichten.

Die anhaltende Feindseligkeit hat Israel gezwungen, eine starke militärische Präsenz und Sicherheitspolitik aufrechtzuerhalten. Die ständige Bedrohung durch Angriffe hat die israelische Gesellschaft tief geprägt und spielt eine zentrale Rolle in der nationalen Identität und Politik.

German Graded Readers

For more books and E-book options visit:

www.briansmith.de